诚信为本

坚持准则

操守为重

不做假账

——与学习会计的同学共勉

高等职业教育财经类专业群 **智慧财经** 系列教材

高等职业教育财务会计类专业"**岗课赛证**"融通系列教材

智能审计1+X证书制度配套教材

**iCVE** 智慧职教 高等职业教育在线开放课程新形态一体化教材

# 智能审计实务

中国职业技术教育学会智慧财经专业委员会　组编

李增欣　马西牛　主编

石会颖　副主编

- 大数据与会计
- 大数据与财务管理
- 大数据与审计
- 会计信息管理
- 财税大数据应用

中国教育出版传媒集团

高等教育出版社·北京

内容提要

本书是高等职业教育财经类专业群"智慧财经"系列教材之一，是智能审计1+X证书制度配套教材，同时也是高等职业教育财务会计类专业"岗课赛证"融通教材。

本书落实立德树人根本任务，内容紧跟《中国注册会计师审计准则》《中国注册会计师职业道德守则》《企业会计准则》等新变化，密切关注审计行业改革发展新动向，适应智能审计技术在实际工作中的应用，以培养学习者的审计综合职业能力为出发点，按照真实的业务流程、管理制度和价值理念，构建情境真实、任务典型、过程完整的审计工作项目。全书内容包括背景资料，以及智能审计认知，业务委托接受，审计计划制定，数据获取与加工，审计证据收集、整理与上传，被审计单位及其环境了解，控制测试实施，实质性程序实施，审计终结和审计底稿编制、整理与归档10个学习情境、35项任务。

本书配有丰富的数字化教学资源，包括教学课件、财务数据、业务数据、微课、操作演示、工作底稿、参考答案等数字化资源，并支持线上线下相结合作业方式开展。同时，精选具有典型性、实用性的资源在本书中以二维码的方式呈现，供读者即扫即用。其他资源服务详见书后"郑重声明"页的资源服务提示。

本书可以作为高等职业教育专科、本科院校财务会计类专业和应用型本科院校相关专业的教材，同时可作为审计从业人员的专业培训教材和业务学习资料，以及审计专业人士、审计科技工作者的参考书。

**图书在版编目（CIP）数据**

智能审计实务 / 中国职业技术教育学会智慧财经专业委员会组编；李增欣，马西牛主编. -- 北京：高等教育出版社，2023.8（2024.8重印）
　　ISBN 978-7-04-059905-3

Ⅰ. ①智… Ⅱ. ①中… ②李… ③马… Ⅲ. ①智能技术－应用－审计学－教材 Ⅳ. ①F239.0-39

中国国家版本馆CIP数据核字（2023）第022015号

智能审计实务
ZHINENG SHENJI SHIWU

| 策划编辑 | 武君红　张雅楠 | 责任编辑　黄　茜 | 封面设计　李树龙 | 版式设计　马　云 |
| 责任绘图 | 杨伟露 | 责任校对　任　纳　陈　杨 | 责任印制　高　峰 | |

| | | | |
|---|---|---|---|
| 出版发行 | 高等教育出版社 | 咨询电话 | 400-810-0598 |
| 社　　址 | 北京市西城区德外大街4号 | 网　　址 | http://www.hep.edu.cn |
| 邮政编码 | 100120 | | http://www.hep.com.cn |
| 印　　刷 | 北京市艺辉印刷有限公司 | 网上订购 | http://www.hepmall.com.cn |
| 开　　本 | 787mm×1092mm 1/16 | | http://www.hepmall.com |
| 印　　张 | 21 | | http://www.hepmall.cn |
| 字　　数 | 340千字 | 版　　次 | 2023 年 8 月第 1 版 |
| 插　　页 | 2 | 印　　次 | 2024 年 8 月第 2 次印刷 |
| 购书热线 | 010-58581118 | 定　　价 | 49.80 元 |

# 前　言

为全面贯彻《中华人民共和国职业教育法》，加快推进《职业教育专业目录（2021年）》《职业教育专业简介（2022年修订）》的实施，满足全国各地高等职业院校财务会计类和财政税务类专业实施新版人才培养方案的教学急需，中国职业技术教育学会智慧财经专业委员会组织全国高职院校和行业企业百余位专家，依据有关专业基础课和专业核心课的教学改革新要求，编写了本套高等职业教育财经类专业群智慧财经系列教材。

审计作为一种独立的经济监督活动，在国家经济社会发展中发挥着越来越重要的作用。随着新一轮科技革命和产业变革深入发展，传统审计方法、技术、手段在新的时代逐步落后。审计行业需要抓紧补齐信息化建设短板，通过创新理念、方法、技术与工具，以信息技术促进行业数字化转型，推动实现行业专业化、标准化、数字化的新发展目标，以适应中国数字经济高质量发展的需要。

我国一直重视审计信息化工作。习近平总书记在主持召开中央审计委员会第一次会议时指出，"要坚持科技强审，加强审计信息化建设"。中国注册会计师协会发布的《注册会计师行业发展规划（2021—2025年）》指出，到2025年，以网络强注会为目标，综合考虑信息技术发展趋势和我国注册会计师行业发展实际，围绕"会计师事务所信息化、行业管理服务信息化、协会办公信息化"总体布局和"标准化、数字化、网络化、智能化"战略布局，实施行业信息化"3456"工程，以信息化推动行业高质量发展。利用大数据、智能化、移动互联、云计算、区块链等新一代信息技术开展智能审计，成为审计行业发展的必然趋势。

本教材突出以下特色：

1. 有机融入思政元素，践行立德树人宗旨

党的二十大报告指出"育人的根本在于立德。全面贯彻党的教育方针，落实立德

树人根本任务，培养德智体美劳全面发展的社会主义建设者和接班人。"本教材将德技并修的理念融入鲜活的审计工作实施场景，培养学习者遵守诚信、客观公正、独立精神、勤勉尽责的职业操守，养成革故鼎新、严谨笃行、精益求精的职业态度，提升学习者心系事业、质量至上、勇于担当的责任意识、团队合作精神和集体意识，将审计工作者正确的人生态度和价值观贯穿教材字里行间。

2. 服务新技术、新产业、新经济、新业态，"岗课赛证"融通综合育人

本教材编者综合考虑行业发展新趋势、服务领域新拓展、培养高素质复合型财经人才新需求三方面的需要，根据财经类院校开设智能审计相关课程的需求，在顶层设计上对焦审计、会计、企业管理、第三方鉴证咨询等岗位群工作内容，结合"智能审计职业技能等级标准"及审计技能竞赛的要求，运用真实业务示例，通过强化训练，使学习者快速适应审计职业工作岗位要求。其中，数据获取与加工、审计证据收集、整理与上传、实质性程序实施（函证、监盘、重新计算）、审计底稿编制、整理与归档对标"智能审计职业技能等级标准"初级证书。被审计单位及其环境了解、控制测试实施、实质性程序实施、审计终结（差异分析、调整及总体复核）对标"智能审计职业技能等级标准"中级证书。业务委托接受、审计计划制定、被审计单位及其环境了解（重大错报风险评估）、审计终结（审计报告出具），对标"智能审计职业技能等级标准"高级证书。

3. 符合行动导向教学要求，还原真实工作场景

本教材按照真实的业务流程、管理制度和价值理念，构建了情境真实、任务典型、过程完整的审计工作项目。在体例设计方面，每个学习情境由学习目标、思维导图、德技并修、情境概览、任务情境、任务要求、任务准备、任务实施、任务思考构成。

在具体内容设计方面，考虑了审计助理、审计员、项目经理、审计主管等岗位之间的业务传递及质量控制关系，引导学习者按照审计职业规范和准则等法律法规的要求，完成学习任务，通过成果展示激发学习积极性，实现以学习者为中心。

同时，本教材依据审计工作业务逻辑，合理设计教材体系，对全流程审计进行教学设计，并将至少一个完整会计年度的真实业财一体化数据及截止日后数据经过脱敏处理后引入教学。教材工作任务饱满，打破目前主要以实质性任务为主要工作任务

的教材编写模式。适合教师以企业导师的角色指导学习者开展项目化和团队协作式的学习，也充分考虑到学习者自主探究学习的需求，能有效促进学习者创新性地解决审计工作的实际问题。

4. 配备丰富的数字化教学资源，支持线上线下相结合作业

本教材配有PPT、财务数据、业务数据、微课、操作演示、工作底稿模板、参考答案等数字化资源包，可以实现"纸媒"和"数媒"无缝切换。通过业务流程图、动画、视频演示等学习资源指导学习者规范操作，创设沉浸式学习环境，增强学习的趣味性和可读性，从而提升学习效率。

同时，本教材支持线上线下相结合作业。其中，线上作业采用大数据、智能化、移动互联、云计算、区块链等新一代信息技术开展智能审计，具体表现为：

（1）数据智能获取与加工。支持从财务软件中智能提取相关数据，并对获取的原始财务数据进行智能转化和校验，实现实质性底稿自动取数。

（2）大数据审计分析。依托行业数据库，深化大数据分析在审计项目承接、风险评估、控制测试、实质性程序和审计报告等阶段的应用，为客户承接与保持、舞弊分析和内容核查等目标提供智能决策支持。

（3）函证数字化。实现线上批量制函、收发函、智能统计分析和函证管理等功能，提高函证工作质量和效率。

（4）打通IT审计与财报审计壁垒。经理级审计岗位能与IT审计团队就IT审计工作内容进行讨论，有效利用IT审计工作成果，合理配置审计资源。

本教材配套提供业财一体化案例数据包、工作底稿模板及参考答案3类资源。学习者可根据任务要求、业财一体化案例数据包，在对应底稿模板中完成相应任务。作答完成，可结合参考答案进行自评。

本教材由中国职业技术教育学会智慧财经专业委员会组编，由秦皇岛职业技术学院李增欣、陕西财经职业技术学院马西牛担任主编，中联集团教育科技有限公司石会颖担任副主编。教材编写过程中得到了中联企业管理集团及广大审计行业企业、院校及相关领导、专家的大力支持，同时南京审计大学陈伟、北京财贸职业学院杜海霞和胡春萍、长沙商贸旅游职业技术学院李凤、甘肃财贸职业学院李燕以及中联集团教育科技有限公司孙万军、孙红菊、熊显彬、刘彦芳、孙梦、赵晓璐、陈盾、

周义明等为本教材出版提供了帮助，在此一并深表感谢。

由于编者水平有限，加之时间仓促，书中不足之处在所难免，恳请广大读者批评指正。

编者

2023年6月

# 目　录

**背景资料 / 1**

第一部分　审计资料 / 1

第二部分　被审计单位基本资料 / 2

**学习情境一　智能审计认知 / 11**

任务一　智能审计内涵探寻 / 14

任务二　大数据、云计算与智能

审计探究 / 16

**学习情境二　业务委托接受 / 21**

任务一　承接业务前评价 / 23

任务二　审计业务约定书签订 / 27

**学习情境三　审计计划制定 / 31**

任务一　总体审计策略制定 / 33

任务二　具体审计计划制定 / 38

任务三　审计重要性确定 / 40

**学习情境四　数据获取与加工 / 47**

任务一　审计客户与审计项目

创建 / 49

任务二　审计数据采集、转换与

导入 / 52

任务三　数据校验 / 55

**学习情境五　审计证据收集、整理与**

**上传 / 59**

任务一　审计证据收集、分析与

整理 / 62

任务二　审计证据上传 / 74

**学习情境六　被审计单位及其环境**

**了解 / 79**

任务一　审前尽职调查 / 82

任务二　被审计单位及其环境

识别 / 86

任务三　被审计单位内部控制

了解 / 92

任务四　重大错报风险评估 / 101

**学习情境七　控制测试实施 / 107**

任务一　销售与收款业务循环控制

测试实施 / 111

任务二　采购与付款业务循环控制

测试实施 / 122

任务三　生产与存货业务循环控制
　　　　测试实施 / 131

任务四　固定资产业务循环控制
　　　　测试实施 / 140

任务五　人力资源与工薪业务循环
　　　　控制测试实施 / 148

任务六　筹资与投资业务循环控制
　　　　测试实施 / 156

任务七　货币资金业务循环控制
　　　　测试实施 / 163

**学习情境八　实质性程序实施 / 169**

任务一　销售与收款业务循环实质性
　　　　程序实施 / 174

任务二　采购与付款业务循环实质性
　　　　程序实施 / 204

任务三　生产与存货业务循环实质性
　　　　程序实施 / 224

任务四　人力资源与工薪业务循环
　　　　实质性程序实施 / 246

任务五　筹资与投资业务循环实质性
　　　　程序实施 / 261

任务六　货币资金业务循环实质性
　　　　程序实施 / 270

**学习情境九　审计终结 / 287**

任务一　差异分析、审计调整和
　　　　试算平衡 / 290

任务二　财务报表合理性总体
　　　　复核 / 297

任务三　审计报告出具 / 299

**学习情境十　审计底稿编制、整理与
　　　　　　归档 / 305**

任务一　审计工作底稿编制 / 308

任务二　审计工作底稿整理 / 313

任务三　审计工作底稿归档 / 318

**参考文献 / 323**

# 背景资料

## 第一部分　审计资料

　　2022 年 10 月 27 日，诚信会计师事务所审计八部承接了湖北联晟通信科技股份有限公司（简称联晟通信）2022 年的年报审计业务。自 2020 年 10 月首次承接（系通过外部人员引荐）联晟通信年报审计业务以来，已连续第三次承接该业务。诚信会计师事务所接受委托后，组建了包含事务所合伙人在内的项目组对联晟通信开展年报审计工作。项目组主要成员如表 0-1 所示。

表 0-1　项目组主要成员

| 编号 | 名称 | 岗位 | 授权 | 备注 |
|------|------|------|------|------|
| 01 | 张　刚 | 合伙人 | 二级复核 | |
| 02 | 梁　涛 | 项目负责人 | 编制、一级复核 | |
| 03 | 秦　山 | 审计人员 A | 编制、一级复核 | |
| 04 | 李　梦 | 审计人员 B | 编制、一级复核 | 在审计实操中，承接人员姓名为立项人姓名 |
| 05 | 张晓涵 | 审计人员 C | 编制、一级复核 | |
| 06 | 冯泽晨 | 审计人员 D | 编制、一级复核 | |
| 07 | 张聚英 | 质控负责人 | 质量控制复核 | |

　　审计收费：人民币 20 万元。

　　风险等级：经评估，项目风险等级为 B 级。

　　出具审计报告时间：2023 年 3 月 25 日前出具审计报告。

# 第二部分　被审计单位基本资料

联晟通信创建于 2001 年，于湖北省襄阳市工商管理机构注册登记，总部地址为湖北省襄阳市襄城区，注册资本为壹亿叁仟捌佰万元，是由湖北联合科技有限公司投资兴建的民营高科技企业。联晟通信现有职工 346 人，被主管税务机关核准为一般纳税人。

## 一、经营范围

联晟通信经营范围如下：光纤复合地线、电力光缆、铝型材及其复合材料（铝包钢）研制、开发、生产、批发兼零售、技术咨询服务；各类商品的进出口贸易（国家限定公司经营和国家禁止进出口的商品除外）。主要产品为铝包钢单丝、铝包钢绞线及铝包钢芯铝绞线、光缆等。联晟通信属电线电缆制造行业。

联晟通信的公司组织结构如图 0-1 所示。

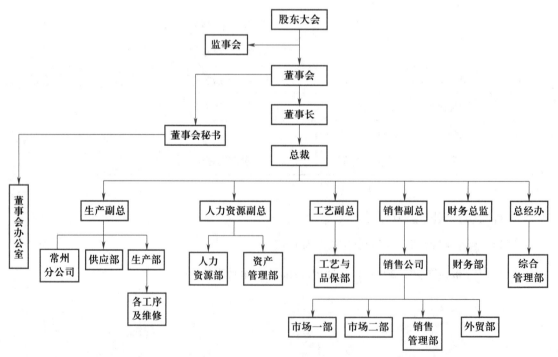

图 0-1　公司组织结构

## 二、会计核算基本要求及相关资料

### （一）记账基础

联晟通信以权责发生制为记账基础，采用人民币为记账本位币，会计期间自公历 1 月 1 日至 12 月 31 日止为一个会计年度。

联晟通信在对会计要素进行计量时，一般采用历史成本；对于按照准则的规定采用重置成本、可变现净值、现值或公允价值等其他属性进行计量的情形，联晟通信将予以特别说明。

### （二）应收账款

当在单项工具层面无法以合理成本评估预期信用损失的充分证据时，公司参考历史信用损失经验，结合当前状况以及对未来经济状况的判断，依据信用风险特征将应收账款划分为若干组合，在组合基础上计算预期信用损失。确定坏账准备核算方法如表 0-2 所示。

表 0-2　坏账准备核算方法

| | 单项金额重大的应收款项的确定标准 | 联晟通信对单项金额超过 5 000 万元的应收账款单独确定其信用损失 | | |
|---|---|---|---|---|
| **坏账准备核算方法** | 组合的划分标准 | 当在单项工具层面无法以合理成本评估预期信用损失的充分证据时，公司参考历史信用损失经验，结合当前状况以及对未来经济状况的判断，依据信用风险特征将应收账款划分为若干组合，在组合基础上计算预期信用损失 | | |
| | 以账龄为组合的，账龄及坏账准备计提比例 | | | |
| | 账龄分析法 | 账龄 | 坏账准备计提比例 | 备注 |
| | | 1 年以内 | 2% | |
| | | 1~2 年 | 5% | |
| | | 2~3 年 | 10% | |
| | | 3~4 年 | 30% | |
| | | 4~5 年 | 60% | |
| | | 5 年以上 | 100% | |

| 坏账准备核算方法 | 以其他方式组合的，组合方式及坏账准备计提比例 | | | |
|---|---|---|---|---|
| | 其他组合 | 组合方式 | 坏账准备计提比例 | 备注 |
| | | 关联方 | 0 | |
| | | | | |
| | | | | |

（三）固定资产

1. 固定资产确认条件

固定资产指为生产商品、提供劳务、出租或经营管理而持有，并且使用寿命超过一个会计年度的有形资产。固定资产在同时满足下列条件时予以确认：

（1）与该固定资产有关的经济利益很可能流入企业；

（2）该固定资产的成本能够可靠地计量。

2. 固定资产初始计量

本公司固定资产按成本进行初始计量，其中：

（1）外购固定资产的成本包括买价、进口关税等相关税费，以及为使固定资产达到预定可使用状态前所发生的可直接归属于该资产的其他支出。

（2）自行建造固定资产的成本，由建造该项资产达到预定可使用状态前所发生的必要支出构成。

（3）投资者投入的固定资产，按投资合同或协议约定的价值作为入账价值，但合同或协议约定价值不公允的按公允价值入账。

（4）购买固定资产的价款超过正常信用条件延期支付，实质上具有融资性质的，固定资产的成本以购买价款的现值为基础确定。实际支付的价款与购买价款的现值之间的差额，除应予资本化的以外，在信用期间内计入当期损益。

3. 固定资产后续计量及处置

（1）固定资产折旧。除已提足折旧仍继续使用的固定资产和单独计价入账的土地之外，固定资产折旧采用年限平均法分类计提，根据固定资产类别、预计使用寿命和预计净残值率确定折旧率。

利用专项储备支出形成的固定资产，按照形成固定资产的成本冲减专项储备，并确认相同金额的累计折旧。该固定资产在以后期间不再计提折旧。

本公司根据固定资产的性质和使用情况,确定固定资产的使用寿命和预计净残值,并在年度终了,对固定资产的使用寿命、预计净残值和折旧方法进行复核,如与原先估计数存在差异的,进行相应的调整。

各类固定资产累计折旧政策如表0-3所示。

表0-3  固定资产累计折旧政策

| 类别 | 折旧年限 | 年折旧率 | 残值率 |
| --- | --- | --- | --- |
| 房屋及建筑物 | 10~50年 | 1.92%~9.6% | 4% |
| 机器设备 | 10~15年 | 6.4%~9.6% | 4% |
| 运输设备 | 5~10年 | 9.6%~19.2% | 4% |
| 电子设备 | 3~8年 | 12%~32% | 4% |
| 其他设备 | 5~10年 | 9.6%~19.2% | 4% |

(2)固定资产的后续支出。与固定资产有关的后续支出,符合固定资产确认条件的,计入固定资产成本;不符合固定资产确认条件的,在发生时计入当期损益。

(3)固定资产处置。当固定资产被处置或者预期通过使用或处置不能产生经济利益时,终止确认该固定资产。固定资产出售、转让、报废或毁损的处置收入扣除其账面价值和相关税费后的金额计入当期损益。

4. 固定资产的减值测试方法、减值准备计提方法

本公司在每期末判断固定资产是否存在可能发生减值的迹象。

固定资产存在减值迹象的,估计其可收回金额。可收回金额根据固定资产的公允价值减去处置费用后的净额与固定资产预计未来现金流量的现值两者之间较高者确定。

当固定资产的可收回金额低于其账面价值的,将固定资产的账面价值减记至可收回金额,减记的金额确认为固定资产减值损失,计入当期损益,同时计提相应的固定资产减值准备。

固定资产减值损失确认后,减值固定资产的折旧在未来期间作相应调整,以使该固定资产在剩余使用寿命内,系统地分摊调整后的固定资产账面价值(扣除预计净残值)。

固定资产的减值损失一经确认,在以后会计期间不再转回。

有迹象表明一项固定资产可能发生减值的，企业以单项固定资产为基础估计其可收回金额。企业难以对单项固定资产的可收回金额进行估计的，以该固定资产所属的资产组为基础确定资产组的可收回金额。

### （四）无形资产

无形资产是指企业拥有或者控制的没有实物形态的可辨认非货币性资产，包括专利权、非专利技术、商标权、著作权、特许权、土地使用权等。对于使用寿命有限的无形资产，在为企业带来经济利益的期限内按直线法摊销，无形资产净残值按 0 计算。联晟通信使用寿命有限的无形资产累计摊销政策如表 0-4 所示。

表 0-4　使用寿命有限的无形资产累计摊销政策

| 类别 | 预计使用年限 | 依据 |
| --- | --- | --- |
| 非专利技术（软件） | 5 年 | 预计使用年限 |
| 专利权 | 10 年 | 预计使用年限 |
| 土地使用权 | 43 年 | 土地使用权证载明的使用年限 |
| 商标权 | 10 年 | 预计使用年限 |

### （五）应交税费

联晟通信的应交税费主要包括增值税、城市维护建设税、教育费附加、地方教育费附加、房产税、土地使用税、企业所得税等。主要税种税率一览表如表 0-5 所示。

表 0-5　主要税种税率一览表

| 税种 | 计税依据 | 税率 | 备注 |
| --- | --- | --- | --- |
| 增值税 | 境内销售；提供加工、修理修配劳务；进口货物；提供有形动产租赁服务 | 13% | |
| | 不动产租赁服务 | 9% | |
| | 其他应税销售服务行为（技术开发等） | 6% | |
| | 征收率（简易计税） | 3% | |

| 税种 | 计税依据 | 税率 | 备注 |
|------|---------|------|------|
| 城市维护建设税 | 实缴流转税税额 | 7% | · |
| 教育费附加 | 实缴流转税税额 | 3% | · |
| 地方教育费附加 | 实缴流转税税额 | 1.5% | · |
| 房产税 | 按照房产原值的70%（或租金收入）为纳税基准 | 1.2%或12% | · |
| 土地使用税 | 每平方米 | 5元或8元 | |
| 印花税 | 购销合同、加工承揽合同、财产租赁合同、货物运输合同、借款合同、财产保险合同金额 | 0.03%、0.05%、0.1%、0.05%、0.005%、0.1% | 1. 印花税按月缴纳；2. 假定被审计单位在审计月份所有的真实经济业务都已签订经济合同 |
| 企业所得税 | 计税利润 | 15% | |

## 三、财务报表

联晟通信 2022 年未审报表（资产负债表、利润表）如表 0-6、表 0-7 所示。

表 0-6　资产负债表（简表）

| 项目 | 2021 年 12 月 31 日 | 2022 年 12 月 31 日 |
|------|------|------|
| 流动资产： | | |
| 货币资金 | 11 490 038.06 | 4 933 678.81 |
| 应收票据 | 45 743 485.96 | 40 200 584.63 |
| 应收账款 | 164 902 027.01 | 137 045 830.93 |
| 其他应收款 | 53 622 116.52 | 52 921 097.50 |
| 其中：应收股利 | | |
| 存货 | 55 194 455.34 | 80 490 978.34 |
| 其中：原材料 | 24 403 896.85 | 43 367 265.10 |
| 库存商品 | 12 156 814.91 | 22 624 003.04 |
| 流动资产合计 | 330 952 122.89 | 315 592 170.21 |

| 项目 | 2021 年 12 月 31 日 | 2022 年 12 月 31 日 |
|---|---|---|
| 非流动资产： | | |
| 　　固定资产 | 64 286 789.16 | 57 440 402.84 |
| 　　其中：固定资产原价 | 168 798 984.32 | 168 755 346.08 |
| 　　累计折旧 | 104 512 195.16 | 111 314 943.24 |
| 　　固定资产减值准备 | | |
| 　　无形资产 | 12 909 736.71 | 12 548 300.31 |
| 　　长期待摊费用 | 1 462 215.75 | 1 692 091.63 |
| 　　递延所得税资产 | 642 877.39 | 545 292.57 |
| 　　非流动资产合计 | 79 301 619.01 | 72 226 087.35 |
| 　　资产总计 | 410 253 741.90 | 387 818 257.56 |
| 流动负债： | | |
| 　　短期借款 | 128 000 000.00 | 136 000 000.00 |
| 　　应付票据 | 45 176 511.50 | 16 603 685.21 |
| 　　应付账款 | −73 118 454.04 | −46 736 299.29 |
| 　　应付职工薪酬 | 172 450.11 | 159 126.96 |
| 　　其中：应付工资 | | |
| 　　　　应付福利费 | | |
| 　　其中：职工奖励及福利基金 | | |
| 　　应交税费 | 3 200 921.39 | 644 690.26 |
| 　　其中：应交税金 | 3 142 337.67 | 622 885.04 |
| 　　其他应付款 | 31 545 321.59 | 16 801 590.92 |
| 　　其中：应付股利 | | |
| 　　流动负债合计 | 134 976 750.55 | 123 472 794.06 |
| 非流动负债： | | |
| 　　非流动负债合计 | | |
| 　　负债合计 | 134 976 750.55 | 123 472 794.06 |
| 所有者权益： | | |

| 项目 | 2021 年 12 月 31 日 | 2022 年 12 月 31 日 |
|---|---|---|
| 实收资本 | 138 000 000.00 | 138 000 000.00 |
| 民营资本 | 138 000 000.00 | 138 000 000.00 |
| 实收资本净额 | 138 000 000.00 | 138 000 000.00 |
| 资本公积 | 194 914.98 | 194 914.98 |
| 盈余公积 | 17 511 763.86 | 17 511 763.86 |
| 其中：法定公积金 | 17 511 763.86 | 17 511 763.86 |
| 任意公积金 | | |
| 未分配利润 | 119 570 312.51 | 108 638 784.66 |
| 归属于母公司所有者权益合计 | 275 276 991.35 | 264 345 463.50 |
| 少数股东权益（合并） | | |
| 股东权益合计 | 275 276 991.35 | 264 345 463.50 |
| 负债和股东权益合计 | 410 253 741.90 | 387 818 257.56 |

表 0-7　利润表（简表）

| 项目 | 2021 年度 | 2022 年度 |
|---|---|---|
| 一、营业收入 | 635 739 930.09 | 438 318 928.99 |
| 减：营业成本 | 522 169 441.41 | 378 707 623.96 |
| 税金及附加 | 2 513 701 13 | 1 524 264.98 |
| 销售费用 | 21 577 893.79 | 21 556 425.19 |
| 管理费用 | 9 819 778.07 | 14 333 133.43 |
| 研发费用 | 66 140 013.78 | 17 917 967.51 |
| 财务费用 | 6 566 334.72 | 4 694 515.11 |
| 其中：利息支出 | 6 587 460.64 | 4 336 353.41 |
| 利息收入 | 93 862.61 | 171 571.81 |
| 汇兑净损失（净收益以"−"号填列） | −415 420.74 | 62 466.57 |
| 加：其他收益 | | |

| 项目 | 2021 年度 | 2022 年度 |
|---|---|---|
| 资产减值损失<br>（损失以"－"<br>号填列） | −861 031.29 | 650 565.45 |
| 二、营业利润（损失以"－"<br>号填列） | 6 091 735.90 | 235 564.26 |
| 加：营业外收入 | 183 873.58 | 731 845.16 |
| 政府补助 | | |
| 减：营业外支出 | 354.50 | 83 003.44 |
| 三、利润总额（亏损总额以<br>"－"号填列） | 6 275 254.98 | 884 405.98 |
| 减：所得税费用 | 4 695 953.44 | −631 372.30 |
| 四、净利润（净亏损以"－"<br>号填列） | 1 579 301.54 | 1 515 778.28 |

# 智能审计认知

## 学习目标

### 知识目标

◆ 熟悉智能审计的内涵。

◆ 掌握大数据、云计算与智能审计的关系。

### 能力目标

◆ 能阐述完整的审计作业流程。

◆ 能说出人工智能在审计行业的应用情况。

### 素养目标

◆ 遵守诚信、客观公正、独立性、专业胜任能力及勤勉尽责、保密、良好的职业行为六项职业道德基本原则，守住职业道德底线。

◆ 关注审计行业新技术的发展运用，具备自主学习的意识。

◆ 时刻谨记"风险导向审计"理念。

## 思维导图

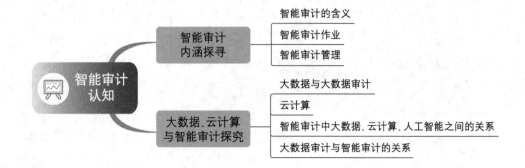

## 德技并修

### 从大智慧公司审计失败看"智能技术"驱动审计行业未来

2016 年 7 月中国证监会对上海大智慧股份有限公司（简称"大智慧公司"）和立信会计师事务所（简称"立信事务所"）的行政处罚决定，引起资本市场哗然。

大智慧公司是一家面向国内和国际资本市场、从事资本市场投资咨询及相关服务业务的全国性投资管理咨询公司。大智慧的主要产品包括金融资讯及数据 PC 终端系统、港股服务系统等。

2016 年 7 月 22 日，大智慧公司由于提前确认收入、虚增销售收入、虚构业务合同等违法违规手段，虚增 2013 年度净利润 1.2 亿元，被证监会处以"顶格"罚款。同时，大智慧公司的审计机构——立信事务所，由于未能发现虚假陈述，被证监会罚款追责（没收业务收入 70 万元，并处以 210 万元罚款，对签字注册会计师给予警告，并处以 10 万元罚款）。

在本案中，立信事务所未对销售与收款业务中已关注到的异常事项执行必要的审计程序。例如，在面对客户数量较多、无法函证的情况下没有采取更有效的替代程序，以获取充分适当的审计证据；未对抽样获取的异常电子银行回单实施进一步审计程序；针对重大收购事项所执行的审计程序、获取的支持性文件等未在审计工作底稿中体现。

大智慧公司属于典型的信息技术服务企业。信息技术服务行业的主要业务模式以互联网为平台，以软件为载体，向客户提供数据和相关服务。这种业务模式的审计风险呈现出交易较为零散、频繁，数据大量依赖信息系统，部分重要财务数据直接从业务数据中生成，资金划付主要通过第三方支付平台，难以追查资金流水等行业特征，而这些都加大了审计的难度和风险。

思考与践行

审计人员应自觉学习并遵守《中国注册会计师职业道德守则》，强化自身的职业素养，加深理解风险导向审计理念。在"互联网＋"时代，审计师为应对信息技术服务行业的审计风险，需要结合对被审计单位及其环境的了解，综合分析销售模式和业务流程、收入来源和构成、交易特性、收入确认的会计政策、信息技术服务行业的特殊事项等因素，恰当实施风险评估程序，设计和实施恰当的审计程序，以获取充分、恰当的审计证据，并在审计工作底稿中予以详细记录。在开展上述案例所示的信息技术服务行业的审计实务中，审计师可以利用 IT 审计对信息技术进行测试，提高审计效率和效果。同时，"信息爆炸"是"互联网＋"时代的显著特点，被审计单位越来越多的业务数据直接以电子形式储存，审计师应考虑充分利用数据分析工具等新型审计工具和方法，并充分运用云审计、人工智能和区块链等新技术，以提升审计效率与效果。

# 情境概览

在传统审计环境下，审计人员手工检查被审计单位的纸质材料，如账簿、原始凭证以及财务报表资料等，审计效率低，审计成本高。进入审计信息化时代，无论是开展电子数据审计，还是信息系统审计，审计对象由纸质的材料转变为以电子数据和信息系统为主，采用的审计手段为各类审计软件与数据分析工具，这在一定程度上提高了审计效率，降低了审计成本。但是，审计工作仍然需要大量的人工参与，不能实现审计的自动化与智能化。

近年来，大数据、云计算、人工智能等新一代信息技术的发展与应用为智能审计的研究与应用带来了机遇。

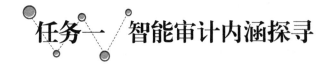

# 任务一 智能审计内涵探寻

## 一、智能审计的含义

智能审计是利用大数据、人工智能、云计算、区块链等新一代信息技术，实现审计作业和审计管理的智能化，从而全面提高审计效率，它是审计信息化发展的高级阶段。

在智能审计时代，审计的事务性工作、重复性工作将由"人工"转向"人工智能"，智能审计软件自动按照审计人员的思路"智能"地完成审计数据采集、审计数据预处理、审计数据分析、审计线索核实、审计报告生成等工作。另外，还可以将审计人员从繁杂的重复性工作中解放出来，实现审计工作流程自动化，从而提高审计效率。

目前，智能审计理论与方法已开始逐步走向应用。

## 二、智能审计作业

简单地讲，智能审计作业就是利用大数据、人工智能、云计算、机器人、自动化等先进信息技术开展审计作业，实现审计作业的智能化。智能审计作业的原理如图1-1所示。

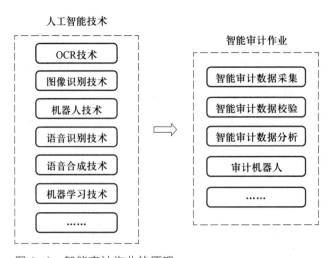

图 1-1 智能审计作业的原理

智能审计作业示例分析如下。

（1）基于光学字符识别（Optical Character Recognition，OCR）技术实现智能审计数据采集。审计人员使用 OCR 技术可以实现纸质材料的智能审计数据采集。通过 OCR 综合使用图像处理、计算机视觉、自然语言处理和深度学习等技术，准确全面地识别扫描件和图片中的文字，并通过语义分析理解抽取出业务所需的关键要素，在识别的同时实现文档的电子化和结构化处理。

（2）基于图像识别技术实现图像智能分析。审计人员使用图像识别技术可以实现图像数据的智能分析，从而满足大数据环境下非结构化数据分析的需要。

（3）基于机器人技术实现智能审计数据采集与分析。审计人员可以根据审计业务的需要，通过机器人技术实现智能审计数据的采集与分析。审计人员使用机器人技术可以实现自动采集被审计单位内部相关财务与业务系统中的数据，可以自动抓取与被审计单位相关的外部网站信息，也可以自动扫描采集发票或电子发票中的关键信息。

例如，在发票查询验真中，通过机器人软件自动采集发票中的关键信息，如发票号码、发票代码、开票日期等信息，然后，自动登录税务机关的查验网站，输入相关发票信息，查验发票真伪。

（4）基于语音识别 / 语音合成技术实现智能审计服务机器人。审计人员可以根据审计业务的需要，通过语音识别 / 语音合成技术实现相关智能审计服务机器人。例如，设计审计咨询机器人，通过审计咨询机器人，可以实现机器人与审计人员的互动，解答审计人员在审计过程中遇到的相关法律法规等问题；设计审计访谈机器人，通过审计访谈机器人，可以帮助审计人员自动完成审计访谈等工作。

（5）基于机器学习等技术实现智能审计数据分析。机器学习（machine learning，ML）是实现人工智能的一种方式，是人工智能最前沿的研究领域之一。审计人员可以应用机器学习算法和大数据去设计不同的审计模型，从而实现智能审计数据分析。

（6）实现智能持续审计 / 联网审计。在未来的审计工作中，审计人员可以利用人工智能技术实现对被审计单位的持续审计，实时监控被审计单位，当发生异常交易时，人工智能软件可以自动收集相关数据，并做进一步分析和复核，对需要进一步落实的疑点进行分级预警，并将信息推送给相关审计人员进行查证处理。

### 三、智能审计管理

在信息化环境下，为了提高审计管理效率，审计管理信息化和智能化势在必行。大数据、人工智能、云计算、机器人等先进信息技术为实现智能审计管理提供了机遇。

目前，智能审计管理系统通常包括被审计单位资料信息管理、审计人员信息管理、项目资料管理、项目计划管理、智能决策支持、审计档案智能管理、智能绩效考核、审计知识智能管理等模块。除审计作业外，都可以归入智能审计管理系统。

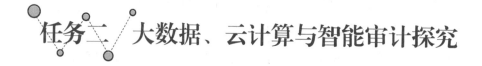

# 任务二　大数据、云计算与智能审计探究

## 一、大数据与大数据审计

### 1. 大数据的内涵

2008 年 9 月 4 日《自然》（Nature）杂志上的大数据专题论文中，首次提出大数据（big data）的概念（Lynch2008），认为大数据的来源有三个：

（1）天体物理和粒子物理。这些领域的研究产生大量数据，根本来不及处理，连分类都来不及，更谈不上再利用。

（2）生物科学。基因、蛋白研究产生的数据。

（3）社会社交网。社交网产生巨量的数据，而且非结构化、尚没有较好的数据库存储。

2011 年 6 月，咨询机构麦肯锡公司发布了报告《大数据：下一个创新、竞争和生产力的前沿》（Big Data：The Next Frontier for Innovation，Competition，and Productivity），给出了大数据的定义：大数据指的是大小超出常规数据库工具获取、存储、管理和分析能力的数据集。高德纳咨询公司（Gartner）对大数据的定义为：大数据是具有大容量、快速和（或）多样性等特点的信息资产，为了便于决策、洞察发现和流程优化，这种信息资产需要新形式的处理方法。

大数据时代的到来为各行业带来了机遇和挑战。目前，大数据的研究和应用已经成为国内外的热点。世界各国均高度重视大数据相关问题的研究与探索，并从国家战略层面提出研究规划以应对大数据带来的机遇和挑战。

2. 大数据的特点

概括来说，大数据主要具有大量、多样性、快速、真实性、可视化等特点。国际内部审计师协会在 2017 年发布的《理解与审计大数据》指南中，也把可视化作为大数据审计的一个重要特点。

3. 大数据审计的含义

对于大数据审计（big data auditing），目前尚无统一定义。根据目前的研究与应用情况，大数据审计是随着大数据时代的到来以及大数据技术的发展而产生的一种新的计算机审计（审计作业信息化）方式，其内容包括大数据环境下的电子数据审计（如何利用大数据技术审计电子数据、如何审计大数据环境下的电子数据）和大数据环境下的计算机信息系统审计（如何利用大数据技术审计信息系统、如何审计大数据环境下的信息系统）两方面的内容。由此可见，大数据审计伴随着大数据时代的到来而出现，是审计信息化的进一步发展。

为了更好地满足大数据环境下开展审计工作的需要，相关的大数据审计技术应运而生，常见的大数据审计技术与方法一般包括大数据智能分析技术、大数据可视化分析技术，以及大数据多数据源综合分析技术。

## 二、云计算

根据国家标准化管理委员会给出的定义，云计算（cloud computing）是指通过网络访问可扩展的、灵活的物理或虚拟共享资源池，并按需自助获取和管理资源的模式。

概括起来，云计算主要具有以下优点：

（1）可提供动态变化的计算环境；

（2）数据存储能力强大；

（3）降低了相关成本；

（4）云计算能够实现强大、高效的数据处理能力；

（5）云计算能够提供专业、高效和相对安全的数据存储。

目前一些典型的云计算服务供应商有阿里云、华为云、亚马逊 AWS（Amazon web services）云、微软 Azure 云等。

## 三、智能审计中大数据、云计算、人工智能之间的关系

大数据、云计算与人工智能等技术之间有着密切的联系。人工智能和机器学习方法可以用来完成大数据分析（其中机器学习为人工智能的一个重要分支）。人工智能的应用需要大数据的支持，离开大数据，一些人工智能技术无法取得较好的应用效果。

对智能审计来说，丰富的审计大数据为应用人工智能技术开展智能审计提供了基础；云计算的相关存储技术为审计大数据存储提供了基础，云计算的相关计算技术为智能审计中审计大数据的分析计算和人工智能算法的实现提供了基础，保证了智能审计的有效实现。概括来说，智能审计中大数据、云计算与人工智能之间的关系如图1-2所示。

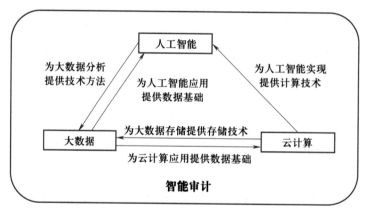

图1-2　智能审计中大数据、云计算与人工智能之间的关系

## 四、大数据审计与智能审计的关系

### 1. 大数据审计与智能审计的区别

大数据审计强调如何利用大数据开展审计工作，以及面对大数据环境如何开展审计，强调的是大数据；智能审计强调如何利用人工智能相关技术开展审计，强调的是技术应用。

2. 大数据审计与智能审计的联系

大数据审计与智能审计二者又有密切的联系。例如，大数据审计利用大数据开展审计工作的一些技术方法也需要人工智能相关技术；智能审计在利用人工智能相关技术开展审计时，有些技术也需要大数据的支持，才能更好地发挥人工智能相关技术的优势。

## 任务思考

1. 谈谈你对智能审计的认识。

2. 人工智能对审计作业有什么影响？

3. 智能审计中大数据、云计算与人工智能之间有什么关系？

4. 列举一些你所知道的智能审计应用案例。

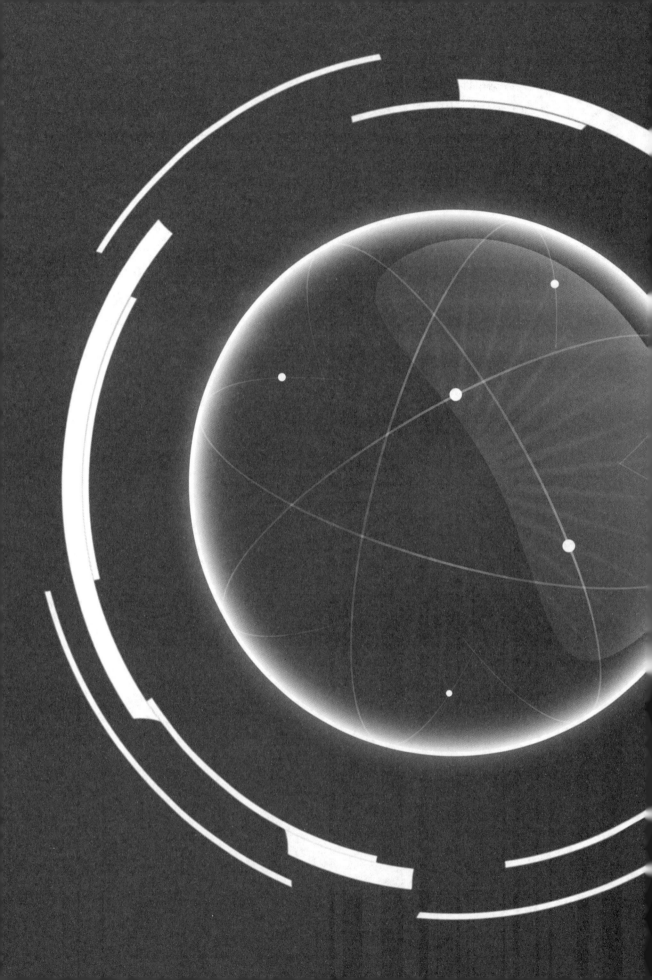

# 业务委托接受

## 学习目标

### 知识目标

◆ 了解初步业务活动的目的和内容。

◆ 掌握如何评价职业道德规范的遵守情况。

◆ 掌握前后任注册会计师沟通的要求和内容。

◆ 熟悉审计业务约定书的基本内容。

### 能力目标

◆ 能阐述初步业务活动的目的和内容。

◆ 能认清违反注册会计师职业道德规范的具体情形并采取防范措施。

◆ 能阐述前后任注册会计师的沟通要点。

◆ 能把握注册会计师变更审计业务约定条款应注意的事项。

### 素养目标

◆ 在承接业务前评价时，保持独立、客观、精益求精的职业品质。

◆ 在审计业务约定书签订的过程中，保持严谨求实、客观公正的职业品质和德法兼修的职业素养。

## 思维导图

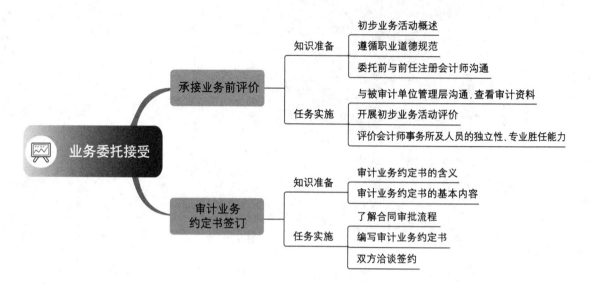

## 德技并修

### 康美药业审计失败案例引发的诚信、法制、敬业、公正思考

2019年4月30日，康美药业发布《关于前期会计差错更正的公告》，修改了2017年的年报数据：存货少计195亿元，营业收入多计89亿元，现金多计299亿元。

康美药业的审计机构是广东正中珠江会计师事务所，为康美药业出具了保留意见的审计意见。

2019年5月9日，广东正中珠江会计师事务所被中国证监会广东监管局立案调查。

2019年5月17日，中国证监会公布康美药业披露的2016年至2018年财务报告存在重大作假，涉嫌违反《中华人民共和国证券法》相关规定。

2019年5月21日起，康美药业股票（600518）交易时只能卖不能买，公司股票简称变更为"ST康美"。

思考与践行

审计独立性是注册会计师最重要的职业道德基本原则之一。在审计工作中，注册会计师应当公正执业，以独立的身份对被审计单位作出职业判断，从自身道德素养和职业素质上严格要求自己，抵制外来诱惑；同时在承接审计业务时也应当注意与被审计单位的关系，无论从形式上还是实质上，均要保持好独立性原则。

## 情境概览

截至 2022 年，诚信会计师事务所已对联晟通信连续审计了两年，2022 年 10 月，项目合伙人、项目经理与联晟通信管理层进行了有效沟通，同时根据联晟通信提供的资料，已初步了解了被审计单位的基本情况，开始准备签订业务约定书。

# 任务一 承接业务前评价

## 【任务情境】

诚信会计师事务所的合伙人、项目经理和联晟通信管理层沟通完毕后，开始评估被审计单位及本所的情况，正在考虑是否继续接受委托以及审计收费问题。

## 【任务要求】

事务所通过与被审计单位管理层的沟通及对被审计单位业务情况的了解填写初步业务活动程序表、业务保持评价表（连续审计）；评价本所及其人员的独立性、专业胜任能力，分别填写独立性评价表、专业胜任能力评价表。

# 【任务准备】

初步业务活动概述

## （一）知识准备

### 1. 初步业务活动概述

（1）工作目的。确保注册会计师的独立性和专业胜任能力，不存在因管理层诚信问题而影响保持该项业务的意愿。

（2）时间安排。保持客户关系及具体审计业务和评价职业道德的工作需要安排在其他审计工作之前。

（3）初步业务活动的目的和内容，如表2-1所示。

表2-1　初步业务活动的目的和内容

| 对象 | 目的 | 内容 |
| --- | --- | --- |
| 注册会计师 | 具备独立性和专业胜任能力 | 评价遵守职业道德规范的情况 |
| 管理层 | 不存在管理层诚信问题的情况 | 针对保持客户关系和具体审计业务实施相应的质量管理程序 |
| 双方 | 不存在对业务约定条款的误解 | 就审计业务约定条款达成一致意见 |

### 2. 遵循职业道德规范

这里仅就"客户关系及业务承接与保持"中的职业道德规范基本内容进行讲解。

（1）客户关系和业务的承接。

① 如果注册会计师知悉客户存在某些问题（如涉嫌违反法律法规、缺乏诚信、存在可疑的财务报告问题、存在其他违反职业道德的行为，或者客户的所有者、管理层或其从事的活动存在一些可疑事项），可能对诚信、良好职业行为原则产生不利影响。

② 如果项目组不具备或不能获得恰当执行业务所必需的胜任能力，将因自身利益对专业胜任能力和勤勉尽责原则产生不利影响。

③ 事务所的防范措施：分派足够的、具有必要胜任能力的项目组成员；就执行业务的合理时间安排与客户达成一致意见；在必要时利用专家的工作。

（2）客户关系和业务的保持。在连续业务中，注册会计师应当定期评价是否继续保持该业务。

在承接某项业务之后，注册会计师可能发现对职业道德基本原则的潜在不利影响，这种不利影响如果在承接之前知悉，将会导致注册会计师拒绝承接该项业务。

（3）业务承接的质量管理。项目合伙人应当确定会计师事务所就客户关系和审计业务的接受与保持制定的政策和程序已得到遵守，并且得出的相关结论是适当的。

① 项目合伙人应当考虑在客户关系和审计业务的接受与保持环节获取的信息。

② 如果审计项目组在接受或保持某项客户关系或审计业务后获知了某些信息，并且，如果这些信息在接受或保持之前获知，可能会导致会计师事务所拒绝接受或保持该客户关系或审计业务，则项目合伙人应当立即与会计师事务所沟通该信息，以使会计师事务所和项目合伙人能够立即采取必要的行动。

3. 委托前与前任注册会计师沟通

在接受委托前，后任注册会计师应当与前任注册会计师进行必要沟通，并对沟通结果进行评价，以确定是否接受委托。

（1）前后任注册会计师沟通的总体要求。

① 通常由后任注册会计师主动发起，但需征得被审计单位的同意。

② 可以采用书面和口头的方式。

③ 后任注册会计师应当将沟通的情况记录于审计工作底稿。

④ 前后任注册会计师应当对沟通过程中获知的信息保密。即使未接受委托，后任注册会计师仍应履行保密义务。

（2）沟通的核心内容。

① 是否发现被审计单位管理层存在诚信方面的问题。

② 前任注册会计师与被审计单位管理层在重大会计、审计等问题上存在的意见分歧。

③ 前任注册会计师向被审计单位治理层通报的管理层舞弊、违反法律法规行为以及值得关注的内部控制缺陷。

④ 前任注册会计师认为导致被审计单位变更会计师事务所的原因。

## （二）操作准备

（1）查阅审计业务约定书及初步业务活动相关资料。

（2）熟悉签订审计业务约定书流程，以及初步业务活动程序表、业务保持评价表等底稿编制流程。

## （三）任务要领

（1）熟悉初步业务活动工作及独立性、胜任能力的评价。

（2）能认清审计业务约定书中注册会计师和管理层的责任，熟悉审计业务约定书的内容。

# 【任务实施】

### 步骤一：与被审计单位管理层沟通，查看审计资料

会计师事务所接到被审计单位的委托审计要求后，首先与被审计单位的管理层进行沟通，了解审计的目标、审计报告的用途、审计范围和时间安排等；然后查阅以前的审计工作底稿，了解管理建议书的具体内容、重大事项、审计调整等；最后查阅被审计单位的资料，关注业务环境的变化、财务报表的重大报表项目等。

### 步骤二：开展初步业务活动评价

根据与管理层的沟通及对被审计单位业务情况的了解填写初步业务活动程序表、初步接触评价表、首次接受委托评价表（首次承接）、业务保持评价表（连续审计）。如果是连续审计，只需要填写初步业务活动程序表、业务保持评价表（连续审计）即可。

初步评估被审计单位所有权及管理层、业务环境、业务及营运、财务情况及其他特有因素，依此初步判断承接或保持该项业务的风险程度。

### 步骤三：评价会计师事务所及人员的独立性、专业胜任能力

根据会计师事务所质量控制制度，评价本所及其人员的独立性、专业胜任能力，分别填写独立性评价表、专业胜任能力评价表。

独立性评价主要包括以下五个方面：① 是否存在经济利益对独立性造成损害；② 是否存在自我评价对独立性造成损害；③ 是否存在过度推介对独立性造成损害；④ 是否存在关联关系对独立性造成损害；⑤ 是否存在外界压力对独立性造成损害。

专业胜任能力评价主要包括以下四个方面：① 是否熟悉相关行业或业务对象；② 是否具有执行类似业务的经验；③ 是否具备有效获取必要技能和知识的能力；④ 是否拥有足够的必要素质和专业胜任能力的人员。

# 任务二 审计业务约定书签订

## 【任务情境】

诚信会计师事务所已经对联晟通信的所有者及管理层、业务环境、业务及营运、财务情况及其他特有因素进行了初步评估，并对事务所自身独立性和人员胜任能力进行了初步评估，目前开始着手签订审计业务约定书。

## 【任务要求】

了解本所审计业务约定书签订的审批流程，根据业务承接类型编写审计业务约定书，完成签字盖章流程并归档。

## 【任务准备】

（一）知识准备

1. 审计业务约定书的含义

审计业务约定书是指会计师事务所与被审计单位签订的，用以记录和确认审计业务委托与受托关系、审计目标和范围、双方的责任以及报告的格式等事项的书面协议。

审计业务约定书查询

在明确审计业务的范围和性质，初步了解被审计单位的基本情况，评价专业胜任能力并做出接受或保持客户关系的决策后，审计人员应当在审计业务开始前，与被审计单位就审计业务约定条款达成一致意见，签订或修改审计业务约定书，以避免双方对审计业务的理解产生分歧。

对审计业务约定书可从以下几方面理解：

（1）审计业务约定书一般由被审计单位与审计组织共同签订，但也存在委托人与被审计单位不是同一方的情况。在这种情况下，签订审计业务约定书前，审计人员应当与委托人、被审计单位就审计业务约定条款进行充分沟通，并达成一致意见。

（2）确认双方的委托与受托关系。民间审计不同于强制性的政府审计、内部审计，会计师事务所是受托审计，所以要确认委托受托关系。

（3）明确委托目的等事项。这是审计业务约定书的主要内容。

（4）必须采用书面形式，不能采用口头形式。

（5）审计业务约定书是一份经济合同文书，具有法定约束力，双方都要遵守。任何一方违约，都需要追究其责任。

会计师事务所承接任何审计业务，都应与被审计单位签订审计业务约定书。在实务中，审计业务约定书可以采用合同式或信函式两种形式。尽管形式不同，但二者实质内容是相同的。

**2. 审计业务约定书的基本内容**

审计业务约定书的具体内容和格式会因被审计单位的不同而不同，但应当包括以下主要内容。

（1）财务报表审计的目标与范围。财务报表审计的目标是审计人员通过执行审计工作对财务报表是否在所有重大方面按照适用的会计准则编制，是否公允反映被审计单位的财务状况、经营成果和现金流量发表审计意见。财务报表的审计范围是指为实现财务报表审计目标，审计人员根据审计准则和职业判断实施的恰当的审计程序的总和。

（2）审计人员的责任。按照《中国注册会计师审计准则》的规定对财务报表发表审计意见是审计人员的责任。

（3）管理层的责任。在被审计单位治理层的监督下，按照适用的会计准则编制财务报表是被审计单位管理层的责任。管理层的责任包括：

① 按照适用的财务报告编制基础编制财务报表，并使其实现公允反映。

② 设计、执行和维护必要的内部控制，以使财务报表不存在由于舞弊或错误导致的重大错报。

③ 向审计人员提供必要的工作条件。这些必要的工作条件包括允许审计人员接

触与编制财务报表相关的所有信息（如记录、文件和其他事项）；向审计人员提供所需的其他信息；允许审计人员在获取审计证据时不受限制地接触其认为必要的内部人员。财务报表审计不能减轻被审计单位管理层和治理层的责任。

（4）指出用于编制财务报表所适用的财务报告编制基础。

（5）提及审计人员拟出具的审计报告的预期形式和内容，以及对在特定情况下出具的审计报告可能不同于预期形式和内容的说明。

（6）审计收费。

（二）操作准备

（1）查阅审计业务约定书及初步业务活动相关资料。

（2）熟悉签订审计业务约定书流程。

（三）任务要领

（1）熟悉合同审批流程。

（2）能认清业务约定书中注册会计师和管理层的责任。

# 【任务实施】

## 步骤一：了解合同审批流程

根据本所合同管理制度，了解合同审批的流程，包括合同的草拟或者使用什么类型的合同模板、需要哪些人员的审批、由谁负责合同盖章及签字、更改合同的流程等。

## 步骤二：编写审计业务约定书

一般会计师事务所都有不同业务类型的合同模板，审计人员根据审计目标选择适当合同模板，主要需要修改甲乙双方名称、审计年度、审计收费、其他费用（住宿费、交通费、餐费等）的承担方、报告出具日期等事项。

## 步骤三：双方洽谈签约

将编制完成的审计业务约定书提交审批，审批人分别是部门合伙人、法务部负责人，审批完成后交予被审计单位审核，双方确认无异议后，完成签字、盖章，如图2-1所示。

# 审计业务约定书

业务约定书编号： AA-6

甲方：湖北联晟通信科技股份有限公司

乙方：诚信会计师事务所

兹由甲方委托乙方对 2022 年度财务报表进行审计，经双方协商，达成以下约定：

一、审计的目标和范围

1.1 乙方接受甲方委托，对甲方按照企业会计准则编制的 2022 年 12 月 31 日的资产负债表、2022 年度的利润表、所有者权益（或股东权益）变动表、现金流量表以及财务报表附注（以下统称财务报表）进行审计。

1.2 乙方审计工作的目标是对财务报表整体是否不存在由于舞弊或错误导致的重大错报获取合理保证，并出具包含审计意见的审计报告。合理保证是高水平的保证，但并不能保证按照审计准则执行的审计在某一重大错报存在时总能发现。错报可能由于舞弊或错误导致，如果合理预期错报单独或汇总起来可能影响财务报表使用者依据财务报表作出的经济决策，则通常认为错报是重大的。

1.3 乙方通过执行审计工作，对甲方财务报表的下列方面发表审计意见：（1）财务报表是否在所有重大方面按照中国企业会计准则的规定编制；（2）财务报表是否在所有重大方面公允反映了甲方 2022 年 12 月 31 日的财务状况以及 2022 年度经营成果和现金流量。

二、双方的责任

（一）甲方的责任

……

（二）乙方的责任

……

三、审计收费

3.1 本次审计服务的收费是以乙方各级别工作人员在本次工作中所耗费的时间为基础计算的。乙方预计本次审计服务的费用总额为人民币 20 万元。

……

十、双方对其他有关事项的约定

本约定书一式两份，甲、乙双方各执一份，具有同等法律效力。

甲方：湖北联晟通信科技股份有限公司
（盖章）

注册地址：湖北省襄阳市襄城区 66 号

法定代表人 孙超
或授权代表：（签名并盖章）

日期：2022 年 11 月 15 日

乙方：诚信会计师事务所
（盖章）

地址：北京市西城区复兴门外大街
12 号世贸大厦 4 层

执行事务合伙人 张刚
或授权代表：（签名并盖章）

日期：2022 年 11 月 15 日

图 2-1　审计业务约定书

## 任务思考

1. 如果被审计单位降低审计收费，会计师事务所如何保持独立性？

2. 如果某项目组成员新持有被审计单位的股票，会计师事务所如何自查和应对？

# 审计计划制定

## 学习目标

### 知识目标

◆ 掌握总体审计策略的内容。

◆ 掌握具体审计计划的内容。

◆ 理解审计重要性与错报的关系。

### 能力目标

◆ 能制定总体审计策略，评价审计范围、时间安排、审计方向及资源。

◆ 能制定具体审计计划，描述审计工作的具体流程，明确工作重点。

◆ 能确定并运用计划的重要性水平。

### 素养目标

◆ 在制定总体审计策略和具体审计计划时，保持严谨求实、精益求精的职业品质。

◆ 在运用重要性水平衡量错报时，保持专业胜任能力和应有的关注，以及诚信独立、客观公正的职业道德。

## 思维导图

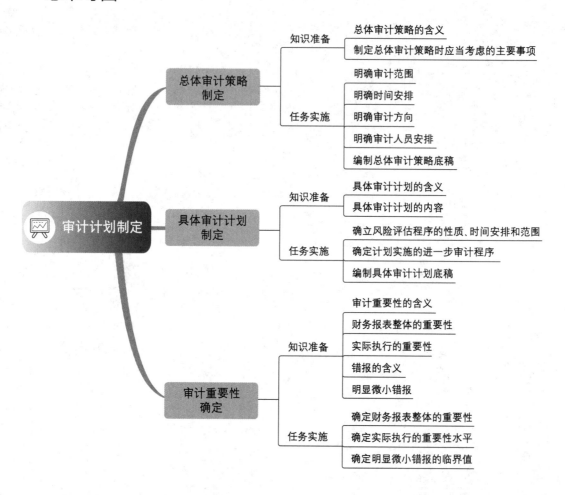

## 德技并修

### 磨刀不误砍柴工——不能忽视的审计计划

  随着经济业务类型的不断更新，我国审计业务面临着越来越复杂的问题，审计工作难度不断加大。会计师事务所在承接业务后需要进行计划审计工作，科学地制定审计计划，有效地执行审计程序。根据调查结果显示，由于会计师事务所之间业务竞争十分激烈，时间成本的压缩往往会使会计师事务所忽视科学审计计划的制定，在对审计项目前期准备不充分的情况下便进入被审计单位执行实质性程序，导致各程序执行犹如一盘散沙，不仅降低了审计的工作效率，浪费时间成本，还降低了社会公众对审计结果的信赖程度。

思考与践行

一份科学、全面的审计计划，不仅可以提高审计工作的质量，还可以使整个项目团队高效地完成各项任务。首先，通过制定审计计划不仅可以使审计工作更加有针对性，还可以在审计过程中有侧重点，而不是盲目地执行审计程序；其次，通过制定审计计划可以充分了解被审计单位，增加企业人员与审计人员的配合程度，使审计人员与被审计单位沟通更加顺畅，更容易获取充分适当的审计证据；最后，有效的审计计划，还可以缓解审计人员的现场工作强度，把审计人员从杂乱无章、毫无头绪的审计工作中解脱出来，提高工作的有效性。

另外，从职业道德的角度来说，有效的审计计划可以提高审计人员的职业素养，在企业面前树立专业、谨慎的职业形象。

## 情境概览

项目合伙人、项目经理与联晟通信管理层进行了有效沟通，同时根据收集到的资料，已初步了解被审计单位的基本情况。会计师事务所与联晟通信已签订 2022 年的审计业务约定书，目前开始制定总体审计策略和具体审计计划，为下一步审计组的工作做指导。

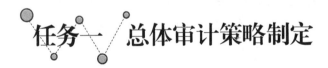

# 任务一　总体审计策略制定

## 【任务情境】

在开始审计前，项目组为了明确联晟通信的审计范围、时间安排、审计方向，开始着手制定总体审计策略。

# 【任务要求】

根据对联晟通信业务情况的了解制定总体审计策略，填制总体审计策略底稿。

# 【任务准备】

总体审计策略

## （一）知识准备

### 1. 总体审计策略的含义

审计人员应当为审计工作制定总体审计策略。总体审计策略用以确定审计范围、时间安排和方向，并指导具体审计计划的制定。

### 2. 制定总体审计策略时应当考虑的主要事项

（1）审计范围。在确定审计范围时，需要考虑下列具体事项：

① 编制拟审计的财务信息所依据的财务报告编制基础，包括是否需要将财务信息调整至按照其他财务报告编制基础编制；

② 特定行业的报告要求，如某些行业监管机构要求提交的报告；

③ 预期审计工作涵盖的范围，包括应涵盖的组成部分的数量及所在地点；

④ 母公司和集团组成部分之间存在的控制关系的性质，以确定如何编制合并财务报表；

⑤ 由组成部分注册会计师审计组成部分的范围；

⑥ 拟审计的经营分部的性质，包括是否需要具备专门知识；

⑦ 外币折算，包括外币交易的会计处理、外币财务报表的折算和相关信息的披露；

⑧ 除为合并目的执行的审计工作之外，对个别财务报表进行法定审计的需求；

⑨ 内部审计工作的可获得性及注册会计师拟信赖内部审计工作的程度；

⑩ 被审计单位使用服务机构的情况，及注册会计师如何取得有关服务机构内部控制设计和运行有效性的证据；

⑪ 对利用在以前审计工作中获取的审计证据（如获取的与风险评估程序和控制测试相关的审计证据）的预期；

⑫ 信息技术对审计程序的影响，包括数据的可获得性和对使用计算机辅助审计

技术的预期；

⑬ 协调审计工作与中期财务信息审阅的预期涵盖范围和时间安排，以及中期审阅所获取的信息对审计工作的影响；

⑭ 与被审计单位人员的时间协调和相关数据的可获得性。

（2）报告目标、时间安排及所需沟通的性质。为计划报告目标、时间安排和所需沟通，需要考虑下列事项：

① 被审计单位对外报告的时间表，包括中间阶段和最终阶段；

② 与管理层和治理层举行会谈，讨论审计工作的性质、时间安排和范围；

③ 与管理层和治理层讨论注册会计师拟出具的报告的类型和时间安排以及沟通的其他事项（口头或书面沟通），包括审计报告、管理建议书和向治理层通报的其他事项；

④ 与管理层讨论预期就整个审计业务中审计工作的进展进行的沟通；

⑤ 与组成部分注册会计师沟通拟出具的报告的类型和时间安排，以及与组成部分审计相关的其他事项；

⑥ 项目组成员之间沟通的预期性质和时间安排，包括项目组会议的性质和时间安排，以及复核已执行工作的时间安排；

⑦ 预期是否需要和第三方进行其他沟通，包括与审计相关的法定或约定的报告责任。

（3）审计方向。在确定审计方向时，注册会计师需要考虑下列事项：

① 重要性方面。具体包括：为计划目的确定重要性；为组成部分确定重要性且与组成部分的注册会计师沟通；在审计过程中重新考虑重要性；识别重要的组成部分和账户余额。

② 重大错报风险较高的审计领域。

③ 评估的财务报表层次的重大错报风险对指导、监督及复核的影响。

④ 项目组人员的选择（在必要时包括项目质量控制复核人员）和工作分工，包括向重大错报风险较高的审计领域分派具备适当经验的人员。

⑤ 项目预算，包括考虑为重大错报风险可能较高的审计领域分配适当的工作时间。

⑥ 如何向项目组成员强调在收集和评价审计证据过程中保持职业怀疑的必要性。

⑦ 以往审计中对内部控制运行有效性进行评价的结果，包括所识别的控制缺陷的性质及应对措施。

⑧ 管理层重视设计和实施健全的内部控制的相关证据，包括这些内部控制得以适当记录的证据。

⑨ 业务交易量规模，以基于审计效率的考虑确定是否依赖内部控制。

⑩ 对内部控制重要性的重视程度。

⑪ 管理层用于识别和编制适用的财务报告编制基础所要求的披露（包括从总账和明细账之外的其他途径获取的信息）流程。

⑫ 影响被审计单位经营的重大发展变化，包括信息技术和业务流程的变化，关键管理人员变化，以及收购、兼并和分立。

⑬ 重大的行业发展情况，如行业法规变化和新的报告规定。

⑭ 会计准则及会计制度的变化，该变化可能涉及作出重大的新披露或对现有披露作出重大修改。

⑮ 其他重大变化，如影响被审计单位的法律环境的变化。

（4）审计资源。注册会计师应当在总体审计策略中清楚地说明审计资源的规划和调配，包括确定执行审计业务所必需的审计资源的性质、时间安排和范围。

① 向具体审计领域调配的资源，包括向高风险领域分派有适当经验的项目组成员，就复杂的问题利用专家工作等；

② 向具体审计领域分配资源的多少，包括分派到重要地点进行存货监盘的项目组成员的人数，在集团审计中复核组成部分注册会计师工作的范围，向高风险领域分配的审计时间预算等；

③ 何时调配这些资源，包括是在期中审计阶段还是在关键的截止日期调配资源等；

④ 如何管理、指导、监督这些资源，包括预期何时召开项目组预备会和总结会，预期项目合伙人和经理如何进行复核，是否需要实施项目质量控制复核等。

（二）操作准备

查阅总体审计策略工作底稿模板。

（三）任务要领

制定总体审计策略，明确审计范围、时间安排、审计方向。

## 【任务实施】

**步骤一：明确审计范围**

需要明确的审计范围主要包括：适用的财务报告编制基础、适用的审计准则、与财务报告相关的行业特别规定、由组成部分注册会计师审计的组成部分的范围（集团审计适用）。

**步骤二：明确时间安排**

审计人员通过和被审计单位沟通确定报告出具的时间；再根据项目的流程确立执行审计工作的时间安排，如制定总体审计策略、具体审计计划、存货监盘的时间等；最后确定沟通的时间安排，如与管理层的沟通、与治理层的沟通、项目组会议等。

**步骤三：明确审计方向**

审计人员需要根据被审计单位的具体情况，确定重要性水平，如企业的盈利水平比较稳定时，可以根据经常性业务的税前利润确立财务报表整体的重要性，然后再分别确认实际执行的重要性、未更正错报名义金额，编制重要性确定表。

根据被审计单位的具体情况明确可能存在较高重大错报风险的领域、重要组成部分（集团审计适用）、重要的交易、账户余额和披露及相关认定。

**步骤四：明确审计人员安排**

根据影响审计业务的重要因素及审计人员的专业水平合理地确定项目组成员及主要职责。

**步骤五：编制总体审计策略底稿**

根据确立的审计范围、时间安排、审计方向编制总体审计策略底稿。

# 任务二 具体审计计划制定

## 【任务情境】

项目组为获取充分、适当的审计证据，需制定具体审计计划，以确定审计程序的性质、时间安排和范围。

## 【任务要求】

根据总体审计策略制定具体审计计划，编制具体审计计划底稿。

## 【任务准备】

具体审计计划

（一）知识准备

1. 具体审计计划的含义

注册会计师应当为审计工作制定具体审计计划。具体审计计划比总体审计策略更加详细，其内容包括为获取充分、适当的审计证据以将审计风险降至可接受的低水平，项目组成员拟实施的审计程序的性质、时间安排和范围。可以说，为获取充分、适当的审计证据，而确定审计程序的性质、时间安排和范围是具体审计计划的核心。

2. 具体审计计划的内容

具体审计计划应当包括风险评估程序、计划实施的进一步审计程序和计划实施的其他审计程序。

（1）风险评估程序。具体审计计划包括按照《中国注册会计师审计准则第1211号——重大错报风险的识别和评估》的规定，为了充分识别和评估财务报表重大错报风险，审计人员计划实施的风险评估程序的性质、时间安排、范围。

（2）计划实施的进一步审计程序。具体审计计划包括按照《中国注册会计师审计准则第 1231 号——针对评估的重大错报风险采取的应对措施》的规定，针对评估的认定层次的重大错报风险，审计人员计划实施的进一步审计程序的性质、时间安排和范围。

通常，审计人员计划的进一步审计程序可以分为进一步审计程序的总体方案和拟实施的具体审计程序（包括进一步审计程序的具体性质、时间安排和范围）两个层次。进一步审计程序的总体方案主要是指审计人员针对各类交易、账户余额和披露决定采用的总体方案（包括实质性方案和综合性方案）。具体审计程序则是对进一步审计程序的总体方案的延伸和细化，它通常包括控制测试和实质性程序的性质、时间安排和范围。在实务中，审计人员通常单独制定一套包括这些具体程序的"进一步审计程序表"，待具体实施审计程序时，审计人员将基于所计划的具体审计程序，进一步记录所实施的审计程序及结果，并最终形成有关进一步审计程序的审计工作底稿。

（3）计划实施的其他审计程序。具体审计计划应当包括根据审计准则的规定，审计人员针对审计业务需要实施的其他审计程序。计划实施的其他审计程序可以包括上述进一步审计程序的计划中没有涵盖的、根据其他审计准则的要求审计人员应当执行的既定程序。

在审计计划阶段，除了按照《中国注册会计师审计准则第 1211 号——重大错报风险的识别和评估》进行计划工作，审计人员还需要兼顾其他准则中规定的、针对特定项目在审计计划阶段应执行的程序及记录要求。例如，《中国注册会计师审计准则第 1141 号——财务报表审计中与舞弊相关的责任》《中国注册会计师审计准则第 1324 号——持续经营》《中国注册会计师审计准则第 1142 号——财务报表审计中对法律法规的考虑》及《中国注册会计师审计准则第 1323 号——关联方》等准则。当然，由于被审计单位所处行业、环境各不相同，特别项目可能也有所不同。例如，有些企业可能涉及环境事项、电子商务等，在实务中审计人员应根据被审计单位的具体情况确定特定项目并执行相应的审计程序。

（二）操作准备

（1）查阅具体审计计划底稿模板。

（2）熟悉制定审计计划操作流程。

（三）任务要领

制定具体审计计划内容，以明确审计程序的性质、时间安排和范围。

## 【任务实施】

步骤一：确立风险评估程序的性质、时间安排和范围

需要针对风险评估程序、特定项目的程序确定执行人和日期，关于询问的事项确定计划参加沟通的项目组成员、访问时间。

步骤二：确定计划实施的进一步审计程序

通过对被审计单位及其环境的了解、内部控制的了解，记录识别的重大错报风险，确定需要进一步实施的审计程序、时间安排和范围。

步骤三：编制具体审计计划底稿

将风险评估程序的安排、被审计单位的情况、计划实施的进一步审计程序、审计方向编制在具体审计计划底稿中。

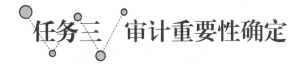

# 任务三 审计重要性确定

## 【任务情境】

项目组在制定审计计划时，应当确定一个合理的重要性水平，以发现金额上重大的错报。

## 【任务要求】

根据对联晟通信及其环境的了解、审计的目标、财务报表各项目的性质及其相互关系、财务报表项目的金额及其波动幅度，从性质和数量两方面合理确定重要性，编制重要性确定表底稿。

# 【任务准备】

## （一）知识准备

### 1. 审计重要性的含义

如果合理预期错报（包括漏报）单独或汇总起来可能影响财务报表使用者依据财务报表作出的经济决策，则通常认为错报是重大的。对重要性的判断是根据具体环境作出的，并受错报的金额或者性质的影响，或者受两者共同作用的影响。

实际执行的
重要性

### 2. 财务报表整体的重要性

注册会计师在制定总体审计策略时，应当确定财务报表整体的重要性水平。公式如下：

$$重要性水平 = 选定基准 \times 选定百分比$$

（1）选择适当的基准需要考虑的因素，如表3-1所示。

表3-1　选择适当的基准需要考虑的因素

| 类别 | 具体因素 |
| --- | --- |
| 报表项目特征 | 财务报表的要素；<br>是否存在特定会计主体的财务报表使用者特别关注的财务报表项目 |
| 企业特征 | 被审计单位的性质、所处的生命周期阶段以及所处行业和经济环境；<br>被审计单位的所有权结构和融资方式 |
| 稳定性要求 | 基准的相对波动性 |

（2）实务中较为常用的基准，如表3-2所示。

表3-2　实务中较为常用的基准

| 被审计单位的情况 | 可能选择的基准 |
| --- | --- |
| 企业的盈利水平保持稳定 | 经常性业务的税前利润 |
| 企业近年来经营状况大幅度波动，盈利和亏损交替发生，或者由正常盈利变为微利或微亏，或者本年度税前利润因情况变化而出现意外增加或减少 | 过去三到五年经常性业务的平均税前利润或亏损（取绝对值），或其他基准，例如营业收入 |

| 被审计单位的情况 | 可能选择的基准 |
|---|---|
| 企业为新设企业，处于开办期，尚未开始经营，目前正在建造厂房及购买机器设备 | 总资产 |
| 企业处于新兴行业，目前侧重于抢占市场份额、扩大知名度和影响力 | 营业收入 |
| 开放式基金，致力于优化投资组合、提高基金净值、为基金持有人创造投资价值 | 净资产 |
| 国际企业集团设立的研发中心，主要为集团下属企业提供研发服务，并以成本加成方式向相关企业收取费用 | 成本与营业费用总额 |
| 公益性质的基金会 | 捐赠收入或捐赠支出总额 |

（3）基准与经验百分比，如表3-3所示。

表3-3　基准与经验百分比

| 选择的基准 | 经验百分比 |
|---|---|
| 经常性业务税前利润 | 不超过10% |
| 主营业务收入 | 不超过2% |
| 总资产 | 不超过1% |
| 收入或费用总额 | 不超过2% |

百分比无论高低，只要符合具体情况，都是适当的。

注册会计师为被审计单位选择的基准在各年度中通常会保持稳定，但是并非必须保持一成不变。

3. 实际执行的重要性

（1）注册会计师确定的低于财务报表整体重要性的一个或多个金额，旨在将未更正和未发现错报的汇总数超过财务报表整体（或特定类别交易、账户余额或披露）重要性的可能性降至适当的低水平。

（2）重要性水平金额比例选择的考虑，如表3-4所示。

表3-4　重要性水平金额比例选择的考虑

| 选择较低百分比的情形 | 选择较高百分比的情形 |
| --- | --- |
| ① 首次接受委托的审计项目；<br>② 连续审计项目，以前年度审计调整较多；<br>③ 项目总体风险较高；<br>④ 存在或预期存在值得关注的内部控制缺陷 | ① 连续审计项目，以前年度审计调整较少；<br>② 项目总体风险为低到中等；<br>③ 以前期间的审计经验表明内部控制运行有效 |

注册会计师无须通过将财务报表整体的重要性平均或按比例分配到各个报表项目的方法来确定实际执行的重要性。

4. 错报的含义

错报包括两种情形。

（1）违反合规性：某一财务报表项目的金额、分类、列报，与按照适用的财务报告编制基础应当列示的金额、分类、列报之间存在的差异。

（2）违反公允性：根据注册会计师的判断，为使财务报表在所有重大方面实现公允反映，需要对金额、分类、列报作出的必要调整。

5. 明显微小错报

（1）明显微小错报的含义。注册会计师可能将低于某一金额的错报界定为明显微小的错报，对这类错报不需要累积，因为注册会计师认为这些错报的汇总数明显不会对财务报表产生重大影响。

明显微小不等同于不重大。明显微小错报的金额的数量级与重要性的数量级相比，是完全不同的（明显微小错报的数量级更小，或其性质完全不同）。

（2）明显微小错报临界值的确定。注册会计师确定明显微小错报临界值的目标，是要确保不累积的错报（即低于临界值的错报）连同累积的未更正错报不会汇总成为重大错报。

① 临界值与预期错报数量的反比例关系。预期错报数量较多、金额较小，可能考虑采用较低的临界值；预期错报数量较少，可能采用较高的临界值。

② 临界值与整体重要性的比例关系。注册会计师可能将临界值确定为财务报表整体重要性的3%～5%，通常不超过财务报表整体重要性的10%。

③ 特殊情况的考虑。特殊情况下可能单独为重分类错报确定一个更高的临界值，可能会达到财务报表整体重要性的 30%。

如果不确定一个或多个错报是否明显微小，就不能认为这些错报是明显微小的。

（二）操作准备

（1）查阅重要性确定表底稿模板。

（2）了解财务报表整体重要性的确定。

（三）任务要领

根据财务报表整体重要性确定实际执行的重要性、明显微小错报临界值。

# 【任务实施】

### 步骤一：确定财务报表整体的重要性

根据被审计单位的基本情况确定基准，如以盈利为目的制造行业实体，按经常性业务的税前利润（如有意外波动，可按照最近 3～5 年的平均数），然后根据风险水平确定计算比率（5%～10%），再依据选定基准乘以选定百分比计算出财务报表整体重要性。

### 步骤二：确定实际执行的重要性水平

如整体审计风险为低，需根据确定的财务报表整体重要性金额，选择 75% 的比率计算实际执行的重要性；如整体审计风险为高，需根据确定的财务报表整体重要性金额，选择 50% 的比率计算实际执行的重要性。

### 步骤三：确定明显微小错报的临界值

当实际执行的重要性水平设为财务报表整体重要性水平的 50%，选择 3% 的比率计算明显微小错报临界值；当实际执行的重要性水平设为财务报表整体重要性水平的 75%，选择 5% 的比率计算明显微小错报的临界值。

## 任务思考

1. 如何对处在不同阶段、不同行业的被审计单位，确定恰当的重要性?

2. 被审计单位发生不可预见的因素（如疫情、法律纠纷），项目组如何更改具体审计计划?

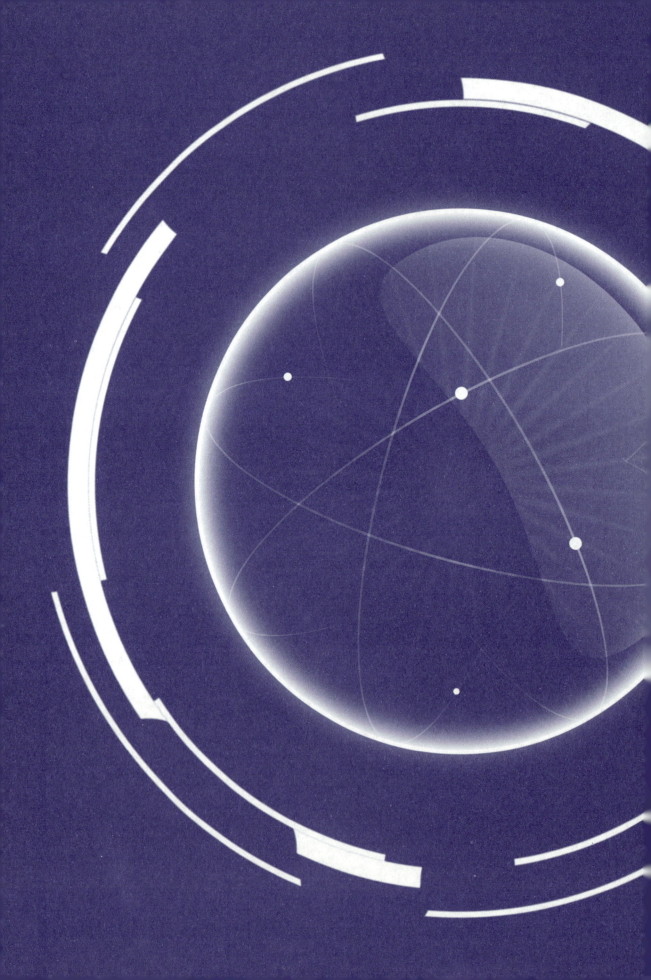

# 数据获取与加工

## 学习目标

### 知识目标

◆ 理解客户管理的意义。

◆ 掌握审计数据采集、转换与导入的要点。

◆ 掌握数据校验的方法。

### 能力目标

◆ 能完成新建审计项目工作，录入审计客户与审计项目基本信息。

◆ 能学会审计数据采集与转换的基本思路，导入经过转换的审计数据。

◆ 能完成数据校验工作，准确生成未审报表。

### 素养目标

◆ 在客户管理与项目创建过程中，保持职业谨慎和应有的关注，保证
录入客户与项目信息的真实性和完整性。

◆ 在数据采集与导入过程中，保持独立谨慎，严守保密原则，保证被
审计单位的相关信息不外泄。

◆ 在数据校验过程中，能够利用职业判断，客观地分析被审计单位数
据的合理性和逻辑的正确性。

## 思维导图

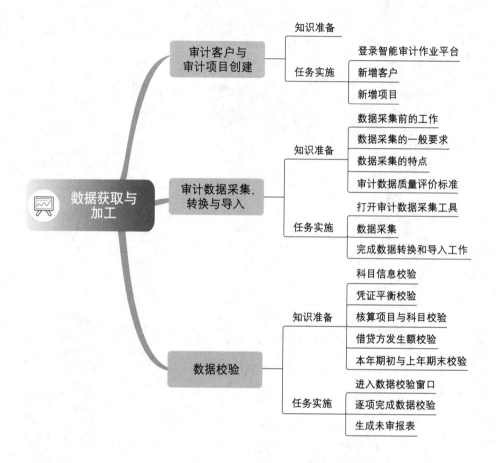

## 德技并修

### AY 的数字化审计转型之路

工欲善其事，必先利其器。为了更好地应对海量的数据分析，AY 会计师事务所（简称"AY"）秉承匠人精神，持续研发和应用数字化审计分析技术、工具。安永综合运用 RPA 等技术工具，结合企业常用的 ERP 应用，开发多类型、多版本适用的自动化数据提取、清洗工具，从底层数据着手，对海量业务、财务、运营数据进行深入的审计分析，并通过可视化工具生成直观、动态报告。AY 的各种数据分析器帮助审计人员快速识别异常科目，发现异常趋势。AY 的标准审计底稿体系也为全面开展数字化审计奠定了良好的基础，越来越多的审计项目组完成了应用自动化数据提取、分析、生成底稿和可视化报告的自动化审计体验，并逐步进行全面推广。

思考与践行

随着计算机技术和科学的发展，互联网、大数据、人工智能等现代技术趋向普及应用，传统审计方法、技术、手段在新的时代逐步落后。被审计单位都会产生海量的财务和非财务信息，而审计人员需要通过对相关大数据的收集、分类、整理、分析和利用，提高审计工作的效率，提升审计服务质量，为我国经济社会转型升级发展提供有效支撑，审计业态智能化成为必然。借助新兴技术手段，审计人员可以在有限的时间里将更多的精力放在更有价值的风险评估、数据分析和专业判断上，真正做到风险导向和价值提升。当然，这也对审计人员的专业水平和综合素养提出了很高的挑战，为了适应审计智能化发展的需要，审计人员应具备广泛的智能审计专业知识，并具备使用数字化分析工具在获取、加工、分析和运算相关财务数据和非财务数据方面的能力。

## 情境概览

项目组进场前，已把年审需要的资料清单提供给了联晟通信的财务负责人。项目组进场后，对联晟通信提供的未审报表、科目余额表、序时账、收发存汇总表、固定资产卡片等资料进行整理，初步审核，以确保其提供的数据、资料准确、齐全。

# 任务一 审计客户与审计项目创建

## 【任务情境】

2022 年 10 月 25 日，诚信会计师事务所在开展了初步业务活动后，组建了一个由一名合伙人、一名项目负责人、四名审计人员和一名质控负责人为成员的项目组。审计项目组负责在智能审计作业平台中新建联晟通信客户和项目，开展审计数据获取与加工工作。

# 【任务要求】

（1）根据被审计单位的信息新增客户，准确录入客户的基本信息，完成客户创建。若为连续审计，检查客户基本信息是否有变化，进行适当的修改。

（2）根据已创建的客户信息，准确录入项目基本信息，完成项目创建。

# 【任务准备】

## （一）知识准备

客户管理平台是会计师事务所在激烈的市场竞争中一种方便有利的管理工具，主要用于会计师事务所建立被审计单位资料库，方便收集、整理、加工和利用客户信息，对客户进行动态管理，便于今后审计工作的展开和被审计单位资料的分类和积累，从而帮助会计师事务所为客户提供更加完备周到的服务，通过有效地进行客户资源管理，提高会计师事务所的审计服务质量，防范审计风险。

## （二）操作准备

（1）熟悉智能审计作业平台功能。

（2）查阅审计客户与审计项目创建的基本信息。

客户名称：湖北联晟通信科技股份有限公司（简称"联晟通信"）

统一社会信用代码：A115789658321789963

法定代表人：孙超

联系人：曹丽

客户类型：上市公司

注册地址：湖北省襄阳市襄城区 66 号

联系电话：0710-55237866

项目名称：联晟通信 2022 年年报审计

业务类型：年报审计

项目合伙人、项目经理：张刚、梁涛

承接单位和部门：诚信会计师事务所审计八部

审计期间：2022 年 1 月—2022 年 12 月

承接方式：外部人员引荐

是否首次承接：业务保持

风险等级：B 级

（三）任务要领

（1）熟悉智能审计作业平台新增客户和新增项目的操作流程，并按照既定规则对审计项目进行命名。

（2）认真查阅客户基本信息，准确无误地录入客户信息，对于缺少资料支撑的信息或非必填项信息可以酌情录入。

（3）项目信息中的客户名称需要通过选择的方式增加，因此必须先新增审计客户，才能新增审计项目。

## 【任务实施】

**步骤一：登录智能审计作业平台**

**步骤二：新增客户**

审计人员找到客户管理模块，搜索联晟通信客户，因为联晟通信是连续审计，审计人员只需核对一下基本信息有无变化，再进行适当地修改，即可进入审批阶段。

操作演示：
新建客户和
项目

新增客户系统操作如图 4-1 所示。

图 4-1　新增客户

步骤三：新增项目

客户审批完成后，审计人员选择联晟通信客户，新增 2022 年审计项目，录入项目的基本信息，完成新增项目任务，进入项目审批阶段，审计人员查看项目审批通过，即完成项目的立项。

新增项目系统操作如图 4-2 所示。

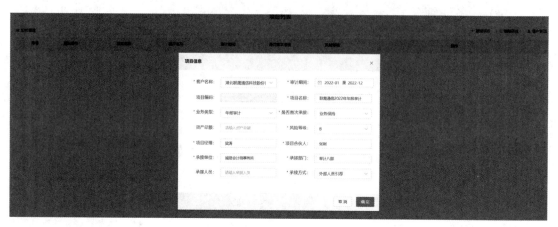

图 4-2　新增项目

# 任务二　审计数据采集、转换与导入

## 【任务情境】

审计项目组完成审计客户和审计项目创建后，对联晟通信相关财务数据进行数据采集与转换，形成了转换后的审计数据，并将转换后的审计数据导入智能审计作业平台。

## 【任务要求】

在采集了被审计单位财务数据之后，要对其进行清理、转换，使数据的可靠性和可用性得到提高。本任务要求审计人员能够掌握审计数据采集、转换及导入的工作流程，并最终能够通过云端导入的方式将转换后的审计数据导入智能审计作业平台。

# 【任务准备】

（一）知识准备

1. 数据采集前的工作

数据采集前
的工作

利用智能审计平台开展审计工作的首要步骤，是采集被审计单位信息系统的数据。只有将被审计单位的财务数据进行采集后，经过一定转换，导入智能审计平台，审计人员才可能使用平台开展审计工作。

（1）对信息系统数据的初步评价。一般情况下，在企业信息系统中，许多业务活动是缺乏交易轨迹的，大量的审计证据以电子化的形式存储在硬盘或软盘等存储介质上。审计人员要使用这些电子化数据，必须对产生、存储、修改这些数据的信息系统的可靠性、安全性进行评价。

（2）对被审计单位使用财务软件和数据库的判断。审计人员采集数据前，首先要获取被审计单位所使用的财务软件和数据库的信息。

目前，国内各行各业使用了上百种不同的财务软件，由于实现的技术与各行各业的应用需求不同，这些财务软件在数据库的选用上存在一定差异。不同的财务软件有的使用 Oracie 数据库，有的使用 SQL Sever 数据库，甚至同一款软件的不同版本使用了不同的数据库平台。因此，要使财务软件数据顺利被采集，需要识别不同版本的不同财务软件所使用的数据库平台，每种数据库平台的连接、读取数据的指令不尽相同，对每一种数据库，要编制不同的指令读取数据库中的信息。所以，审计人员要对被审计单位所使用的财务软件和数据库信息进行充分了解，掌握被审计单位采用的财务软件和数据库的软件版本等情况，获得对数据的正确认识，提出可行的、满足审计需要的数据需求，确定数据采集的对象及方式。

审计人员要想获取被审计单位财务软件和数据库的信息，可以采取到被审计单位的信息部门进行问卷调查或现场调查等方式进行。

2. 数据采集的一般要求

第一，采集到的数据必须包含所有需要的信息，不能出现缺失。

第二，采集数据的过程只能复制被审计单位的各种数据资料，不能修改或直接删掉部分数据资料。

第三，数据采集过程不能对被审计单位系统的正常运行造成影响。

第四，数据采集接口必须保证被审计单位系统的安全性与数据的保密性。

3. 数据采集的特点

（1）选择性。审计人员在进行数据采集时只采集与审计需求相关的数据。

（2）目的性。数据采集的目的是进行审计数据分析，发现审计线索，为获取审计证据做数据准备。

（3）可操作性。数据采集时要考虑被审计单位的实际情况，选择最适合的数据采集方案，以降低审计成本和审计风险。

（4）复杂性。被审计单位信息化程序差异较大，应用软件类型多种多样，审计数据采集过程中不能采用同一种方法。

4. 审计数据质量评价标准

一般说来，评价数据质量最主要的几个指标有：① 准确性；② 完整性；③ 一致性；④ 唯一性；⑤ 及时性；⑥ 有效性。

（二）操作准备

（1）完成审计数据采集工作。

（2）取得智能审计作业平台数据导入模板。

（3）了解数据导入格式基本要求。

（三）任务要领

（1）根据审计采集工具的数据采集要求获取被审计单位的财务数据，并进行精准的转换。

（2）如果数据导入失败，则需要按照导入模板重新修正数据，检查待导入的数据表是否存在数据质量问题，之后再进行导入，直至导入成功。

 **注意**：一般会计师事务所的智能审计作业平台会自带审计数据采集工具。

## 【任务实施】

**步骤一：打开审计数据采集工具**

将审计数据采集工具安装在被审计单位的数据库设备上，打开该采集工具。

**步骤二：数据采集**

根据审计目标选择需要采集的数据，一般包括被审计单位的科目余额表、序时账、辅助项目科目余额表、辅助项目明细表、收发存汇总表、资产卡片等资料，财务数据一般包括近五年的（账龄分析需要）。

**步骤三：完成数据转换和导入工作**

打开智能审计作业平台的数据导入模块，下载数据导入模板，将被审计单位的财务数据按照模板格式转换，单击"导入"，将转换完成的数据依次导入作业平台。系统会自动将数据进行转换。

# 任务三 数据校验

## 【任务情境】

审计项目组完成审计数据导入工作之后，通过科目信息校验、凭证平衡校验、核算项目与科目校验、借贷发生额校验、本年期初与上年期末校验等功能完成数据校验，并生成未审报表。

## 【任务要求】

审计人员能够使用智能审计作业平台，对导入后的联晟通信财务数据进行数据校验，查找企业原始数据是否存在问题，并生成未审报表。

# 【任务准备】

数据校验与
科目映射

## （一）知识准备

数据校验主要是对导入的财务数据进行综合校验，主要包括以下五种校验：科目信息校验、凭证平衡校验、核算项目与科目校验、借贷方发生额校验、本年期初与上年期末校验。

### 1. 科目信息校验

科目信息校验是指针对导入的财务数据进行科目信息正确性校验，包括对导入数据的科目级次、科目长度、是否末级科目、上级科目名称、科目类型、借贷方向等信息进行校验。

如果发现相同级次科目编码长度不唯一，系统会标记。

如果发现科目类型需要调整，系统支持调整已导入财务数据的科目类型。

### 2. 凭证平衡校验

凭证平衡校验是指针对导入的财务数据进行凭证平衡性校验，即对序时账中同一凭证的借方发生额和贷方发生额进行校验。

如果发现同一凭证借方发生额和贷方发生额不相等，系统会将该笔凭证标记显示。

### 3. 核算项目与科目校验

核算项目与科目校验是指针对导入的财务数据进行核算项目与科目的校验，包括针对科目名称与核算科目类型名称、科目余额表期初数与核算期初数、科目余额表借方发生额与核算借方发生额、科目余额表贷方发生额与核算贷方发生额、科目余额表期末数与核算期末数五组数据进行校验。

如果导入的财务数据中，辅助核算余额表与科目余额表中的同一科目期初、期末余额、本期发生额不相等，则系统会将该科目标记显示。

### 4. 借贷方发生额校验

借贷方发生额校验是指针对导入的财务数据进行科目余额表与凭证的校验，包括针对科目余额表中借方发生额与记账凭证中借方发生额，科目余额表中贷方发生额与记账凭证中贷方发生额两组数据进行校验。

如果导入的财务数据中，同一科目在科目余额表的借贷方发生额与序时账的借贷方发生额不相等，则系统会将该科目标记显示。

5. 本年期初与上年期末校验

本年期初与上年期末校验是指针对导入的多年财务数据进行本年期初数与上年期末数的校验。

如果导入的财务数据中，同一科目的本年期初数与上年期末数不相等，则系统会将该科目标记显示。

（二）操作准备

（1）熟悉智能审计作业平台数据校验工作流程。

（2）了解未审报表取数逻辑。

（三）任务要领

（1）全部审计数据的导入工作完成后，可以进行数据校验。

（2）数据校验需要所有校验全部相符，否则需查明原因。

【任务实施】

操作演示：
数据校验

**步骤一：进入数据校验窗口**

审计人员导入数据后，打开数据校验窗口。

**步骤二：逐项完成数据校验**

选择审计项目，对采集到的数据进行科目信息校验、凭证平衡校验，核算项目与科目校验，借贷方发生额校验、本年期初与上年期末校验。若校验出现异常，查询原因，进行适当的修改。

智能审计作业平台中数据校验界面如图 4-3 所示。

图 4-3 数据校验界面

### 步骤三：生成未审报表

审计人员完成数据校验后，在审计底稿列表下找到未审报表，查看未审报表的报表项目是否取到数据，检查数据间的逻辑关系是否正确。

## 任务思考

1. 如果被审计单位不配合提供部分财务数据，需要进一步采取哪些措施？

2. 向被审计单位获取财务数据后，需要注意哪些事项以及做哪些准备工作？

# 审计证据收集、整理与上传

## 学习目标

### 知识目标

◆ 理解审计证据的含义及分类。

◆ 掌握审计证据的特征。

◆ 掌握获取审计证据的一般程序。

### 能力目标

◆ 能根据审计证据的不同类型，理清获取审计证据的途径。

◆ 能评价审计证据的特征，实施审计证据筛选、汇总、整理。

◆ 能利用获取审计证据的一般程序，完成审计证据的收集。

### 素养目标

◆ 在审计证据资料筛选整理、记录与汇总过程中，保持专业胜任能力以及精益求精的职业精神。

◆ 在审计证据收集过程中，仔细认真地完成资料清单的编写，保持诚信独立、客观公正的职业道德。

## 思维导图

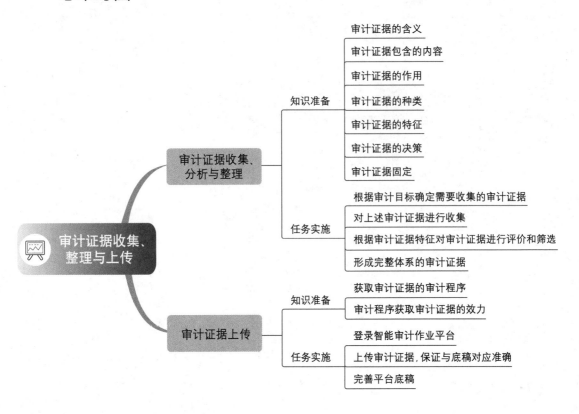

## 德技并修

### 北斗卫星助力审计证据收集：揭开"扇贝大逃亡"真相

多年来公然连续上演"扇贝跑路了""扇贝饿死了"等业绩造假荒诞剧情的獐子岛（002069.SZ），其真面目终于被北斗卫星系统揭穿。2020年6月，证监会发布对獐子岛信息披露违法违规案的行政处罚及市场禁入决定，决定对獐子岛给予警告，并处以60万元罚款，对15名责任人员处以3万元至30万元不等罚款，对4名主要责任人采取5年至终身市场禁入，其中对董事长兼总裁吴厚刚采取终身市场禁入措施。

起家于辽宁大连长海县獐子岛镇的獐子岛，一度被资本市场认为是海产养殖行业的明星公司。但这家产品独特、且前景一直看好的公司，却在2014年、2015年连续两年亏损，面临暂停上市风险，直至2016年扭亏为盈，摘掉ST帽子。2017年该公司再次亏损 7.23 亿元，2018 年又勉强盈利 3 210.92 万元，到 2019 年又亏损 3.92 亿元，2020 年一季报显示该公司盈利 371.39 万元。

此前市场一直对其 2014 年以来的财务数据存疑，也曾多次涉及对其海产养殖业务的调查，但獐子岛均以海产养殖行业本身存在的自然环境等不可控风险予以解释，甚至多次出现扇贝跑路等离奇说辞。不过，这一次该公司隐藏多年的财务造假终于被查明。处罚公告显示，獐子岛在 2016 年通过少记录成本、营业外支出的方法虚增利润 1.31 亿元，由亏损披露为盈利，2017 年又将以前年度已采捕海域列入核销海域或减值海域，虚减利润 2.79 亿元。

值得注意的是，此次对獐子岛的业绩造假调查是证券监管部门增强科技监管实力的体现。在调查过程中，证监会借助北斗导航技术，解决了獐子岛在整个过程无逐日采捕区域记录可以参考的难题，并委托两家第三方专业机构运用计算机技术还原了采捕船只的真实航行轨迹，认定了公司成本、营业外支出、利润等存在虚假。

思考与践行

随着科学技术的不断发展，大数据、云计算等技术广泛应用，获取审计证据的方法与手段也不断变化，审计人员的思路不应仅局限于函证、分析等基本审计技术，应根据被审计事项的实际情况，采取各种取证方法。审计人员需要不断丰富和提高自己的知识和能力，尤其是信息化方面的知识和能力，只懂财税政策显然是不足以胜任现代审计工作了。

## 情境概览

项目组在审计的过程中，收集到不同的审计证据，包括被审计单位提供的票据备查簿、固定资产卡片、工资表等，外部获取的银行询证函、企业征信报告、往来询证函等。项目组成员根据自己负责的报表项目需要对审计证据进行整理、编制索引、上传至智能审计作业平台。

# 任务一 审计证据收集、分析与整理

## 【任务情境】

诚信会计师事务所接受联晟通信的委托，实际也就开始进入了审计证据收集整理的过程，在任务实施过程中，按照财务报表审计流程，从初步业务活动、审计计划制定、风险评估、风险应对、完成审计工作方面，学习掌握审计证据的收集整理。

## 【任务要求】

审计人员能够结合提供的待整理的审计证据图标完成下列任务：

（1）了解财务报表审计流程。

（2）能够收集汇总审计各阶段形成的审计证据。

（3）能够利用审计证据特征进行评价，完成审计证据整理。

## 【任务准备】

审计证据的
含义和内容

### （一）知识准备

#### 1. 审计证据的含义

审计证据是指审计人员为了得出审计结论、形成审计意见而使用的所有信息。

#### 2. 审计证据包含的内容

审计证据包括构成财务报表基础的会计记录所含有的信息和其他的信息。

会计记录中含有的信息主要包括原始凭证、记账凭证、总分类账和明细分类账、未在记账凭证中反映的对财务报表的其他调整，以及支持成本分配、计算、调节和披露的手工计算表和电子数据表。上述会计记录是编制财务报表的基础，构成审计人员执行财务报表审计业务所需获取的审计证据的重要部分。

其他的信息包括：① 审计人员从被审计单位内部或外部获取的会计记录以外的信息，如被审计单位的会议记录、内部控制手册、询证函的回函、分析师的报告与竞争者的比较数据等；② 通过询问、观察和检查等审计程序获取的信息，如通过检查存货获取存货存在的证据等；③ 自身编制或获取的可以通过合理推断得出结论的信息，如审计人员编制的各种计算表、分析表等。

3. 审计证据的作用

（1）审计证据是评价审计事项的事实依据。对审计事项的判断，必须建立在获取充分、适当的审计证据，了解客观事实真相的基础上，审计人员不能凭想象做出审计判断。

（2）审计证据是形成审计意见或做出审计决定的基础。任何公正、恰当的审计意见或审计决定都必须有充分、适当的审计证据来支持。否则，形成的审计意见或做出的审计决定难免有偏颇。

4. 审计证据的种类

一般而言，审计人员所取得的审计证据可以按其外形特征分为实物证据、书面证据、口头证据、视听或电子证据、鉴定和勘验证据、环境证据。

（1）实物证据是指以实物存在并以其外部特征和内在本质证明审计事项的证据。实物证据是通过实际观察或盘点取得的，用以确定实物资产的存在性。

（2）书面证据是指以书面形式存在的，以其记载内容证明审计事项的证据。书面证据往往是审计证据中的主要部分，数量多、来源广。

（3）口头证据是指与审计事项有关的人员提供的言辞材料。例如，应审计人员的要求，审计事项知情人的陈述，被调查人的口头答复等。

（4）视听或电子证据是指以录音带、录像带、磁盘及其他电子计算机储存形式存在的用于证明审计事项的证据。

（5）鉴定和勘验证据是指因特殊需要审计机关或机构指派或聘请专门人员对某些审计事项进行鉴定而产生的证据。这种证据实际上是书面证据的特殊形式。

（6）环境证据是指对审计事项产生影响的各种环境状况。例如，被审计单位的地理位置、内部控制状况、管理状况等。环境证据一般不作为主要证据，但可提供有用的信息。

5. 审计证据的特征

审计证据具有充分性和适当性两个特征。充分性是对审计证据数量的衡量，主要与审计人员确定的样本量有关。适当性，是对审计证据质量的衡量，即审计证据在支持审计意见所依据的结论方面具有的相关性和可靠性。

6. 审计证据的决策

审计证据的收集、鉴定、整理与分析构成了审计证据决策的全过程。

7. 审计证据固定

审计证据固定是指将审计人员了解到的被审计单位具体的交易或事项的客观事实的信息转换成工作底稿。将信息转换成工作底稿的途径称为固定方法，其过程称为审计证据固化。

## （二）操作准备

（1）了解该项目的审计目标。

（2）具备充足的审计证据相关知识。

## （三）任务要领

（1）了解财务报表审计流程。

（2）能够收集汇总审计各阶段形成的审计证据。

（3）能够利用审计证据特性进行评价，完成审计证据整理。

（4）在进行审计决策时，注意综合考虑风险因素、成本效益因素以及重要性因素。

## 【任务实施】

**步骤一：根据审计目标确定需要收集的审计证据**

1. 初步业务活动环节

初步业务活动中解决的是财务报表审计业务承接的问题。按照工作任务，形成初步业务活动程序表、业务保持评价表、审计业务约定书等书面审计证据，并记录于相应工作底稿当中。

2. 审计计划制定环节

为了高效地完成联晟通信 2022 年财务审计工作任务，达到预期审计目标，诚信会计师事务所对审计工作进行安排，这一环节按工作完成情况，会形成总体审计策略、重要性水平确定、具体审计计划等书面审计证据，并记录于相应工作底稿当中。

3. 风险评估环节

在风险导向审计模式下，审计项目组将重大错报风险的识别、评估和应对作为审计工作的主线，最终要将联晟通信的审计风险控制在可接受的低水平。

了解被审计单位及其环境是风险评估环节中必须实施的程序，这个环节按工作完成情况，会形成询问记录、观察记录、联晟通信内部控制制度及检查所有的财务资料和非财务信息资料等口头证据、环境证据、书面证据，并记录于相应工作底稿中。

4. 风险应对环节

审计人员针对评估的联晟通信财务报表层次的重大错报风险，确定总体应对措施，并针对评估的认定层次的重大错报风险设计和实施进一步审计程序，将面临的审计风险降至可接受的低水平。

此环节工作任务，会结合循环审计中具体审计项目进行，主要通过实施控制测试和实质性程序形成口头证据、书面证据、实物证据、环境证据，并记录于相应工作底稿中。

5. 完成审计工作环节

项目组进行审计工作的收尾，进入完成审计工作环节。此环节工作任务完成过程中，形成账项调整分录汇总表、重分类调整分录汇总表、未更正错报汇总表、资产负债表试算平衡表、利润表试算平衡表、询问记录表、管理层声明书、审计报告等口头证据和书面证据，并记录于相应工作底稿中。

**步骤二：对上述审计证据进行收集**

将上述财务报表审计流程中重要环节形成的审计资料及对应工作底稿，汇总到审计计划、实施、完成阶段的资料中。

（1）将初步业务活动环节形成的初步业务活动程序表、业务保持评价表、审计业务约定书等书面证据和底稿，以及审计计划制定环节形成的总体审计策略、重要性水平确定、具体审计计划等书面审计证据和底稿，汇总到审计计划制定阶段资料中。

（2）将风险评估和风险应对过程中形成的询问记录、观察记录、控制测试与实质性程序记录，检查所有的财务资料和非财务信息资料等口头证据、环境证据、书面证据及底稿，汇总到审计实施阶段资料中。

（3）将审计工作任务完成过程中形成的账项调整分录汇总表、重分类调整分录汇总表、未更正错报汇总表、资产负债表试算平衡表、利润表试算平衡表、询问记录表、管理层声明书、审计报告等审计证据和底稿，汇总到完成审计工作阶段的资料中。

**步骤三：根据审计证据特征对审计证据进行评价和筛选**

1. 对收集整理的审计证据进行充分性判断

（1）将联晟通信在初步业务活动环节、实施风险评估和风险应对以及审计工作任务完成过程中，收集的审计证据形成审计资料及底稿。

（2）针对底稿中录入的资料信息，结合具体审计目标，查阅相关审计证据支撑材料的数量，是否满足所需数量，判断审计证据的充分性。

2. 对收集整理的审计证据进行相关性判断

（1）对于资产负债表项目而言，联晟通信管理层的认定通常有六大类：① 存在；② 权利和义务；③ 完整性；④ 准确性、计价和分摊；⑤ 分类；⑥ 列报。

（2）对于利润表中的项目而言，联晟通信管理层的认定通常有六大类：① 发生；② 完整性；③ 准确性；④ 截止；⑤ 分类；⑥ 列报。

对上述查阅的审计证据进行判断，判断审计证据与所要得出结论的认定或者具体审计目标是否相关，如果相关该审计证据就具有相关性。

例如，货币资金（库存现金）审计证据相关性的确认。

① 将上述收集整理的经被审计单位出纳、主管会计、审计人员签字确认的"库存现金监盘表"内容中的审计基准日（盘点日）的现金余额与现金日记账的基准日（盘点日）余额进行核对，建立和评价取得的审计证据与"存在"认定之间的相关性。

② 通过审计说明的方式，对库存现金监盘的过程予以说明，为"库存现金监盘表"中库存现金"存在"是否相关，提供参考依据。

监盘库存现金，关注库存现金是否存放在财务部保险柜里，是否有白条抵库的借条，是否有未入账的收入和支出，进行追溯调整后，利用相关性原则进行判断，判定"库存现金监盘表"中库存现金"存在"是否相关，确认 2022 年 12 月 31 日库存现金余额是否账实相符。

3. 对收集整理的审计证据进行可靠性判断

审计人员整理的审计资料清单，如表 5-1 所示。

表5-1　审计资料清单

| 序号 | 资料名称 | 备注 | 是否提供 |
|---|---|---|---|
| 一 | **基本情况** | | |
| 1 | 公司简介 | | |
| 2 | 公司设立及变更登记资料：<br>(1) 公司设立时的投资协议、批准文件（需要前置审批的）、股东会决议、公司章程、企业法人营业执照等<br>(2) 历史沿革中涉及每次工商变更的资料，包括但不限于董事会、股东会决议、增资或公司股权转让协议、历次章程修正案、历次变更的统一社会信用代码证书 | | |
| 3 | 银行开户许可证、贷款证（贷款卡） | | |
| 4 | 业务资质证书及荣誉证书 | | |
| 5 | 设立及历次增资的验资报告 | | |
| 6 | 国有资产产权登记证 | | |
| 7 | 公司股东简介及身份证明，如果系自然人股东，提供身份证复印件；如果系法人股东，提供法人股东的公司法人营业执照（附最近年度年检章）、法定代表人身份证明 | | |
| 二 | **公司治理和组织结构** | | |
| 1 | 股东会、董事会、监事会、经理会议事规则 | | |
| 2 | 董事会、监事会的成员名单及简介 | | |
| 3 | 重大经营决策、重大投资决策、对外担保决策、关联方交易决策的程序、规则及权限 | | |
| 4 | 考核、激励管理办法，独立董事制度 | | |
| 5 | 组织机构设置及职责分工资料、分支机构及外设办事处基本情况表 | | |
| 6 | 管理层和财务人员名单、职责分工 | | |
| 7 | 内部控制制度设计和运行情况 | | |
| 8 | 内部审计制度及履行情况，包括离任审计、资产处置审计、清产核资等制度和履行情况 | | |
| 9 | 对外投资的各主体资料：被投资单位章程、出资协议、营业执照 | | |
| 三 | **主要业务与技术资料** | | |
| 1 | 公司经营范围与主营业务 | | |
| 2 | 主要产品生产工艺流程 | | |

| 序号 | 资料名称 | 备注 | 是否提供 |
|---|---|---|---|
| 3 | 主要产品的生产能力 | | |
| 4 | 主要产品的主要原材料和能源及成本构成 | | |
| 5 | 主要产品的行业地位及销售情况 | | |
| 6 | 主要客户情况 | | |
| 7 | 主要供应商情况 | | |
| 8 | 主要竞争对手情况 | | |
| 9 | 特殊行业许可证书、资质证书、商标证书、专利证书、非专利技术、重要特许权利 | | |
| 10 | 质量管理体系认证证书、环境管理系统认证证书、生产安全认证证书 | | |
| 四 | 人力资源情况 | | |
| 1 | 员工（包括离退休人员）情况说明，包括员工总数（花名册）、待遇情况、合同期限 | | |
| 2 | 员工各类劳动合同文本；公司与部门负责人级别以上高级管理人员的劳动合同 | | |
| 3 | 公司应当为员工购买、提取的社会统筹保险的种类、保险费金额或提取比例；公司是否按规定及时、足额缴纳或提取保险费 | | |
| 4 | 公司为员工缴纳住房公积金情况 | | |
| 5 | 如存在劳动合同纠纷，请提供劳动仲裁、诉讼的有关文件 | | |
| 6 | 公司核心人员近两（三）年流动情况 | | |
| 7 | 各关联公司是否存在员工的混同情况，人员独立情况 | | |
| 五 | 公司动产和不动产资料 | | |
| 1 | 公司资产权属证明：房产证、土地使用权证、车辆行驶证等产权证明文件 | | |
| 2 | 房屋（包括其他建筑物）清单，包括房屋（建筑物）面积、坐落、所有权人、原值、已使用年限、累计折旧、净值、抵押状况 | | |
| 3 | 如果公司存在租赁房屋（建筑物）／土地的情况，请提供租赁合同、出租方的房屋（建筑物）所有权证书／国有土地使用权证，并请说明上述租赁合同的履行情况 | | |
| 4 | 土地出让合同或转让协议 | | |

| 序号 | 资料名称 | 备注 | 是否提供 |
|---|---|---|---|
| 5 | 重大拆迁补偿协议 | | |
| 6 | 在建工程立项、批复、建设、验收资料 | | |
| 六 | **关联方关系及交易** | | |
| 1 | 关联方（包括法人关联方和个人关联方）的名称、地址、注册资本、持股比例、表决权比例、经营范围、法定代表人 | | |
| 2 | 关联方交易情况：关联方交易项目、金额、定价政策、款项支付情况、未支付款项原因 | | |
| 七 | **重要经济合同或协议资料** | | |
| 1 | 长、短期借款合同及担保（保证、抵押、质押等）合同 | | |
| 2 | 对外投资或股权转让协议，被投资单位营业执照、公司章程、最近两（三）个年度会计报表及审计报告、被投资单位生产经营情况说明 | | |
| 3 | 工程项目的建筑安装施工合同、设备采购合同等 | | |
| 4 | 无形资产转让协议 | | |
| 5 | 资产出让、出售或置换协议 | | |
| 6 | 债务重组协议 | | |
| 7 | 融资租赁协议 | | |
| 8 | 重要采购合同、销售合同、保险合同、运输合同 | | |
| 9 | 重大设施、设备经营租赁协议 | | |
| 10 | 托管协议 | | |
| 11 | 委托理财协议 | | |
| 12 | 大额资金使用协议 | | |
| 八 | **会议纪要及重大经营决策资料** | | |
| 1 | 最近两（三）个年度历次股东大会决议、董事会决议、监事会决议、经理会纪要 | | |
| 2 | 最近两（三）个年度经营计划 | | |
| 3 | 国有资产管理经营部门或上级单位下达的国有资产保值增值考核指标 | | |
| 4 | 公司上级内部审计机构或委托的社会审计组织出具的审计报告（近两（三）年）、资产评估报告以及办理公司合并、分立等事宜出具的有关报告 | | |

| 序号 | 资料名称 | 备注 | 是否提供 |
|------|---------|------|---------|
| 5 | 有关经营管理监督部门及检查机构作出的重大检查事项结果、处理意见及纠正情况的资料 | | |
| 九 | **最近两（三）个年度财务相关资料** | | |
| 1 | 公司采用的会计政策 | | |
| 2 | 财务报表、科目余额表、各类账册（总账、明细账、日记账）、会计凭证 | | |
| 3 | 年末库存现金盘点表，全部银行账户的开户行、账号、余额，银行对账单，银行存款余额调节表及未达账项的发生日期及业务类型 | | |
| 4 | 应收票据明细表（包括欠款单位、交易合同、起止日期、利率等内容），票据备查登记簿，包括票据类型、出票单位、到期日、金额、利率、贴现或背书等 | | |
| 5 | 应收和预收款项明细清单，包括客户名称、地址、联系人、联系电话、传真、金额及账龄分析（1年以内、1~2年、2~3年、3~4年、4~5年、5年以上），信用政策、销售合同 | | |
| 6 | 预付和应付款项明细清单，包括供应商名称、地址、联系人、联系电话、传真、款项性质（货款、设备款、工程款等）、金额及账龄分析（1年以内、1~2年、2~3年、3~4年、4~5年、5年以上），采购或施工合同 | | |
| 7 | 其他应收款明细清单，包括债务人名称、地址、联系人、联系电话、传真、款项性质、金额及账龄分析（1年以内、1~2年、2~3年、3~4年、4~5年、5年以上），支持债权确立的业务资料（如合同、借据等） | | |
| 8 | 存货的分类构成、数量、规格、型号、存放地，年末存货盘点计划、经确认的存货盘点表 | | |
| 9 | 年度成本计算单及制造费用汇总表 | | |
| 10 | 长期投资明细表，各被投资单位审计报告或财务报表 | | |
| 11 | 年末固定资产盘点计划、经确认的固定资产盘点表 | | |
| 12 | 固定资产卡片（或明细表），列示其分类及各类资产的基本特征，如机器设备类：名称、规格型号及有关参数、生产厂家、计量单位、数量、存放或安装地点、使用状态、购置或启用日期、入账价值 | | |
| 13 | 固定资产折旧政策、财产保险情况 | | |
| 14 | 工程项目的概（预）算投资额、资金来源、工期、设计单位、施工单位、监理单位、工程完工进度、结算报告、完工转固定资产的竣工财务决算报告 | | |

| 序号 | 资料名称 | 备注 | 是否提供 |
|---|---|---|---|
| 15 | 在建工程中的借款利息资本化情况 | | |
| 16 | 已经发生的因停建、废弃和报废、拆除的在建工程项目造成的损失情况 | | |
| 17 | 无形资产的构成、摊销政策、入账价值 | | |
| 18 | 长、短期借款明细表（包括借款单位、本金、起止日期、利率、借款条件、还款和付息方式等） | | |
| 19 | 其他应付款明细清单，包括债权人名称、地址、联系人、联系电话、传真、款项性质、金额及账龄分析（1年以内、1~2年、2~3年、3~4年、4~5年、5年以上）、支持债务确立的业务资料（如合同、借据等） | | |
| 20 | 工资计提和发放政策、社会保险、公积金计提和缴纳情况 | | |
| 21 | 各税种纳税申报表 | | |
| 22 | 利润分配和股份支付政策 | | |
| 23 | 预计负债的金额、计提原因及依据 | | |
| 24 | 长期应付款清单（包括期限、初始金额、应计利息、期末余额） | | |
| 25 | 主营业务收入、成本分析，包括：<br>各类产品各月销售量、销售额分析，解释主要变动；<br>各类产品各月销售成本分析；<br>各类产品各月税金及附加分析；<br>各类产品各月的利润分析；<br>销售中采取的各种优惠政策的清单 | | |
| 26 | 销售费用明细表、各月波动分析 | | |
| 27 | 管理费用明细表、各月波动分析 | | |
| 28 | 财务费用明细表、各月波动分析 | | |
| 29 | 所得税的汇算清缴资料 | | |
| 30 | 政府补助的相关批准文件 | | |
| 31 | 所有权或使用权受到限制的资产名称、账面价值、受限原因 | | |
| 十 | **最近两（三）个年度涉税事项相关资料** | | |
| 1 | 适用的税种、税率 | | |
| 2 | 享受的各项税收优惠文件及税收减免批文 | | |
| 3 | 享受的财政支持政策相关文件及实际执行情况 | | |

| 序号 | 资料名称 | 备注 | 是否提供 |
|---|---|---|---|
| 4 | 各税种各年度纳税申报表及鉴证报告 | | |
| 5 | 税务检查通知及检查报告,如有税务年度或专项稽查,是否有结案报告 | | |
| 6 | 最近两(三)年因涉税事项被处罚的情况 | | |
| 十一 | **对外担保资料** | | |
| 1 | 保证。公司为其他人(包括单位、自然人)对外提供保证的情况说明,包括保证的金额、债务人(被保证人)名称、债权人名称、债务人(被保证人)履行债务情况;保证合同、保证协议或其他保证文件 | | |
| 2 | 抵押。公司以其财产为自身债务或其他人债务提供抵押的情况说明,包括抵押的财产、抵押权人名称、债务人名称、债务金额、抵押权行使的条件和期限;抵押合同、抵押协议或其他抵押文件;在抵押登记主管机关办理抵押登记的全部文件 | | |
| 3 | 质押。公司以动产或权利为自身债务或其他人债务提供质押的情况说明,包括质押的动产和权利、质权人名称、债务人名称、债务金额、质押权行使的条件和期限;质押合同、质押协议或其他质押文件;在质押登记主管机关办理质押登记的全部文件 | | |
| 4 | 留置。公司为自身债务,其财产被第三方留置的情况说明,包括留置的动产、留置人名称、加工承揽合同、债务金额、债务履行情况,留置权行使的条件;财产被留置的证明 | | |
| 十二 | **争议情况资料** | | |
| 1 | 诉讼情况说明,包括所有正在进行的诉讼和判决后未执行完毕的诉讼的当事人、争议金额、争议事由、判决结果、执行情况;请提供起诉状、答辩状、判决书、裁定书等相关诉讼文件 | | |
| 2 | 仲裁情况说明,包括所有正在进行的仲裁和仲裁后未执行完毕的仲裁的当事人、争议金额、争议事由、仲裁结果、执行情况;请提供仲裁申请书、裁决书等相关仲裁文件 | | |
| 3 | 所受行政处罚说明,包括行使处罚权的机关、处罚理由、处罚结果、对处罚结果的执行情况 | | |
| 4 | 可能导致诉讼、仲裁或行政处罚的纠纷、争议的情况说明 | | |
| 5 | 公司涉讼的法律文件、律师函件及董事会对涉讼事项的处理议案 | | |
| 十三 | **特殊事项资料** | | |
| 1 | 或有事项:未决诉讼仲裁形成的或有负债及其财务影响、为其他单位提供债务担保形成的或有负债及其财务影响、其他或有负债及其财务影响 | | |

| 序号 | 资料名称 | 备注 | 是否提供 |
|---|---|---|---|
| 2 | 承诺事项：资本承诺、经营租赁承诺、其他承诺事项 | | |
| 3 | 资产负债表日后事项：重要的资产负债表日后事项说明、资产负债表日后利润分配情况说明 | | |
| 4 | 非货币性资产交换事项 | | |
| 5 | 债务重组事项 | | |
| 6 | 企业合并事项 | | |
| 7 | 租赁事项 | | |
| 8 | 期末发行在外的、可转换为股份的金融工具事项 | | |
| 9 | 以公允价值计量的资产和负债事项 | | |
| 10 | 外币金融资产和外币金融负债事项 | | |
| 11 | 年金计划主要内容及重大变化事项 | | |
| 12 | 终止经营事项 | | |
| 13 | 报告期内发生资产置换、转让及出售行为的，提供资产置换的详细情况，包括资产账面价值、转让金额、转让原因以及对公司财务状况、经营成果的影响等 | | |
| 14 | 政府补助有附加性限制条件的，应同时披露附加性限制条件。对政府补助限定了用途及会计处理的，也应做出说明 | | |
| 15 | 其他对报表使用者有影响的重要事项 | | |

（1）与原件或证据出处的原始记录进行核对。

① 凡是有原件的，须将证照（统一社会信用代码证书、公司章程、房产证、土地使用权证、不动产权证、车辆行驶证等）、各种经济合同的复印件与原件进行核对。

② 有具体出处的，要将获取的证据与该出处进行核对，如生产成本审计时，要将成本构成与库房的原材料领用单、车间的生产日报表、电费消耗量等进行核对。

（2）检查不同来源的信息的一致性。

检查不同业务部门提供的信息与财务核算所依据的信息的一致性。如，获取财务核算生产成本所依据的各种直接材料消耗、从库房取得同期的材料领用记录、从车间取得产成品和在产品的产量记录，相互核对直接材料的总成本，以及在产成品和在产品之间的分配数据。

结合联晟通信审计目标，对审计证据进行筛选时，将与审计目标不相关、不可靠、重复的审计证据剔除掉。

**步骤四：形成完整体系的审计证据**

审计人员要将经过筛选的审计计划、审计实施、审计结论等审计程序获取的审计证据进行整理、记录，并找被审计单位相关负责人签字或盖章，形成归档的审计证据。

例如，注册会计师在对联晟通信实施检查实物资产、观察和询问程序时，将对象的客观情况形成审计证据。包括：① 实施检查资产存在的程序，包括存货、固定资产监盘等，都应当将实物资产的数量、外观、堆放等客观情况记录在监盘小结中；② 实施观察程序，包括观察实物资产存放情况、生产作业现场等，也记录在监盘小结中；③ 实施询问程序，包括向企业治理层、管理层及员工的询问、向供应商、销售客户的询问、向监管机构的询问等，编制询问记录。最后将形成的监盘小结、询问记录等资料找联晟通信相关负责人签字或盖章，形成归档的审计证据。

# 任务二 审计证据上传

## 【任务情境】

项目组成员在审计联晟通信过程的每个阶段都收集、分析并整理了各种审计证据。为更好地发挥审计证据的作用，审计人员将收集的证据上传至智能审计作业平台，与审计工作底稿相结合进行分类整理，并编制索引便于查找。

## 【任务要求】

根据提供的模拟审计证据图标，分别完成联晟通信 2022 年部分审计证据的整理

（对应到相应的底稿名称）和上传。模拟审计证据图标如图 5-1 所示。

AA-1 初步业务活动表.png

AA-6业务约定书.png

AB-2公司组织机构图.png

AC-2发展战略.png

AC-内部管理制度汇编.png

AD风险评估结果汇总表.png

AE重要性水平确定表.png

BB-1总体审计策略.png

BB具体审计计划.png

EH管理层声明书.jpg

Z1-3银行对账单.png

Z1-5库存现金监盘表.jpg

Z4-1应收票据台账.png

Z9A存货明细表.png

Z25土地使用权证.png

## 【任务准备】

### （一）知识准备

#### 1. 获取审计证据的审计程序

在审计过程中，审计人员可根据需要单独或综合运用以下审计程序，以获取充分、适当的审计证据。

（1）检查。检查是指审计人员对被审计单位内部或外部生成的，以纸质、电子或其他介质形式存在的记录和文件进行审查，或对资产进行实物审查。检查记录或文件可以提供可靠程度不同的审计证据，检查有形资产可为其存在提供可靠的审计证据，但不一定能够为权利和义务或计价等认定提供可靠的审计证据。

图 5-1　模拟审计证据图标

审计程序的种类

（2）观察。观察是指审计人员查看相关人员正在从事的活动或实施的程序。例如，审计人员对被审计单位人员执行的存货盘点或控制活动进行观察。观察提供观察时点执行有关过程或程序的审计证据。

（3）询问。询问是指审计人员以书面或口头方式，向被审计单位内部或外部的知情人员获取财务信息和非财务信息，并对答复进行评价的过程。作为其他审计程序的补充，询问广泛应用于整个审计过程中。

（4）函证。函证是指审计人员直接从第三方（被询证者）获取书面答复以作为审计证据的过程。书面答复可以采用纸质、电子或其他介质等形式。当针对的是与特定账户余额及其项目相关的认定时，函证常常是相关的程序。

（5）重新计算。重新计算是指审计人员对记录或文件中的数据计算的准确性进行核对。重新计算可通过手工方式或电子方式进行。

（6）重新执行。重新执行是指审计人员独立执行原本作为被审计单位内部控制组成部分的程序或控制。

（7）分析程序。分析程序是指审计人员通过分析不同财务数据之间以及财务数据与非财务数据之间的内在关系，对财务信息作出评价。分析程序还包括在必要时对识别出的、与其他相关信息不一致或与预期值差异较大的波动或关系进行调查。

2. 审计程序获取审计证据的效力

审计程序对获取审计证据的效力的分析指标包括审计证据获取的方便程度（简称便捷度）、证据是否易于固定（简称易否固定）和证明力三个。便捷度是指该程序在审计业务中的实施频率与是否易于证实错报金额并形成工作底稿；易否固定是指实施该程序后是否易于将获取的具体错报金额固定并据以形成工作底稿；证明力是指实施该程序时获得的证据对审计人员断定个别错报金额的影响程度。

审计程序和审计证据效力分析如表 5-2 所示。

表5-2　审计程序和审计证据效力分析

| 审计程序 | 证据效力 |
| --- | --- |
| 检查 | 文件与记录、资产物理状态，便捷，易于固定，证明力较强 |
| 观察 | 相关人员的业务活动过程，便捷，不易于固定，证明力较弱 |
| 函证 | 会计，文件记录，不便捷，易于固定，证明力较强 |
| 重新计算 | 会计，文件记录，便捷，易于固定，证明力较强 |
| 重新执行 | 内部控制程序执行过程信息，不便捷，不易确定错报金额，证明力较弱 |
| 分析程序 | 财务数据之间及与非财务数据，不便捷，不易确定错报金额，证明力较弱 |
| 询问 | 企业各级人员的口头陈述，便捷，不易于固定，证明力较弱 |

（二）操作准备

（1）熟悉智能审计作业平台操作。

（2）查阅整理好的审计证据。

> 提示：每个任务所需的业财一体化数据，详见配套资源中的"业财一体化数据资料包"。本任务数据资料见"5.1 需分类上传的图标"。

（三）任务要领

（1）对审计证据进行梳理，与工作底稿呼应。

（2）上传审计证据，保证与工作底稿对应准确。

## 【任务实施】

### 步骤一：登录智能审计作业平台

审计人员用自己的账号和密码登录智能审计作业平台，进入审计项目。

### 步骤二：上传审计证据，保证与底稿对应准确

审计人员将审计计划、审计实施、审计完成阶段获取的审计证据进行汇总，上传至智能审计作业平台。

例如，审计目标：货币资金中的库存现金是真实存在的；

　　　　对应底稿：库存现金监盘表；

　　　　上传审计证据：（1）库存现金监盘表；

　　　　　　　　　　　（2）其他在库存现金监盘过程中的审计证据。

审计证据上传界面如图 5-2 所示。

图 5-2　审计证据上传界面

### 步骤三：完善平台底稿

将上传好的审计证据建立索引，完善平台审计工作底稿。

## 任务思考

1. 针对房地产行业的被审计单位，审计人员取得的房屋买卖合同证据，应该整理到哪个报表项目中？

2. 审计人员除了向被审计单位获取审计证据外，还有哪些途径可以获取？

3. 审计人员如何分析已收集的审计证据是否充分、适当？

# 被审计单位及其环境了解

## 学习目标

### 知识目标

◆ 熟悉审前尽职调查的含义、内容及方法。

◆ 掌握风险评估程序的内容。

◆ 掌握了解被审计单位内部控制的流程与内容。

◆ 掌握识别和评估重大错报风险的审计程序。

### 能力目标

◆ 能熟练进行审前尽职调查，确定调查内容，优选调查方法。

◆ 能熟练利用大数据审计分析等技术方法进行风险评估。

◆ 能熟练调查被审计单位内部控制，执行穿行测试程序。

◆ 能利用审计程序识别和评估重大错报风险。

### 素养目标

◆ 在审前尽职调查过程中，保持诚信独立、客观公正以及精益求精的职业精神。

◆ 在了解被审计单位过程中，保持专业胜任能力以及精益求精的职业精神。

◆ 在风险评估过程中，保持专业胜任能力和应有的关注以及诚信独立、客观公正的职业道德。

# 思维导图

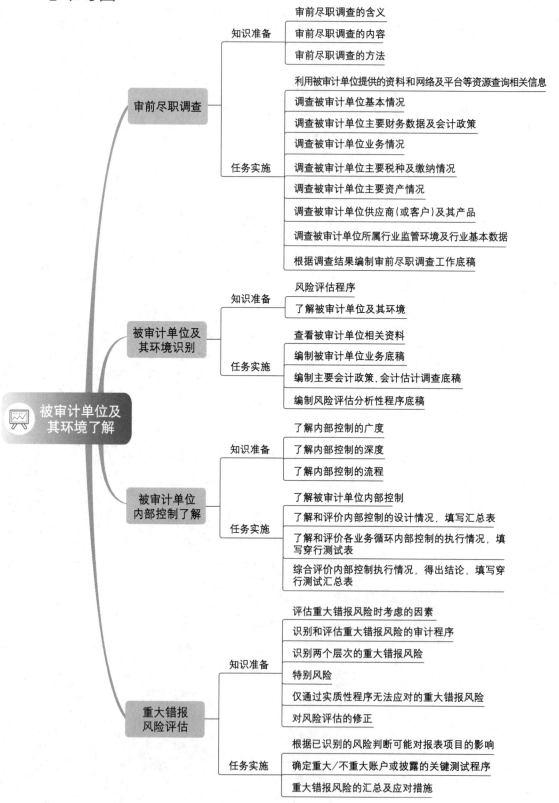

审前尽职调查
- 知识准备
  - 审前尽职调查的含义
  - 审前尽职调查的内容
  - 审前尽职调查的方法
- 任务实施
  - 利用被审计单位提供的资料和网络及平台等资源查询相关信息
  - 调查被审计单位基本情况
  - 调查被审计单位主要财务数据及会计政策
  - 调查被审计单位业务情况
  - 调查被审计单位主要税种及缴纳情况
  - 调查被审计单位主要资产情况
  - 调查被审计单位供应商(或客户)及其产品
  - 调查被审计单位所属行业监管环境及行业基本数据
  - 根据调查结果编制审前尽职调查工作底稿

被审计单位及其环境识别
- 知识准备
  - 风险评估程序
  - 了解被审计单位及其环境
- 任务实施
  - 查看被审计单位相关资料
  - 编制被审计单位业务底稿
  - 编制主要会计政策、会计估计调查底稿
  - 编制风险评估分析性程序底稿

被审计单位及其环境了解

被审计单位内部控制了解
- 知识准备
  - 了解内部控制的广度
  - 了解内部控制的深度
  - 了解内部控制的流程
- 任务实施
  - 了解被审计单位内部控制
  - 了解和评价内部控制的设计情况，填写汇总表
  - 了解和评价各业务循环内部控制的执行情况，填写穿行测试表
  - 综合评价内部控制执行情况，得出结论，填写穿行测试汇总表

重大错报风险评估
- 知识准备
  - 评估重大错报风险时考虑的因素
  - 识别和评估重大错报风险的审计程序
  - 识别两个层次的重大错报风险
  - 特别风险
  - 仅通过实质性程序无法应对的重大错报风险
  - 对风险评估的修正
- 任务实施
  - 根据已识别的风险判断可能对报表项目的影响
  - 确定重大/不重大账户或披露的关键测试程序
  - 重大错报风险的汇总及应对措施

# 德技并修

## 知己知彼　百战不殆

《孙子·谋攻篇》中说:"知己知彼,百战不殆。"在财务报表审计中,如果把被审计单位财务报表中可能存在的重大错报风险比作"敌人",那审计人员在审计工作伊始首先要做的就是"知己知彼"。审计过程也是如此,审计人员需要通过了解被审计单位及其环境,识别出被审计单位财务报表错报风险何在,是否重大,并评估出其发生的可能性。这样,审计人员才能有的放矢地选择审计程序,搜集审计证据,进而得出审计结论。

当今世界,经济发展日新月异,数据信息铺天盖地,企业经济业务复杂多变,被审计单位及其环境的各个方面相互影响。审计人员在了解被审计单位及其环境过程中,应遵循诚信、客观公正、独立性、专业胜任能力等原则,充分考虑各方面因素的相互关系,并利用大数据、人工智能等先进技术手段在海量的信息中搜集、分析、整理出有用的信息,为审计所用。习近平总书记主持召开中央审计委员会第一次会议时强调,要坚持科技强审,加强审计信息化建设。中国注册会计师协会印发的《注册会计师行业发展规划(2021—2025年)》中提出"标准化、数字化、网络化、智能化"的战略布局。

思考与践行

大数据审计时代已经到来,我们不仅要会用、善用大数据带来的便利,更要具备"以审计精神立身、以创新规范立业、以自身建设立信"的核心素养,精益求精,不断进取。

在风险导向审计模式下,对被审计单位重大错报风险的识别、评估和应对是审计人员财务报表审计工作的主线。审计人员应当运用多种程序,充分了解被审计单位及其环境,以有效识别和评估被审计单位的重大错报风险,为风险应对打好基础。

**情境概览**

项目组根据联晟通信提供的资料，借助外部网站、大数据审计分析工具，对被审计单位进行了全面了解，包括基本情况、业务情况、行业情况等；查看了公司制度及执行情况，初步了解联晟通信的内控设计是否合理及是否得到执行，评估联晟通信的重大错报风险。

# 任务一 / 审前尽职调查

## 【任务情境】

诚信会计师事务所为了解联晟通信的公司概况、财务数据、会计政策、业务情况、主要税种及缴纳情况、主要资产情况、供应商和客户情况、所属行业监管环境及行业基本数据等，委派一个项目组开始对联晟通信进行审前尽职调查。

## 【任务要求】

审计人员利用被审计单位提供的资料、网络及第三方工具等渠道获取的信息分别针对企业财务状况、行业基本数据、企业购销模式和企业税费进行调查，并完成审前尽职调查工作底稿的编制。

## 【任务准备】

审前尽职调查含义，内容及方法

（一）知识准备

1. 审前尽职调查的含义

审前尽职调查是审计流程中的一个环节，审计人员通常根据审前尽职调查结果，对标的企业进行客观评价，形成尽职调查报告，会计师事务所会再根据尽职调查报告进行决策。

2. 审前尽职调查的内容

审前尽职调查的内容，通常包括下列内容要素：

（1）公司的基本情况。

（2）公司的股东和验资情况。

（3）公司主要财务数据。

（4）公司治理结构。

（5）公司业务情况，包括：① 公司主要业务；② 公司的采购；③ 公司的仓储；④ 公司的销售；⑤ 产品成本核算及营业成本结转。

（6）公司主要资产情况。

（7）关联方和关联交易。

（8）公司目前存在的主要问题。

3. 审前尽职调查的方法

审前尽职调查通常使用观察、检查、询问、分析等方法。审前尽职调查大部分资料都是由被审计单位提供。除此之外，审计人员也需要借助互联网查询相关资料，对企业提供资料进行补充、印证。

（二）操作准备

（1）熟悉审前尽职调查工具。

（2）掌握财务状况关键指标的计算分析方法。

（3）熟悉被审计单位税收政策。

（4）获取被审计单位基本情况、业务情况、会计政策及估计、行业情况等数据资料。

> 提示：数据资料见"6.1 联晟通信基本概况及业财一体化数据资料包"。

（三）任务要领

1. 企业财务状况及会计政策调查

（1）关键指标的计算口径要统一。

（2）要结合被审计单位自身特点及其所属行业数据进行指标分析。

（3）重点报表项目会计政策要逐条检索，不要遗漏。

2. 行业基本数据调查

通过对被审计单位所属行业的了解，有助于从中观思维视角了解被审计单位的以下情况：

（1）公司竞争情况：公司所在行业是否属于饱和行业，市场份额如何。

（2）公司经营风险：公司产品的市场受欢迎程度、营销网络和销售状况等。

（3）公司政策风险：公司是否属于国家重点发展和支持的行业；是否是高耗能、高污染行业等。

（4）公司发展前景：公司是否为朝阳产业。

3. 企业购销模式调查

熟悉被审计单位主营业务及生产流程，能根据其选择被审计单位购销模式及主要供应商和客户。

4. 企业税费调查

（1）了解被审计单位所在行业税收环境及优惠政策。

（2）了解被审计单位经营业务涉及的税种，并核实。

# 【任务实施】

步骤一：利用被审计单位提供的资料和网络及平台等资源查询相关信息

审计人员在尽职调查时，可以通过被审计单位提供的资料和网络及平台资源等渠道查询公司基本情况、公司主要财务数据及会计政策、公司业务情况、公司主要税种及缴纳情况、公司主要资产情况、供应商（或客户）及其产品情况、所属行业监管环境及行业基本数据等相关信息。

步骤二：调查被审计单位基本情况

被审计单位基本情况调查主要包含对被审计单位的经营状况、所有权、组织结构、治理结构、管理结构、筹资渠道和投资情况等基本信息的调查。

步骤三：调查被审计单位主要财务数据及会计政策

被审计单位主要财务数据及会计政策调查主要包含资产负债表、利润表、现金流量表、主要财务指标的选择、会计政策的选择和运用等。

步骤四：调查被审计单位业务情况

被审计单位业务情况调查主要包含经营范围、主营业务、采购业务的流程、采购模式、仓储物流管理、销售情况、销售模式、销售服务以及产品成本核算、营业成本结转方法等。

步骤五：调查被审计单位主要税种及缴纳情况

被审计单位主要税种及缴纳情况调查主要包含主要税种、纳税范围、适用税率、适用的税收优惠政策等。

步骤六：调查被审计单位主要资产情况

被审计单位主要资产调查是对其主要固定资产情况及其他资产情况的调查。

步骤七：调查被审计单位供应商（或客户）及其产品

被审计单位供应商（或客户）及其产品调查主要是对供应商的基本情况及其产品以及主要客户的基本情况及其产品进行调查。

步骤八：调查被审计单位所属行业监管环境及行业基本数据

审计人员可利用大数据审计分析工具，对被审计单位所属行业监管环境及行业基本数据进行调查，根据被审计单位所处的行业查询同行业数据进行对比分析。

步骤九：根据调查结果编制审前尽职调查工作底稿

在对被审计单位基本情况、主要财务数据及会计政策、业务情况、主要税种及缴纳情况、主要资产情况、供应商（或客户）及其产品、所属行业监管环境及行业基本数据的调查过程中应记录关于以上信息的获取来源，包括接受访谈人员的名字，将调查结果填写在审前尽职调查工作底稿中。审前尽职调查如表6-1所示。

表6-1  审前尽职调查

| 被审计单位：湖北联晟通信科技股份有限公司 | 索引号： AB-2 | 页次： |
| 项目：审前尽职调查工作 | 编制人：秦山 | 日期：2023-1-5 |
| 财务报表截止日／期间：2022-12-31 | 复核人：梁涛 | 日期：2023-1-5 |

一、公司概述

（描述被审计单位的经营状况、所有权、治理结构、管理结构、筹资渠道和投资。可在本底稿记录，也可交叉索引至其他底稿。）

1. 基本情况（例如：等）

湖北联晟通信科技股份有限公司（简称联晟通信）创建于2001年，于湖北省襄阳市工商管理机构注册登记，总部地址为湖北省襄阳市襄城区，注册资本为壹亿叁仟捌佰万元，是由湖北联合科技有限公司投资兴建的民营高科技企业。联晟通信现有职工346人，被主管税务机关核准为一般纳税人

| 2. 组织结构 |
| --- |
| 联晟通信是由湖北联合科技有限公司投资兴建，筹资主要来源于所有者投入和银行借款，组织构架图见图 0-1 |
| 3. 对外投资（例如：投资的取得和处置、特定目的主体等） |
| 无对外投资 |
| 信息来源：(记录以上关于了解被审计单位性质所取得的信息来源，包括接受访谈的人员的名字。) |
| 访谈财务总监 |
| 二、公司主要财务数据及会计政策 |
| 1. 资产负债表 |
| ... |

# 任务二 被审计单位及其环境识别

## 【任务情境】

诚信会计师事务所为了识别和评估财务报表层次及认定层次的重大错报风险，需要了解联晟通信的单位性质、主要会计政策和会计估计、相关行业状况、法律环境、监管环境和其他外部因素、目标及战略、财务业绩的衡量和评价、IT 在企业中的角色等信息，项目组开始了解被审计单位及其环境、会计政策及执行财务报表风险评估程序。

## 【任务要求】

审计人员利用被审计单位提供的资料、网络及第三方工具等渠道获取的信息，能够了解所在行业的市场供求与竞争、生产经营的季节性和周期性、产品生产技术的变化、能源供应与成本、行业的关键指标和统计数据、法律监管环境等内容，完成了解被审计单位业务、主要会计政策、会计估计调查表、执行财务报表风险评估分析性程序底稿的编制。

# 【任务准备】

## （一）知识准备

### 1. 风险评估程序

为了解被审计单位及其环境而实施的程序称为"风险评估程序"，包括 ① 询问管理层和被审计单位内部其他合适人员，包括内部审计人员；② 分析程序；③ 观察和检查。审计人员在了解被审计单位及其环境时无须实施上述所有程序。

风险评估程序

（1）询问管理层和被审计单位内部其他合适人员。询问管理层和被审计单位内部其他合适人员是审计人员了解被审计单位及其环境的一个重要信息来源。审计人员可以考虑向管理层和财务负责人询问下列事项：① 管理层所关注的主要问题，如新的竞争对手、主要客户和供应商的流失以及经营目标或战略的变化等；② 被审计单位最近的财务状况、经营成果和现金流量；③ 可能影响财务报告的交易和事项，或者目前发生的重大会计处理问题，如重大的购并事宜等；④ 被审计单位发生的其他重要变化，如所有权结构、组织结构的变化，以及内部控制的变化等。

（2）实施分析程序。审计人员通过研究不同财务数据之间以及财务数据与非财务数据之间的内在关系，对财务信息作出评价。审计人员实施分析程序有助于识别异常的交易或事项，以及对财务报表和审计产生影响的金额、比率和趋势。

（3）观察和检查程序。观察和检查程序可以支持对管理层和其他相关人员的询问结果，并可以提供有关被审计单位及其环境的信息。审计人员应当实施下列观察和检查程序：① 观察被审计单位的经营活动；② 检查文件记录和内部控制手册；③ 阅读由管理层和治理层编制的报告；④ 实地察看被审计单位的生产经营场所和厂房设备；⑤ 追踪交易在财务报告信息系统中的处理过程（穿行测试）。

### 2. 了解被审计单位及其环境

审计人员应当从下列方面了解被审计单位及其环境：① 相关行业形势、法律环境、监管环境及其他外部因素；② 被审计单位的性质；③ 被审计单位对会计政策的选择和运用；④ 被审计单位的目标、战略以及可能导致重大错报风险的相关经营风险；⑤ 对被审计单位财务业绩的衡量和评价；⑥ 被审计单位的内部控制。

上述第①项是被审计单位的外部环境，第②、③、④项以及第⑥项是被审计单位的内部因素，第⑤项既有外部因素也有内部因素。值得注意的是，被审计单位及其环境的各个方面可能会互相影响。例如，被审计单位的行业状况、法律环境与监管环境以及其他外部因素可能影响到被审计单位的目标、战略以及相关经营风险，而被审计单位的性质、目标、战略以及相关经营风险可能影响到被审计单位对会计政策的选择和运用，以及内部控制的设计和执行。因此，审计人员在对被审计单位及其环境的各个方面进行了解和评估时，应当考虑各因素之间的相互关系。

审计人员针对上述六个方面实施的风险评估程序的性质、时间安排和范围取决于审计业务的具体情况，如被审计单位的规模和复杂程度，以及审计人员的相关审计经验，包括以前对被审计单位提供审计和相关服务的经验以及对类似行业、类似企业的审计经验。此外，识别被审计单位及其环境在上述各方面与以前期间相比发生的重大变化，对于充分了解被审计单位及其环境、识别和评估重大错报风险尤为重要。

（二）操作准备

（1）明确被审计单位内外部环境识别要素。

（2）对各要素进行分类汇总。

（3）获取联晟通信基本情况、业务情况、会计政策及会计估计、行业情况等数据资料。

> 📍 **提示：** 数据资料见"6.1 联晟通信基本概况业财及一体化数据资料包"。

（三）任务要领

对行业状况、法律环境与监管环境以及其他外部因素的了解不能千篇一律，要具体问题具体分析。了解的重点应放在对被审计单位的经营活动可能产生重要影响的关键外部因素以及与前期相比发生的重大变化上。

对内部环境识别也不能千篇一律，要结合被审计单位的特点进行具体分析。识别重点应放在与同行业相比的差异上以及与前期相比发生的重大变化上。

# 【任务实施】

**步骤一：查看被审计单位相关资料**

审计人员查看审前尽职调查收集到的资料，进行分类整理，初步了解联晟通信的基本情况、业务情况、会计政策、行业环境等情况。

**步骤二：编制被审计单位业务底稿**

（1）查看审前尽职调查底稿，了解被审计单位的性质、会计政策、行业情况、法律监管环境、目标和战略等信息。

（2）根据审前尽职调查的成果及被审计单位的其他资料编制了解被审计单位业务底稿，如表6-2所示。

操作演示：
大数据审计
分析

操作演示：
凭证查询

操作演示：
分析性程序

表6-2　了解被审计单位业务

| 被审计单位：湖北联晟通信科技股份有限公司 | 索引号：AB | 页次： |
| --- | --- | --- |
| 项目：了解被审计单位业务 | 编制人：李梦 | 日期：2023-1-5 |
| 财务报表截止日／期间：2022-12-31 | 复核人：梁涛 | 日期：2023-1-5 |

**一、了解被审计单位性质**

略

**二、被审计单位对会计政策的选择和运用**

（描述管理层对主要会计政策的选择和运用，包括：对重大非经常交易的会计处理方法；在有争议或新兴领域采用的重大会计政策产生的影响；会计政策的变更及其原因；面临的新的财务报告准则和法律法规，以及企业将何时采用，如何采用。）

会计政策的选择和运用

联晟通信以权责发生制为记账基础，采用人民币为记账本位币，会计期间自公历1月1日至12月31日止为一个会计年度。联晟通信在对会计要素进行计量时，一般采用历史成本；对于按照准则的规定采用重置成本、可变现净值、现值或公允价值等其他属性进行计量的情形，联晟通信将予以特别说明。联晟通信分类为以摊余成本计量的金融资产包括货币资金、应收票据及应收账款、其他应收款、长期应收款、债权投资等

信息来源：（记录以上关于被审计单位对会计政策的选择和运用所取得的信息来源，包括接受访谈的人员的名字。）

访谈财务总监

结论：（1. 被审计单位的会计政策是否适当，是否与财务报告框架及会计法规的要求相一致的结论；2. 关于会计政策的选择及应用可能导致财务报表重大错报的风险的结论；3. 为各个识别的重大错报风险生成风险提示，记录会计报表／应用控制和对应认定层次的风险；4. 对于重大风险包括舞弊导致的重大错报，我们记录对重大错报风险的应对及其对应的可能出错项。）

被审计单位的会计政策适当,与财务报告框架及会计法规的要求相一致,报表层次重大错报风险评估为低水平

### 三、相关行业状况、法律环境和监管环境和其他外部因素

1.行业因素（竞争环境、供应商及客户关系、科技发展等）

略

### 步骤三：编制主要会计政策、会计估计调查底稿

（1）获取被审计单位的会计政策、财务核算制度。

（2）结合审前尽职调查底稿,查看被审计单位会计政策、财务制度,询问财务负责人,进而编写主要会计政策、会计估计调查表,如表6-3所示。

表6-3　AB主要会计政策、会计估计调查表

被审计单位：湖北联晟通信科技股份有限公司　　　索引号：AB-1　页次：
项目：主要会计政策、会计估计调查表　　　　　　编制人：李梦　日期：2023-1-5
财务报表截止日/期间：2022-12-31　　　　　　　复核人：梁涛　日期：2023-1-5

主要会计政策、会计估计调查表

| 项目 | 调查的内容 | |
| --- | --- | --- |
| 适用的财务报告编制基础 | 财政部发布的《企业会计准则——基本准则》（财政部令第33号发布、财政部令第76号修订）、于2006年2月15日及其后颁布和修订的41项具体会计准则、企业会计准则应用指南、企业会计准则解释及其他相关规定 | |
| 会计年度 | 以公历年度为会计期间,即每年从1月1日起至12月31日止 | |
| 记账原则与基础 | 权责发生制 | |
| | 除某些金融工具（和投资性房地产）外,均以历史成本为计量基础 | |
| 坏账准备核算方法 | 单项金额重大的应收款项的确定标准 | 联晟通信对单项金额超过5 000万元的应收账款单独确定其信用损失 |
| | 组合的划分标准 | 当在单项工具层面无法以合理成本评估预期信用损失的充分证据时,公司参考历史信用损失经验,结合当前状况以及对未来经济状况的判断,依据信用风险特征将应收账款划分为若干组合,在组合基础上计算预期信用损失 |
| | 以账龄为组合的,账龄及坏账准备计提比例 | |

| | | 账龄 | 坏账准备计提比例 | 备注 |
|---|---|---|---|---|
| 坏账准备核算方法 | 账龄分析法计提比例 | 1 年以内 | 2.00% | |
| | | 1~2 年 | 5.00% | |
| | | 2~3 年 | 10.00% | |
| | | 3~4 年 | 30.00% | |
| | | 4~5 年 | 60.00% | |
| | | 5 年以上 | 100.00% | |
| | 以其他方式组合的，组合及坏账准备计提比例 | | | |
| | 其他组合 | 组合方式 | 坏账准备计提比例 | 备注 |
| | | 关联方 | | |
| | | | | |
| | | | | |
| … | … | … | … | … |

**步骤四：编制风险评估分析性程序底稿**

（1）根据被审计单位的未审报表填写资产负债表分析表、利润表分析表、现金流量表分析表。

（2）若横向变动比例、纵向变动比例较大，查看被审计单位提供的资料，并询问财务负责人、销售经理，分析变动原因。

（3）查看工作表—比率趋势分析表（1）中比率指标的变动情况，对增减变动较大的指标进行解释。

（4）通过提供的被审计单位同行业的平均指标，填写在工作表—比率趋势分析表（2）中，与被审计单位的主要指标对比，并进行差异分析，进一步了解被审计单位的行业情况，判断是否有异常的财务项目，作出进一步的风险评估。

# 任务三 被审计单位内部控制了解

## 【任务情境】

2023年1月1日审计项目组进入现场后，项目组主要成员李梦、秦山和项目经理梁涛对联晟通信公司总经理、财务部、采购部、人力资源部、仓储管理部、销售部、资产管理部、内部审计部等相关负责人进行了访谈，并对其内部控制情况进行了了解。

通过访谈了解到联晟通信根据《企业内部控制基本规范》及其配套指引的规定和其他内部控制监管要求制定了《湖北联晟通信科技股份有限公司内部控制管理制度》。审计人员对公司组织架构、发展战略、人力资源、资金活动、采购业务、资产管理、销售业务、研究与开发、财务报告、全面预算、合同管理、内部信息传递、信息系统等多个方面进行了了解，检查了公司的经营计划、策略、章程，与其他单位签订的合同、协议，及各业务流程操作指引，并实地察看了联晟通信的生产经营场所和厂房设备，并进行了穿行测试，对公司内部控制的设计进行评价，并对内部控制设计执行的情况进行了检查。

## 【任务要求】

通过执行审计程序，对整体内部控制和业务流程内部控制进行了解。

（1）整体内部控制了解：通过执行询问、观察、检查等审计程序，了解联晟通信的控制环境、风险评估过程、信息系统与沟通、控制活动、监督等整体层面内部控制。根据了解到的信息，完成了解被审计单位整体层面内部控制工作底稿。

（2）业务流程内部控制了解：通过执行询问、观察、检查等审计程序，了解实际控制措施设计是否合理；通过执行穿行测试，了解和评价销售与收款业务循环、采购与付款业务循环、生产与存货业务循环、投资与融资业务循环、人力资源与工薪业务循环、货币资金业务循环、固定资产业务循环（简称"七大业务循环"）关键控制点是否得到执行，并评估与财务报表相关的重大错报风险。完成了解七大循环及执行穿行测试的底稿。

## 【任务准备】

### （一）知识准备

1. 了解内部控制的广度

内部控制了解的广度与深度

（1）了解与财务报表审计相关的内部控制。

注册会计师需要了解和评价的内部控制只是与财务报表审计相关的内部控制，并非被审计单位所有的内部控制。

（2）对于与经营目标、合规目标相关的控制需要判断是否与审计相关。

（3）仅限于与财务报告可靠性相关的控制。

（4）与审计无关的控制，被审计单位通常有一些与目标相关但与审计无关的控制，注册会计师无须对其加以考虑。

2. 了解内部控制的深度

内部控制的深度是指在了解被审计单位及其环境时对内部控制了解的程度，包括评价控制的设计，并确定其是否得到执行，但不包括对控制是否得到一贯执行的测试。

（1）评价控制的设计，并确定控制是否得到执行。评价控制的设计涉及考虑该控制单独或连同其他控制，是否能够有效防止或发现并纠正重大错报。控制得到执行是指某项控制存在且被审计单位正在使用。

（2）运用程序，获取控制设计和执行的审计证据可通过以下方法：① 询问被审计单位人员；② 观察特定控制的运用；③ 检查文件和报告；④ 追踪交易在财务报告信息系统中的处理过程（穿行测试）。

3. 了解内部控制的流程

了解内部控制的流程如图 6-1 所示。

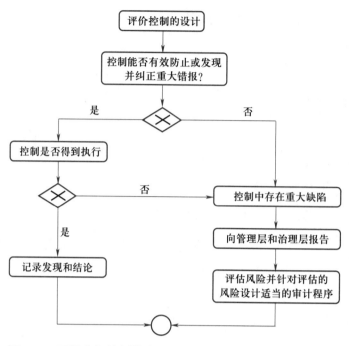

图 6-1　了解内部控制的流程

## （二）操作准备

（1）明确内部控制了解流程及控制目标。

（2）选择所需实施的内部控制程序。

（3）获取"三重一大"管理办法，销售采购存货管理等规章制度、内控手册、原始单据等内部控制了解所需的审计资料。

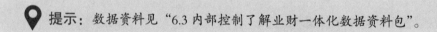

提示：数据资料见"6.3 内部控制了解业财一体化数据资料包"。

（4）查看并熟悉内部控制了解相关的工作底稿。

## （三）任务要领

（1）了解和评价联晟通信的控制环境。要从管理层的理念和经营风格、组织结构、职权与责任的分配等多方面进行综合评价。

（2）了解和评价联晟通信风险评估过程。应当从识别与财务报告目标相关的经营风险、估计风险的重要性、评估风险发生的可能性、决定应对这些风险的措施等角度进行。

（3）了解和评价与财务报告相关的信息系统与沟通。要从对财务报表具有重大影响的各类交易等多方面全面考虑，才能进行评价。

（4）了解和评价联晟通信内部控制活动。应记录实际采取的控制、采取的审计程序。如果认为存在特别风险，还应当了解联晟通信与该风险相关的控制。

（5）了解和评价联晟通信对内部控制的监督。应当了解联晟通信用于监督与财务报告相关的内部控制的主要活动，包括了解针对与审计相关的控制活动的监督，以及联晟通信如何对控制缺陷采取补救措施。

（6）了解联晟通信关键控制点的制度制定情况。通过询问、观察及检查书面证据了解实际控制措施，评价内部控制设计的合理性。

（7）了解和评价有关内部控制的执行情况。通过执行穿行测试，关键控制措施是否得到执行，并评估与财务报表相关的重大错报风险。

## 【任务实施】

**步骤一：了解被审计单位内部控制**

（1）获取被审计单位内部控制资料。向被审计单位获取内部控制的资料，如"三重一大"管理办法、全面预算管理办法等财务管理规章制度、员工培训管理办法和员工休假管理规定等资料。审计人员根据查阅的资料，以及了解被审计单位整体层面内部控制工作的内容，开展对联晟通信整体层面内部控制的了解。

操作演示：
销售与收款
业务循环穿
行测试

（2）了解和评价被审计单位的控制环境。审计人员运用观察、检查和询问等方式，结合上述资料，了解和评价联晟通信控制环境，并从对诚信和道德价值观念的沟通与落实、对胜任能力的重视、治理层的参与程度、管理层的理念和经营风格、组织结构、职权与责任的分配、人力资源的政策与实务等方面做出评价，将了解和评价联晟通信的情况记录于底稿了解和评价控制环境的"被审计单位的控制""实施的风险评估程序""结论""存在的缺陷"列次中，如表6-4所示。

表6-4　了解和评价控制环境

被审计单位：湖北联晟通信科技股份有限公司　　　　　索引号：AC-1-2　　页次：
项目：了解和评价控制环境　　　　　　　　　　　　　编制人：秦山　　　日期：2023-1-5
财务报表截止日／期间：2022-12-31　　　　　　　　复核人：梁涛　　　日期：2023-1-5

**一、对诚信和道德价值观念的沟通与落实**

| 索引号 | 控制目标 | 被审计单位的控制 | 实施的风险评估程序 | 结论 | 存在的缺陷 |
|---|---|---|---|---|---|
| HJ-1 | 使员工行为守则及其他政策得到执行 | 公司制定了员工的行为守则，行为守则内容完备，涉及利益冲突、不法或不当支出、公平竞争的保障、内幕交易等问题；员工定期承诺遵守这些制度；行为守则可供公开查阅（如可在公司的内网上查阅）；指定专人回答关于行为守则中的问题；行为守则中充分描述了违反规定的内部汇报系统，指明向适当的人员汇报违规行为；对行为守则没有规范的地方，通过建设企业文化，强调操守及价值观的重要性的方式予以弥补；采取在员工大会上口头传达、通过一对一谈话或在处理日常事务中通过实例示范 | 询问、观察、检查 | 控制设计合理，并得到执行 | |
| HJ-2 | 建立信息传达机制，使员工能够清晰了解管理层的理念 | 将严格遵循诚信和道德规范的观念，通过文字和实际行动有效地灌输给所有员工；鼓励员工行为端正；当出现存在问题的迹象时，特别是当发现和解决问题的成本可能较高时，管理层能予以恰当地处理 | 询问、观察、检查 | 控制设计合理，并得到执行 | |
| HJ-3 | 与公司的利益相关者（如投资者、债权人等）保持良好的关系 | 管理层在处理交易业务时保持高度诚信，并要求其员工和客户同样保持诚信；当不诚信的行为发生时，能尽快并严肃处理 | 询问、观察、检查 | 控制设计合理，并得到执行 | |
| HJ-4 | 对背离公司规定的行为及时采取补救措施，并将这些措施传达至相应层次的员工 | 管理层能立即对违反规定的行为作出反应；对违反规定员工的处理及时让全体员工知晓；对违反规定的管理人员采取撤职处理 | 询问、观察、检查 | 控制设计合理，并得到执行 | |
| HJ-5 | 对背离公司现有控制的行为进行调查和记录 | 明确地禁止管理人员逾越既定控制；任何与既定政策不一致的事件都会被调查并记录；鼓励员工举报任何企图逾越控制的情况 | 询问、观察、检查 | 控制设计合理，并得到执行 | |
| HJ-6 | 员工和管理层的工作压力恰当 | 公司设计合理的激励机制，员工的报酬和晋升并不完全建立在实现短期目标的基础上；薪酬体系设计着眼于调动员工个人及团队的积极性 | 询问、观察、检查 | 控制设计合理，并得到执行 | |

（3）了解和评价被审计单位的风险评估过程。审计人员运用观察、检查和询问等方式，结合上述资料，了解和评价联晟通信风险评估过程，并从建立公司整体目标并传达到相关层次、明确影响整体目标实施的关键因素等控制目标入手，了解被审计单位的控制，将了解和评价联晟通信的情况记录于底稿了解和评价被审计单位风险评估过程的"被审计单位的控制""实施的风险评估程序""结论""存在的缺陷"列次中。

（4）了解和评价与财务报告相关的信息系统与沟通。审计人员运用观察、检查和询问等方式，结合上述资料，了解和评价与财务报告相关的信息系统与沟通，并从信息系统向管理层提供有关被审计单位经营的相关信息等控制目标入手，了解被审计单位的控制，将了解和评价联晟通信情况记录于底稿了解和评价与财务报告相关的信息系统与沟通的"被审计单位的控制""实施的风险评估程序""结论""存在的缺陷"列次中。

（5）了解和评价被审计单位内部控制活动。审计人员运用观察、检查和询问等方式，结合上述资料，了解和评价联晟通信内部控制活动，并从授权适当、职责分离、实物控制、信息处理等控制目标入手，了解被审计单位的控制，将了解和评价联晟通信情况记录于底稿了解和评价被审计单位内部控制活动的"被审计单位的控制""实施的风险评估程序""结论""存在的缺陷"列次中。

（6）了解和评价被审计单位对控制的监督。审计人员运用观察、检查和询问等方式，结合上述资料，了解和评价被审计单位对控制的监督，并从内部控制定期评价、评价内部控制制度对常规工作活动有效运行的保障程度等控制目标入手，了解被审计单位的控制，将了解和评价联晟通信情况记录于底稿了解和评价被审计单位对控制的监督的"被审计单位的控制""实施的风险评估程序""结论""存在的缺陷"列次中。

（7）记录内部控制汇总表。根据（2）至（6）所了解和评价的联晟通信的整体层面情况，填写了解和评价整体层面内部控制汇总表，如表6-5所示。

表6-5　了解和评价整体层面内部控制汇总表

被审计单位：湖北联晟通信科技股份有限公司　　　　　索引号：AC-1-1　　页次：
项目：了解和评价整体层面内部控制汇总表　　　　　　编制人：秦山　　　日期：2023-1-5
财务报表截止日／期间：2022-12-31　　　　　　　　　复核人：梁涛　　　日期：2023-1-5

| 1. 整体层面内部控制要素 | |
| --- | --- |
| 内部控制要素 | 是否进行了解 |
| 内部环境（控制环境） | 是 |
| 被审计单位的风险评估 | 是 |
| 与财务报告相关的信息系统与沟通 | 是 |
| 控制活动 | 是 |
| 内部监督 | 是 |
| … | … |

**步骤二：了解和评价内部控制的设计情况，填写汇总表**

（1）了解穿行测试底稿汇总表的子流程、控制名称、控制目标。

（2）根据控制目标查阅相关的制度、手册等书面证据，了解各业务循环的设计情况。

（3）审计人员结合文件询问相关的责任人，了解具体的控制措施、控制频率。

（4）根据了解的情况评价各个业务循环的子流程的内部控制设计情况，填写汇总表底稿。采购与付款业务循环汇总表如表 6-6 所示。

**步骤三：了解和评价各业务循环内部控制的执行情况，填写穿行测试表**

（1）通过查看穿行测试底稿了解该业务流程包含哪些具体流程，如采购与付款流程包括"与采购材料相关""与付款相关"。

（2）根据样本的业务类别，在主要类别中各选取 1~2 个样本进行穿行测试，如"与采购材料相关"的样本类别包括直接对外采购、采取委托加工方式等。

（3）选取一个样本后，按照该样本的业务循环顺序检查相关的单据，评价各风险的关键控制点是否得到有效的执行，将检查结果填写在穿行测试表中。检查的单据情况如表 6-7 所示。

表6-6 采购与付款业务循环汇总表

被审计单位：湖北联晟通信科技股份有限公司
项目：了解采购与付款业务循环，执行穿行测试和控制测试汇总表
财务报表截止日/期间：2022-12-31

索引号：BC-2
编制人：李梦
复核人：梁涛

页次：
日期：2023/1/5
日期：2023/1/5

| 子流程 | 控制名称 | 控制点编号 | 控制目标 | 实际控制措施及控制描述 | 责任人（职位描述） | 主要测试程序 | 控制证据 | 穿行测试结论 | 索引号 | 关键控制是/否 | 控制频率 | 预防性/发现性 | 人工/自动 | 相关的交易账户 | 存在/发生 | 准确性 | 完整性 | 截止 | 计价/分摊 | 分类 | 权利/义务 |
|---|---|---|---|---|---|---|---|---|---|---|---|---|---|---|---|---|---|---|---|---|---|
| **了解采购与付款业务循环的控制** | | | | | | **穿行测试** | | | | | | **控制类型** | | | **财务报表认定相关控制** | | | | | | |
| 供应商选择及主档案维护 | 供应商的新增和管理 | CGFK-2-1 | 确保供应商的新增经过严格的调查和审核 | 新选择合格供应商应通过招标管理程序予以确定。长期、连续发生业务关系的合格供应商应通过当期发生业务活动的重要事项进行评价予以确定。物资采购部门应对当期与供应商发生业务活动的重要事项进行统计记录，为评价合格供应商提供依据 | 采购部 | 询问\观察\检查书面证据 | XX采购合同 | 控制可依赖低风险 | BC-2-2 | 否 | 必要时 | 预防性 | 人工 | 应付账款 预付款项 管理费用 | √ | | | | | | |
| 请购与审批控制—采购合同的审批控制 | 日常采购合同的制定 | CGFK-3-5 | 确保采购合同经过严格审批 | 日常采购计划也根据月度排产计划的生产会计划制定，供应商，货品质量及价格确定之后，由采购部门拟定采购合同，依次经部门主管报送审批，最后由总经理批准 | 总经理 | 询问\观察\检查书面证据 | | 控制可依赖低风险 | | 是 | 1/周 | 检查性 | 人工 | 应付账款 预付款项 | √ | | √ | | | | √ |
| … | … | … | … | … | … | … | … | … | … | … | … | … | … | … | … | … | … | … | … | … | … |

表6-7 检查的单据情况

被审计单位：湖北联晟通信科技股份有限公司
项目：采购与付款业务循环－穿行测试（与采购材料有关）
财务报表截止日／期间：2022-12-31

索引号：BC-2-2
编制人：李梦
复核人：梁涛
页次：
日期：2023-1-5
日期：2023-1-5

| 样本序号 | 样本业务类别 | 业务内容 | 请购单 | | | | | | | | 付款凭证 | | | | | 主要控制点执行情况的检查 | | | | | | | | |
|---|---|---|---|---|---|---|---|---|---|---|---|---|---|---|---|---|---|---|---|---|---|---|---|---|
| | | | 日期 | 编号 | 货物名称 | 规格 | 经办部门 | 申购数量 | 申购单价 | 索引号 | … | 金额 | 银行支付方式 | 银行付款时间 | 银行单证号码 | 索引号 | 1 | 2 | 3 | 4 | 5 | 6 | 7 | 8 … |
| 1 | 对外采购 | 购JS和丰制铁新材料科技有限公司光纤 | 2022-10-10 | QGD-202210-011 | 光纤 | G652D | 采购部 | 20 188.00 | 29.00 | BC-2-2-01 | … | 585 452.00 | 转账 | 2022-10-25 | 31011337508 | BC-2-2-01 | 是 | 是 | 是 | | | | | … |
| 2 | 对外采购 | 购CQ鑫电铝合金线缆有限公司铝杆 | 2022-11-24 | QGD-202211014 | 铝杆 | 铝杆 | 采购部 | 66 721.00 | 17.55 | BC-2-2-02 | … | 1 170 953.55 | 转账 | 2022-12-16 | 7364854256 | BC-2-2-02 | 是 | 是 | 是 | 是 | 是 | 是 | | … |

检查点说明：

检查点1：不相容职务已分开设置并得到执行；
检查点2：所有采购均已按规定编制请购单；
检查点3：请购申请经批准，超预算和预算外采购符合规定
检查点4：采用订单采购或采购合同订货的方式；
检查点5：采购合同经过授权批准，且连续编号；
检查点6：采购金额发票未超过采购限量，限价；
检查点7：购货发票的单价与购货合同一致；
检查点8：购货发票的品名、金额与购货合同一致；
检查点9：入库单的品名、数量与发票内容一致；

检查点10：收到货物时指定专人验收并编写验收报告；
检查点11：入库单有仓管员和经手人签名；
检查点12：发票单购货款与付款凭证一致；
检查点13：付款已填制资金支付审批单并经批准；
检查点14：发票购货额已正确计入存货账和应付账款（银行，现金）账；
检查点15：进项税金账务处理正确；
检查点16：定期核对与供应商的债权债务金额；
检查点…：其他（结合实际情况描述）。

步骤四：综合评价内部控制执行情况，得出结论，填写穿行测试汇总表

（1）审计人员完成各重大流程的穿行测试后，从以下四个方面描述执行穿行测试程序时注意到的问题：① 穿行测试程序描述；② 职责分离；③ 授权；④ 管理层凌驾于控制之上。

（2）抽查重要子流程。通过访谈，进一步验证审计人员对控制的了解情况。

（3）评价执行完穿行测试的结果是否支持审计人员在前述程序中（如财务报表分析复核程序、总体审计方案制定的审计策略等）得出的结论。

# 任务四　重大错报风险评估

## 【任务情境】

项目组在了解联晟通信及其环境、内部控制等要素后，需要评估重大错报风险，为进一步风险应对做准备。

## 【任务要求】

根据对联晟通信及其环境、内部控制的了解，综合评估财务报表层次、认定层次的重大错报风险，编制综合风险评估及进一步审计程序、风险评估结果汇总表底稿。

## 【任务准备】

（一）知识准备

1. 评估重大错报风险时考虑的因素

审计人员应当将所了解的控制与特定认定相联系，以评估认定层次的重大错报风险。评估重大错报风险时考虑的因素如表6-8所示。

重大错报风险

表6-8　评估重大错报风险时考虑的因素

| 流程 | 评估重大错报风险时考虑的因素 |
| --- | --- |
| 了解 | 如何处理相关交易或事项 |
| 识别 | 已识别的风险是什么 |
| 评估 | 错报（金额影响）可能发生的规模有多大 |
| | 事件（风险）发生的可能性有多大 |

动画：审计
风险模型

### 2. 识别和评估重大错报风险的审计程序

识别和评估重大错报风险的审计程序如表6-9所示。

表6-9　识别和评估重大错报风险的审计程序

| 流程 | 目的 | 评估重大错报风险的审计程序 |
| --- | --- | --- |
| 了解 | 熟悉被审计单位 | 在了解被审计单位及其环境（包括与风险相关的控制）的整个过程中，结合对财务报表中各类交易、账户余额和披露（包括定量披露和定性披露）的考虑，识别风险 |
| 识别 | 识别认定层次错报 | 结合对拟测试的相关控制的考虑，将识别出的风险与认定层次可能发生错报的领域相联系 |
| | 识别报表层次错报 | 评估识别出的风险，并评价其是否更广泛地与财务报表整体相关，进而潜在地影响多项认定 |
| 评估 | 评估重大性和可能性 | 考虑发生错报的可能性（包括发生多项错报的可能性），以及潜在错报的重大程度是否足以导致重大错报 |

### 3. 识别两个层次的重大错报风险

在对重大错报风险进行识别和评估后，审计人员应当确定，识别的重大错报风险是与特定的某类交易、账户余额和披露的认定相关（认定层次重大错报风险），还是与财务报表整体广泛相关，进而影响多项认定（财务报表层次重大错报风险）。

### 4. 特别风险

特别风险，是指审计人员识别和评估的，根据职业判断认为需要特别考虑的重大错报风险。

在确定风险的性质时，审计人员应当考虑下列事项：

（1）风险是否属于舞弊风险；

（2）风险是否与近期经济环境、会计处理方法和其他方面的重大变化有关；

（3）交易的复杂程度；

（4）风险是否涉及重大的关联方交易；

（5）财务信息计量的主观程度，特别是对不确定事项的计量存在较大区间；

（6）风险是否涉及异常或超出正常经营过程的重大交易。

5. 仅通过实质性程序无法应对的重大错报风险

作为风险评估的一部分，如果认为仅通过实质性程序获取的审计证据无法应对认定层次的重大错报风险（将检查风险降至可接受的低水平），注册会计师应当重新了解、评价被审计单位针对这些风险设计的控制，并确定其执行情况。

6. 对风险评估的修正

评估重大错报风险是一个连续和动态地收集、更新与分析信息的过程，贯穿整个审计过程的始终。

如果通过实施进一步审计程序获取的审计证据与初始评估获取的审计证据相矛盾，注册会计师应当修正风险评估结果，并相应修改原计划实施的进一步审计程序。

### （二）操作准备

（1）查阅综合风险评估及进一步审计程序、风险评估结果汇总表底稿模板。

（2）了解可能发生重大错报的重大账户或披露的进一步审计程序。

### （三）任务要领

识别和评估重大错报风险并制定总体应对措施。

## 【任务实施】

**步骤一：根据已识别的风险判断可能对报表项目的影响**

通过了解被审计单位及其业务情况、执行财务报表风险评估分析程序、了解被审计单位内部控制等其他方面的程序，得出已识别的风险结论。如果某个情形风险较大，需要进一步判断可能影响哪些报表项目，以及具体存在什么影响，编制综合风险评估及进一步审计程序底稿中的已识别风险汇总表。已识别风险汇总表如表6-10所示。

表6-10　已识别风险汇总表

被审计单位：　　　　　　　　　　　　　　　　　索引号：BA-1　　　页次：
项目：已识别风险汇总表　　　　　　　　　　　　　编制人：　　　　　日期：
财务报表截止日／期间：　　　　　　　　　　　　复核人：　　　　　日期：

| 索引号 | | 底稿名称 | 已识别的风险结论 | 可能影响的报表项目 | 对报表项目的具体影响 |
|---|---|---|---|---|---|
| AB | 了解被审计单位业务 | 被审计单位的性质 | | | |
| | | 被审计单位对会计政策的选择和运用 | | | |
| | | 行业状况、法律环境和监管环境以及其他外部因素 | | | |
| | | 被审计单位的目标和战略 | | | |
| | | 被审计单位财务绩效的衡量和评价 | | | |
| | | 工厂被审计单位中的角色 | | | |
| AF-1-1 | 执行财务报表风险评估分析程序 | 资产负债表分析 | | | |
| AF-1-2 | | 利润表分析 | | | |
| AF-1-3 | | 现金流量表分析 | | | |
| AF-1-4 | | 比率趋势分析表1 | | | |
| AF-1-5 | | 比率趋势分析表2 | | | |
| BC-1/CA | 了解被审计单位内部控制 | 货币资金管理流程 | | | |
| BC-2/CB | | 采购与付款流程 | | | |
| BC-4/CD | | 工薪与费用流程 | | | |
| BC-5/CE | | 存货与成本流程 | | | |
| BC-6/CF | | 销售与收款循环 | | | |
| | | 关联交易流程 | | | |
| | | 筹资与投资流程 | | | |
| BC-7/CG | | 固定资产流程 | | | |
| | | 工程项目流程 | | | |
| | | 无形资产流程 | | | |
| | | 税务流程 | | | |
| BC-8/CH | | 财务报表流程 | | | |

**步骤二：确定重大／不重大账户或披露的关键测试程序**

审计人员需要对每个重大账户和披露的每个相关认定都进行综合风险评估，得出综合风险的等级，包括低、高、特殊考虑、中等、最低。根据综合风险等级评价重大／不重大账户及披露评估可能发生重大错报认定，确定实质性程序的关键项目测试程序。

**步骤三：重大错报风险的汇总及应对措施**

将识别出来的重大错报风险进行汇总，将风险层次为"财务报表层次"制定总体应对措施；将特别风险制定特别风险应对措施；将风险层次为"认定层次"的评估可能受影响的报表项目及受影响的交易、账户余额和披露认定，并设计进一步审计程序。

## 任务思考

1. 审计人员可以通过哪些途径对被审计单位进行初步了解？

2. 审计人员在了解被审计单位及其环境时，如何考虑内外部环境因素间的相互关系？

3. 针对首次承接，审计人员还需要进一步了解哪些事项？

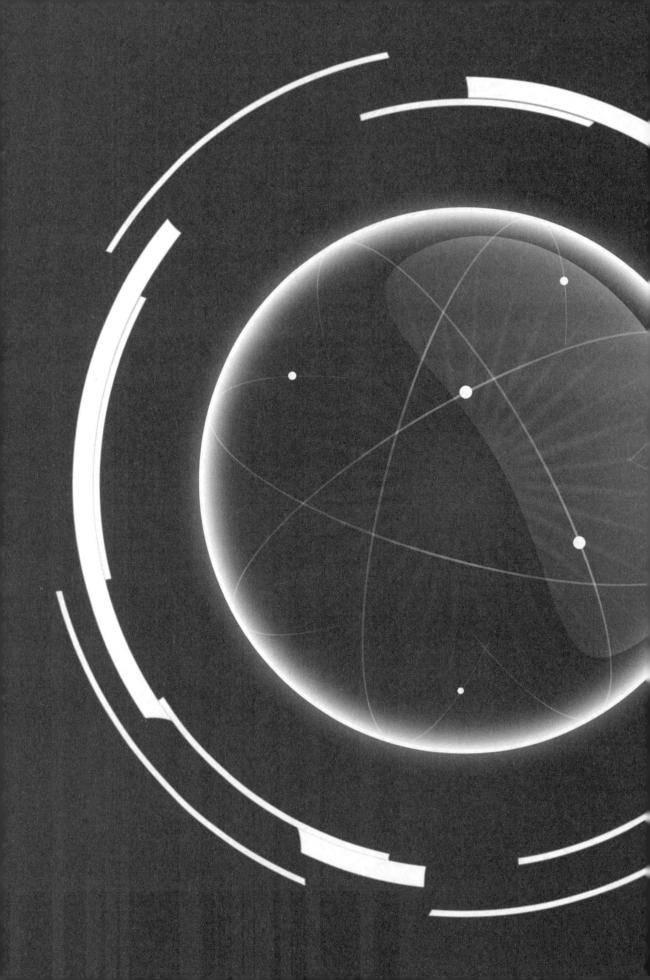

# 控制测试实施

## 学习目标

### 知识目标

◆ 熟悉控制测试的含义。

◆ 掌握控制测试的要求。

◆ 掌握控制测试的性质。

◆ 掌握销售与收款业务循环、采购与付款业务循环、生产与存货业务循环、固定资产业务循环、人力资源与工薪业务循环、投资与融资业务循环和货币资金业务循环（简称"七大业务循环"）的特征。

### 能力目标

◆ 能熟练实施七大业务循环控制测试程序，并判断控制测试结果是否支持风险评估结论。

◆ 能熟练实施七大业务循环关键控制点的测试程序并编制控制测试过程记录表。

◆ 能熟练实施七大业务循环控制测试汇总表。

### 素养目标

◆ 具备一定的风险意识以辨别控制风险点。

◆ 具备未雨绸缪、防微杜渐的思想观念，能判断业务循环内部控制的合理性。

◆ 具备一定的逻辑思维以及规划能力，以设计实施合理的控制测试程序。

# 思维导图

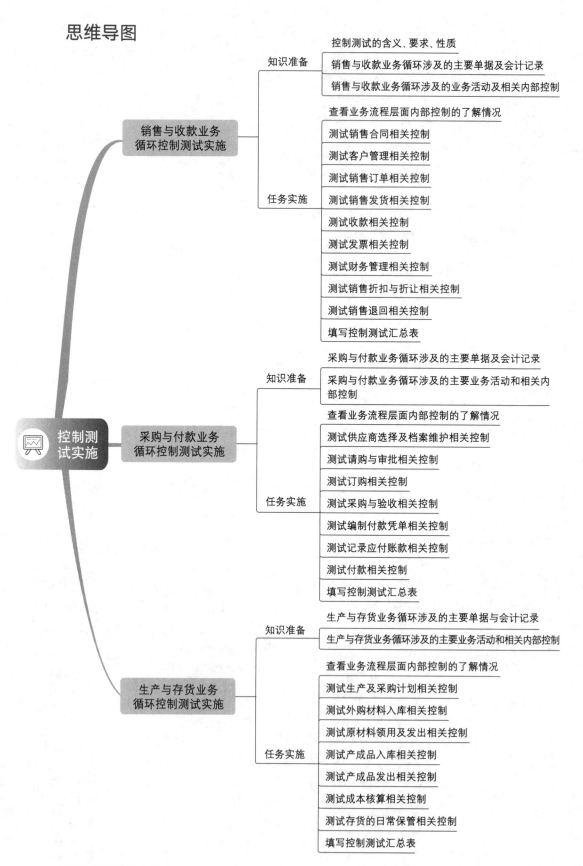

控制测试实施

**销售与收款业务循环控制测试实施**

知识准备
- 控制测试的含义、要求、性质
- 销售与收款业务循环涉及的主要单据及会计记录
- 销售与收款业务循环涉及的业务活动及相关内部控制

任务实施
- 查看业务流程层面内部控制的了解情况
- 测试销售合同相关控制
- 测试客户管理相关控制
- 测试销售订单相关控制
- 测试销售发货相关控制
- 测试收款相关控制
- 测试发票相关控制
- 测试财务管理相关控制
- 测试销售折扣与折让相关控制
- 测试销售退回相关控制
- 填写控制测试汇总表

**采购与付款业务循环控制测试实施**

知识准备
- 采购与付款业务循环涉及的主要单据及会计记录
- 采购与付款业务循环涉及的主要业务活动和相关内部控制

任务实施
- 查看业务流程层面内部控制的了解情况
- 测试供应商选择及档案维护相关控制
- 测试请购与审批相关控制
- 测试订购相关控制
- 测试采购与验收相关控制
- 测试编制付款凭单相关控制
- 测试记录应付账款相关控制
- 测试付款相关控制
- 填写控制测试汇总表

**生产与存货业务循环控制测试实施**

知识准备
- 生产与存货业务循环涉及的主要单据与会计记录
- 生产与存货业务循环涉及的主要业务活动和相关内部控制

任务实施
- 查看业务流程层面内部控制的了解情况
- 测试生产及采购计划相关控制
- 测试外购材料入库相关控制
- 测试原材料领用及发出相关控制
- 测试产成品入库相关控制
- 测试产成品发出相关控制
- 测试成本核算相关控制
- 测试存货的日常保管相关控制
- 填写控制测试汇总表

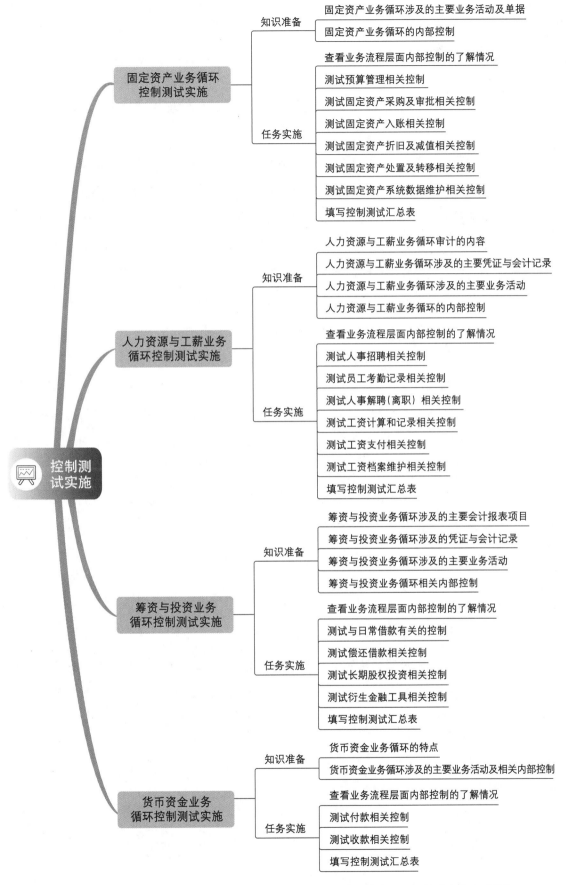

固定资产业务循环涉及的主要业务活动及单据

固定资产业务循环的内部控制

查看业务流程层面内部控制的了解情况

测试预算管理相关控制

测试固定资产采购及审批相关控制

测试固定资产入账相关控制

测试固定资产折旧及减值相关控制

测试固定资产处置及转移相关控制

测试固定资产系统数据维护相关控制

填写控制测试汇总表

知识准备

任务实施

固定资产业务循环控制测试实施

人力资源与工薪业务循环审计的内容

人力资源与工薪业务循环涉及的主要凭证与会计记录

人力资源与工薪业务循环涉及的主要业务活动

人力资源与工薪业务循环的内部控制

查看业务流程层面内部控制的了解情况

测试人事招聘相关控制

测试员工考勤记录相关控制

测试人事解聘（离职）相关控制

测试工资计算和记录相关控制

测试工资支付相关控制

测试工资档案维护相关控制

填写控制测试汇总表

人力资源与工薪业务循环控制测试实施

筹资与投资业务循环涉及的主要会计报表项目

筹资与投资业务循环涉及的凭证与会计记录

筹资与投资业务循环涉及的主要业务活动

筹资与投资业务循环相关内部控制

查看业务流程层面内部控制的了解情况

测试与日常借款有关的控制

测试偿还借款相关控制

测试长期股权投资相关控制

测试衍生金融工具相关控制

填写控制测试汇总表

筹资与投资业务循环控制测试实施

货币资金业务循环的特点

货币资金业务循环涉及的主要业务活动及相关内部控制

查看业务流程层面内部控制的了解情况

测试付款相关控制

测试收款相关控制

填写控制测试汇总表

货币资金业务循环控制测试实施

控制测试实施

## 德技并修

### 新华制药内部控制中最薄弱环节——授信管理和应收账款管理

新华制药某医贸子公司（简称"医贸公司"）内部控制制度对多头授信无明确规定，在实际执行中，医贸公司的鲁中分公司、工业销售部门、商业销售部门三个部门分别向同一客户授信，使得授信额度过大。此外，医贸公司内部控制制度规定对客户授信额度不大于客户注册资本，但在实际执行中，医贸公司对部分客户超出客户注册资本授信，使得授信额度过大，同时医贸公司存在未授信发货情况。

从以上可以看出，该医贸公司内部控制主要存在两个重大缺陷：一是授信管理及授信额度管理存在重大缺陷；二是对关联方应收账款的计量和分析存在明显缺陷，进而导致公司要承担较大的风险。

思考与践行

审计人员在了解被审计单位的内部控制之后，要对那些准备依赖的内部控制执行控制测试，并确定其是否得到有效的执行，从而来确定内部控制的有效性，决定实质性程序的性质、时间和范围。从这一点来看，良好的内部控制不仅可以保证企业财务报告的可靠性，会计信息的真实性和准确性，防范企业经营风险，也可以在保证审计质量的同时，有效减少审计成本。

## 情境概览

项目组根据风险评估的结果开展对联晟通信内部控制情况的检查，按照不同的循环、确认样本量、检查原始单据、现场观察执行情况，以确定内部控制的执行是否有效。

# 任务一 销售与收款业务循环控制测试实施

## 【任务情境】

审计人员前期已经对被审计单位及其环境进行了了解，审计人员以识别的重大错报风险为起点，选取拟测试的被审计单位内部控制并实施控制测试程序，开展对销售与收款业务循环的审计。

## 【任务要求】

在此次控制测试实施过程中，审计人员通过执行询问、观察、检查、重新执行等审计程序，选取关键控制点对联晟通信的销售与收款业务循环进行测试，按照业务发生频率随机抽取样本进行书面证据检查并编制相关工作底稿，以确定销售与收款业务循环与之有关的内部控制是否有效执行。审计人员选取的关键控制点分别涉及销售合同、客户管理、销售订单、销售发货、收款、发票和财务管理7个方面。

## 【任务准备】

（一）知识准备

1. 控制测试的含义、要求、性质

（1）控制测试的含义。控制测试是指用于评价内部控制在防止或发现并纠正认定层次重大错报方面的运行有效性的审计程序。

（2）控制测试的要求。作为进一步审计程序的类型之一，控制测试并非在任何情况下都需要实施。当存在下列情形之一时，审计人员应当实施控制测试：① 在评估认定层次重大错报风险时，预期控制的运行是有效的；② 仅实施实质性程序并不能够提供认定层次充分、适当的审计证据。

如果在评估认定层次重大错报风险时预期控制的运行是有效的，审计人员应当实施控制测试，就控制在相关期间或时点的运行有效性获取充分、适当的审计证据。

（3）控制测试的性质。控制测试的性质是指控制测试所使用的审计程序的类型及其组合。控制测试采用的审计程序有询问、观察、检查和重新执行。

① 询问。审计人员可以向被审计单位的适当员工询问，获取与内部控制运行情况相关的信息。然而，仅仅通过询问不能为控制运行的有效性提供充足的证据，审计人员通常需要印证被询问者的答复，如向其他人员询问和检查执行控制时所使用的报告、手册或其他文件等。因此，虽然询问是一种有用的手段，但它必须和其他测试手段结合使用才能发挥作用。在询问过程中，审计人员应当保持职业怀疑。

② 观察。观察是测试不留下书面记录的控制（如职责分离）的运行情况的有效方法。通常情况下，审计人员通过观察直接获取的证据比间接获取的证据更可靠。但是，审计人员还要考虑其所观察到的控制在审计人员不在场时可能未被执行的情况。

③ 检查。检查非常适用于对运行情况留有书面证据的控制。书面说明、复核时留下的记号，都可以被当作控制运行情况的证据。

④ 重新执行。例如，为了合理保证计价认定的准确性，被审计单位的一项控制是由复核人员核对销售发票上的价格与统一价格单上的价格是否一致。但是，要检查复核人员有没有认真执行核对，仅检查复核人员是否在相关文件上签字是不够的，审计人员还需要自己选取一部分销售发票进行核对，这就是重新执行程序。如果需要进行大量的重新执行，审计人员就要考虑通过实施控制测试以缩小实质性程序的范围是否有效率。

2. 销售与收款业务循环涉及的主要单据及会计记录

销售与收款业务循环涉及的主要单据及会计记录

（1）客户订购单。客户订购单即客户提出的书面购货要求。企业可以通过销售人员或其他途径，如采用电话、信函、邮件和向现有的及潜在的客户发送订购单等方式接受订货，取得客户订购单。

（2）销售单。销售单是列示客户所订商品的名称、规格、数量以及其他与客户订购单有关信息的凭证，作为销售方内部处理客户订购单的凭据。

（3）发运凭证。发运凭证即在发运货物时填制的，用以反映发出商品的名称、规格、数量和其他有关内容的凭据。

（4）销售发票。销售发票通常包含已销售商品的名称、规格、数量、价格、销售金额等内容。

（5）商品价目表。商品价目表是列示已经授权批准的、可供销售的各种商品的价格清单。

（6）贷项通知单。贷项通知单是一种用来表示由于销售退回或经批准的折让而导致应收货款减少的单据，其格式通常与销售发票的格式类似。

（7）应收票据／应收款项融资／应收账款预期信用损失计算表。通常，企业按月编制应收票据／应收款项融资／应收账款预期信用损失计算表，反映月末应收票据／应收款项融资／应收账款的预期信用损失。

（8）应收票据／应收款项融资／应收账款／合同资产明细账。应收票据／应收款项融资／应收账款／合同资产明细账是用来记录已向每个客户转让商品而有权收取对价的权利的明细账。

（9）主营业务收入明细账。主营业务收入明细账是一种用来记录销售交易的明细账。它通常记载和反映不同类别商品或服务的营业收入的明细发生情况和总额。

（10）汇款通知书。汇款通知书是一种与销售发票一起寄给客户，由客户在付款时再寄回企业的凭证。这种凭证注明了客户名称、销售发票号码、企业开户银行账号以及金额等内容。

（11）现金日记账和银行存款日记账。现金日记账和银行存款日记账是用来记录应收账款的收回或现销收入以及其他各种现金、银行存款收入和支出的日记账。

（12）坏账核销审批表。坏账核销审批表是一种用于批准将无法收回的应收款项融资／应收款项作为坏账予以核销的单据。

（13）客户对账单。客户对账单是一种定期寄送给客户的用于购销双方核对账目的文件。

（14）转账凭证。转账凭证是指记录转账业务的记账凭证。它是根据有关转账业务（即不涉及现金、银行存款收付的各项业务）的原始凭证编制的。

（15）现金和银行凭证。现金和银行凭证是指分别用来记录现金和银行存款收入业务和支付业务的记账凭证。

3. 销售与收款业务循环涉及的业务活动及相关内部控制

（1）接受客户订购单。客户提出订货要求是整个销售与收款业务循环的起点，是购买某种商品或服务的一项申请。客户订购单只有在符合企业管理层的授权标准时才能被接受。

（2）批准赊销信用。对于赊销业务的批准是由信用管理部门根据管理层的赊销政策在每个客户的已授权的信用额度内进行的。信用管理部门的员工在收到销售部门的销售单后，应将销售单与该客户已被授权的赊销信用额度以及至今尚欠的账款余额加以比较。

（3）根据销售单编制发运凭证并发货。企业管理层通常要求仓库管理人员只有在收到经过批准的销售单时才能编制发运凭证并发货。设立这项控制程序的目的是防止仓库在未经授权的情况下擅自发货。

（4）按销售单装运货物。将按经批准的销售单供货与按销售单装运货物职责相分离，有助于避免负责装运货物的员工在未经授权的情况下装运产品。装运部门员工在装运之前，通常会进行独立验证，以确保从仓库提取的商品都附有经批准的销售单，且所提取商品的内容与销售单及发运凭证一致。

（5）向客户开具发票。为了降低开具发票过程中出现遗漏、重复、错误计价或其他差错的风险，通常需要设立以下控制：

① 负责开发票的员工在开具每张销售发票之前，检查是否存在发运凭证和相应的经批准的销售单；

② 依据已授权批准的商品价目表开具销售发票；

③ 将发运凭证上的商品总数与相对应的销售发票上的商品总数进行比较。

（6）记录销售。

（7）办理和记录现金、银行存款收入。这项活动涉及的是货款收回，导致现金、银行存款增加以及应收账款／合同资产等项目的减少。在办理和记录现金、银行存款收入时，企业最关心的是货币资金的安全。

（8）计提坏账准备。企业一般定期对应收票据／应收款项融资／应收账款的预期信用损失进行估计，根据估计结果确认信用减值损失并计提坏账准备，管理层对相关估计进行复核和批准。

（9）核销坏账。不管赊销部门的工作如何主动，客户因经营不善、宣告破产、死亡等原因而不支付货款的事仍可能发生。如有证据表明某项货款已无法收回，企业即通过适当的审批程序注销该笔应收账款／应收款项融资。

（二）操作准备

（1）基于销售与收款业务循环了解内部控制的情况，该循环的控制是否设计合理并得到执行，如果合理并得到执行，进一步确定选取哪些关键控制点执行控制测试。

（2）获取总账、明细账、客户档案、销售合同台账、销售合同、销售订单、发货单、发票、原始单据等审计资料。

> 📍 **提示**：数据资料见"7.1 销售与收款业务循环控制测试业财一体化数据资料包"。

（3）查看并熟悉销售与收款业务循环控制测试相关的工作底稿。

（三）任务要领

（1）控制测试所使用的审计程序的类型主要包括询问、观察、检查和重新执行，其提供的保证程度依次递增。审计人员需要根据所测试的内部控制的特征及需要获得的保证程度选用适当的审计程序。

（2）即使在期中实施了控制测试，审计人员也应在年末实施适当的前推程序，以确定控制是否在整个被审计期间持续有效运行。

（3）控制测试的范围取决于审计人员需要通过控制测试获取的保证程度。

（4）样本量的确定。

需要获得控制的高度保证时，要对该控制实施全面测试，其他情况为有限测试。控制频率与测试数量对应情况表如表 7-1 所示。

需要注意，如果计算机应用控制有效，每个交易类型 1 个；需要得到内部控制高度保证的为全面测试，否则为有限测试，不需要保证的不用测试；样本量应按照控制频率或控制运行总次数来确定。

表7-1 控制频率与测试数量对应情况表

| 控制频率 | 控制运行总次数 | 全面测试数 | 有限测试数量 |
|---|---|---|---|
| 每日多次 | >250 | 25~60 | 15~20 |
| 日 | 250 | 20~40 | 10~15 |
| 周 | 52 | 5~15 | 2~5 |
| 月 | 12 | 2~5 | 1~2 |
| 季 | 4 | 2 | 1 |
| 年 | 1 | 1 | 1 |

## 【任务实施】

**步骤一：查看业务流程层面内部控制的了解情况**

查看对被审计单位销售与收款业务循环内部控制的了解情况，对内部控制设计的有效性及执行情况做出初步判断，以进一步实施控制测试程序，判断被审计单位该循环的内部控制活动是否得到有效执行。

操作演示：
销售与收款
业务循环控
制测试实施

**步骤二：测试销售合同相关控制**

（1）获取被审计单位所属审计期间的销售合同台账，根据销售业务控制频率或控制运行总次数确定样本量。

（2）根据确定的样本量，抽取销售合同进行检查。销售合同测试的主要检查点包括：① 有销售合同，且已经过管理层核准；② 按订单签署销售合同；③ 销售合同连续编号；④ 销售合同经双方确认后盖章、签字；⑤ 其他（结合实际情况描述）。

（3）检查所抽取样本，根据检查的结果填写测试说明和测试结论，通过控制测试，确定销售与收款业务循环中与销售合同有关的内部控制活动是否有效执行。

（4）以"销售合同测试"为例，对"销售与收款业务循环控制测试实施"底稿进行编制，如表7-2所示。

**步骤三：测试客户管理相关控制**

（1）获取被审计单位所属审计期间的全部客户档案，根据业务控制频率或控制运行总次数确定样本量。

表7-2 销售合同测试

被审计单位：湖北联晟通信科技股份有限公司　　　　　　　　　　　索引号：CF-1
项目：控制测试－销售与收款业务循环－销售合同控制测试表　　　编制人：李梦
财务报表截止日／期间：2022-12-31　　　　　　　　　　　　　　复核人：梁涛
测试目标：通过控制测试，确定销售与收款业务循环与销售合同有关的内部控制活动是否有效执行

页次：
日期：2023-1-5
日期：2023-1-5

| 样本序号 | 样本类别 | 业务内容 | 销售合同 | | | | 主要控制点执行情况的检查 | | | | | |
|---|---|---|---|---|---|---|---|---|---|---|---|---|
| | | | 日期 | 编号 | 数量 | 金额 | 1 | 2 | 3 | 4 | 5 | 6 |
| 1 | 销售合同 | 销售ZT电力OPGW光缆一批 2965 2968 2969 | 2022-6-10 | XSHT-2022-00078 | 207.914 | 1 848 264.60 | 是 | 是 | 是 | 是 | | |
| 2 | 销售合同 | 销售JS中天科技铝包钢单丝一批 68784 | 2022-8-25 | XSHT-2022-00112 | 250 138 | 2 001 104.00 | 是 | 是 | 是 | 是 | | |
| 3 | 销售合同 | 销售JS中天科技铝包钢单丝一批 68784 | 2022-8-25 | XSHT-2022-00112 | 19 830 | 218 130.00 | 是 | 是 | 是 | 是 | | |
| 4-25 | ... | ... | ... | ... | ... | ... | 是 | 是 | 是 | 是 | | |

检查点说明：
检查点1：有销售合同，且已经过管理层核准；
检查点2：按订单签署销售合同；
检查点3：销售合同连续编号；
检查点4：销售合同经双方确认后盖章、签字；
检查点5：其他（结合实际情况描述）。
测试说明：
我们通过询问和检查2022年销售合同，样本总量超过了250笔，根据控制测试的要求抽取了25个样本进行检查，未发现异常。
测试结论：
经测试，我们认为销售与收款业务循环与销售合同有关的内部控制活动是有效的。

（2）根据确定的样本量，抽取客户档案进行检查。客户管理测试的主要检查点为：① 顾客档案的变更真实有效；② 所有顾客档案变更均已进行输入及处理；③ 顾客档案变更后更准确；④ 对顾客档案变更均已于适当期间进行处理；⑤ 确保顾客档案数据及时更新；⑥ 其他（结合实际情况描述）。

（3）检查所抽取样本，根据检查的结果填写测试说明和测试结论，通过控制测试，确定销售与收款业务循环中与客户管理有关的内部控制活动是否有效执行。

步骤四：测试销售订单相关控制

（1）获取被审计单位所属审计期间的全部销售订单，根据业务控制频率或控制运行总次数确定样本量。

（2）根据确定的样本量，抽取销售订单进行检查。销售订单测试的主要检查点为：① 符合企业管理层的授权标准、在信用额度内的订单直接接受；② 有销售订货单及销售合同，且已经管理层核准；③ 赊销业务有信用管理部门对客户信用状况的审核手续；④ 销售订单均已完整及准确地转入发货及开具发票活动；⑤ 顾客未被列入已批准销售的顾客名单，由销售订单管理部门的主管来决定是否同意销售；⑥ 已记录的销售订单的内容准确；⑦ 订单及取消的订单已准确输入；⑧ 其他（结合实际情况描述）。

（3）检查所抽取样本，根据检查的结果填写测试说明和测试结论，通过控制测试，确定销售与收款业务循环与销售订单有关的内部控制活动是否有效执行。

步骤五：测试销售发货相关控制

（1）获取被审计单位所属审计期间的全部出库单、货运单，根据业务控制频率或控制运行总次数确定样本量。

（2）根据确定的样本量，抽取出库单、货运单进行检查。销售发货测试的主要检查点为：① 仓库只有在收到经过批准的销售单时才能供货；② 提货单一式多联、连续编号；③ 已审批的销货审批单和销售通知单与客户订单内容一致；④ 装运部门职员在装运之前独立验证，从仓库提取的商品都附有经批准的销售单；⑤ 装运凭证由装运部门保管；⑥ 提货单与仓储保管账核对一致；⑦ 其他（结合实际情况描述）。

（3）检查所抽取样本，根据检查的结果填写测试说明和测试结论，通过控制测试，确定销售与收款业务循环与销售发货有关的内部控制活动是否有效执行。

步骤六：测试收款相关控制

（1）获取被审计单位所属审计期间的全部收款凭证，根据业务控制频率或控制运行总次数确定样本量。

（2）根据确定的样本量，抽取收款凭证进行检查。收款测试的主要检查点为：① 独立检查已签收支票的总额与所开具发票总额的一致性；② 被授权签署收取支票的人员应确定收取支票付款人姓名和金额与发票内容一致；③ 收款均已记录；④ 准确记录收款；⑤ 全部货币资金如数、及时地记入库存现金、银行存款日记账；⑥ 应由被授权的财务部门的人员负责收取支票；⑦ 收款是真实发生的且仅输入一次；⑧ 收款均已记录于收到的期间内；⑨ 准确计提坏账准备和核销坏账，并记录于恰当期间；⑩ 其他（结合实际情况描述）。

（3）检查所抽取样本，根据检查的结果填写测试说明和测试结论，通过控制测试，确定销售与收款业务循环与收款有关的内部控制活动是否有效执行。

**步骤七：测试发票相关控制**

（1）获取被审计单位所属审计期间开具的全部发票，根据业务控制频率或控制运行总次数确定样本量。

（2）根据确定的样本量，抽取销售发票进行检查。发票测试的主要检查点为：① 开具账单部门职员在编制每张销售发票之前，独立检查是否存在装运凭证和相应的经批准的销售单；② 注意销售折扣及折让是否合理；③ 将装运凭证上的商品总数与相对应的销售发票上的商品总数进行比较；④ 已开具的销售发票中所列商品的单价与商品价目表核对；⑤ 独立检查销售发票计价和计算的正确性；⑥ 控制销售发票的连续编号；⑦ 其他（结合实际情况描述）。

（3）检查所抽取样本，根据检查的结果填写测试说明和测试结论，通过控制测试，确定销售与收款业务循环与发票有关的内部控制活动是否有效执行。

**步骤八：测试财务管理相关控制**

（1）获取被审计单位所属审计期间的会计记录，根据业务控制频率或控制运行总次数确定样本量。

（2）根据确定的样本量，抽取会计记录进行检查。财务管理测试的主要检查点为：① 依据附有有效装运凭证和销售单的销售发票记录销售；② 独立检查已处理销售发票上的销售金额同会计记录金额的一致性；③ 定期独立检查应收账款的明细账与总账的一致性；④ 记录销售的职责应与处理销售交易的其他功能相分离；⑤ 定期向顾客寄送对账单，并要求顾客将任何例外情况直接向指定的未执行或记录销售交易的会计主管报告；⑥ 其他（结合实际情况描述）。

（3）检查所抽取样本，根据检查的结果填写测试说明和测试结论，通过控制测试，确定销售与收款业务循环与财务管理有关的内部控制活动是否有效执行。

步骤九：测试销售折扣与折让相关控制

（1）获取被审计单位所属审计期间的销售折扣与折让记录，根据业务控制频率或控制运行总次数确定样本量。

（2）根据确定的样本量，抽取销售折扣与折让记录进行检查。销售折扣与折让控制测试的主要检查点为：① 已记录的销售折扣与折让及应收账款的调整均已经按照政策执行；② 已发生的销售折扣与折让均确已记录；③ 已发生的销售折扣与折让均确已准确记录；④ 已记录的销售折扣与折让均已核准；⑤ 已发生的销售折扣与折让均记录于恰当期间；⑥ 其他（结合实际情况描述）。

（3）检查所抽取样本，根据检查的结果填写测试说明和测试结论，通过控制测试，确定销售与收款业务循环与销售折扣与折让有关的内部控制活动是否有效执行。

步骤十：测试销售退回相关控制

（1）获取被审计单位所属审计期间的销售退回凭证，根据业务控制频率或控制运行总次数确定样本量。

（2）根据确定的样本量，抽取销售退回凭证进行检查。销售退回测试的主要检查点为：① 申请、开票及核准不相容职务已分开设置并得到执行；② 有销售退货通知单，且已经管理层核准；③ 退回的商品具有质检部门签发的验收单；④ 退回的商品具有仓库签发的退货入库单；⑤ 开具的红字发票已经管理层核准；⑥ 退货入库单的内容、金额与红字发票的内容、金额一致；⑦ 红字发票的内容、金额与记账凭证一致；⑧ 销售退回已正确记入销售明细账、应收账款（现金、银行存款）账；⑨ 销售退回具有对方税务局开具的有关证明；⑩ 其他（结合实际情况描述）。

（3）检查所抽取样本，根据检查的结果填写测试说明和测试结论，通过控制测试，确定销售与销售退回有关的内部控制活动是否有效执行。

步骤十一：填写控制测试汇总表

根据选取的关键控制点及对控制点的检查情况，将检查结果填写在控制测试汇总表中，如表7-3所示。

表7-3 控制测试汇总表

被审计单位：湖北跃晟通信科技股份有限公司

项目：控制测试－销售与收款业务循环－控制测试表

财务报表截止日／期间：2022-12-31

索引号：CF

编制人：李梦    日期：2023-1-5

复核人：梁涛    日期：2023-1-5

页次：

| 子流程 | 控制名称 | 控制编号 | 控制测试 | | | | 是否发现 | | | 测试结论 | 控制测试结果是否支持风险评估结论 |
| | | | 测试程序 | 样本评价 | 补充审计程序 | 索引号 | 例外事项 | 重大缺陷 | | |
| 销售活动 | 销售合同测试 | XSSK-2-4 | 检查书面证据 | 可以接受 | 无 | CF-1 | 否 | 否 | 内部控制活动有效 | 是 |
| 客户管理 | 客户管理测试 | XSSK-3-1 | 检查书面证据 | 可以接受 | 无 | CF-2 | 否 | 否 | 内部控制活动有效 | 是 |
| 客户管理 | 销售订单测试 | XSSK-4-1 | 检查书面证据 | 可以接受 | 无 | CF-3 | 否 | 否 | 内部控制活动有效 | 是 |
| 发货管理 | 销售发货测试 | XSSK-4-2 | 检查书面证据 | 可以接受 | 无 | CF-4 | 否 | 否 | 内部控制活动有效 | 是 |
| 收款管理 | 收款测试 | XSSK-5-1 | 检查书面证据 | 可以接受 | 无 | CF-5 | 否 | 否 | 内部控制活动有效 | 是 |
| 发票管理 | 发票测试 | XSSK-6-1 | 检查书面证据 | 可以接受 | 无 | CF-6 | 否 | 否 | 内部控制活动有效 | 是 |
| 财务管理 | 财务管理测试 | XSSK-7-1 | 检查书面证据 | 可以接受 | 无 | CF-7 | 否 | 否 | 内部控制活动有效 | 是 |

审计说明：

我们选取了了7个关键控制点对企业的销售与收款业务流程进行测试，按照业务发生频率随机抽取样本进行书面证据检查，未发现异常样本，经测试企业的内部控制活动有效。

# 任务二 采购与付款业务循环控制测试实施

## 【任务情境】

审计人员前期已经对被审计单位及其环境进行了了解，审计人员以识别的重大错报风险为起点，选取拟测试的被审计单位内部控制并实施控制测试程序，开展对采购与付款业务循环的审计。

## 【任务要求】

在此次控制测试实施过程中，审计人员通过执行询问、观察、检查、重新执行等审计程序，选取关键控制点对联晟通信的采购与付款业务循环进行抽查，按照业务发生频率随机抽取样本进行检查并编制相关工作底稿，以确定采购与付款业务循环与之有关的内部控制活动是否有效执行。审计人员选取的关键控制点分别涉及供应商选择及档案维护、请购与审批、订购、采购与验收、编制付款凭单、记录应付账款、付款7个方面。

## 【任务准备】

采购与付款业务循环涉及的主要单据及会计记录

（一）知识准备

1. 采购与付款业务循环涉及的主要单据及会计记录

以一般制造业为例，常见的采购与付款业务循环所涉的主要单据与会计记录如下。

（1）采购计划。企业以销售和生产计划为基础，考虑供需关系及市场变化等因素，制订采购计划，并经适当的管理层审批后执行。

（2）供应商清单。企业通过文件审核及实地考察等方式对合作的供应商进行认证，将通过认证的供应商信息进行手工或系统维护，并及时进行更新。

（3）请购单。请购单是由生产、仓库等部门的有关人员填写，送交采购部门，是申请购买商品、服务或其他资产的书面凭据。

（4）订购单。订购单是由采购部门填写，经适当的管理层审核后发送给供应商，是向供应商购买订购单上所指定的商品和服务的书面凭据。

（5）验收及入库单。验收及入库单是收到商品时所编制的凭据，列示通过质量检验的、从供应商处收到的商品的种类和数量等内容。

（6）卖方发票。卖方发票（供应商发票）是供应商开具的，交给采购方企业以载明发运的商品或提供的服务、应付款金额和付款条件等事项的凭证。

（7）付款凭单。付款凭单是采购方企业的应付凭单部门编制的，载明已收到的商品、资产或接受的服务、应付款金额和付款日期的凭证。付款凭单是采购方企业内部记录和支付负债的授权证明文件。

（8）转账凭证。转账凭证是指记录转账交易的记账凭证，它是根据有关转账交易（即不涉及现金、银行存款收付的各项交易）的原始凭证编制的。

（9）付款凭证。付款凭证包括现金付款凭证和银行存款付款凭证，是指用来记录现金和银行存款支出交易的记账凭证。

（10）应付账款明细账。

（11）现金日记账和银行存款日记账。

（12）供应商对账单。

实务中，对采购及应付账款的定期对账通常由供应商发起。供应商对账单是由供应商编制的、用于核对与采购企业往来款项的凭据，通常标明期初余额、本期购买、本期支付给供应商的款项和期末余额等信息。

2. 采购与付款业务循环涉及的主要业务活动和相关内部控制

制造业的采购与付款业务循环通常包含的相关财务报表项目、涉及的主要业务活动及常见的主要单据及会计记录有以下几种。

（1）制定采购计划。基于企业的生产经营计划，生产、仓库等部门定期编制采购计划，经部门负责人等适当的管理人员审批后提交采购部门，具体安排商品及服务采购。

（2）供应商认证及信息维护。企业通常对于合作的供应商事先进行资质等审核，将通过审核的供应商信息录入系统，形成完整的供应商清单，并及时对其信息变更进行维护。

（3）请购商品和服务。生产部门根据采购计划，对需要购买的已列入存货清单的原材料等项目填写请购单，其他部门对所需要购买的商品或服务编制请购单。

（4）编制订购单。采购部门在收到请购单后，只能对经过恰当批准的请购单发出订购单。对每张订购单，采购部门应确定最佳的供应来源。

（5）验收商品。有效的订购单代表企业已授权验收部门接受供应商发运来的商品。验收部门首先应比较所收商品与订购单上的要求是否相符，如商品的品名、规格型号、数量和质量等，然后再盘点商品并检查商品有无损坏。验收后，验收部门应对已收货的每张订购单编制一式多联、预先按顺序编号的验收单，作为验收和检验商品的依据。

（6）储存商品。将已验收商品的保管与采购职责相分离，可减少未经授权的采购和盗用商品的风险。

（7）确认和记录采购交易与负债。正确确认已验收商品和已接受服务的债务，对企业财务报表和实际现金支出具有重大影响。在记录采购交易前，财务部门需要检查订购单、验收单和供应商发票的一致性，确定供应商发票的内容是否与相关的验收单、订购单一致，以及供应商发票的计算是否正确。在检查无误后，会计人员编制转账凭证／付款凭证，经会计主管审核后据以登记相关账簿。

（8）办理付款。企业通常根据国家有关支付结算的相关规定和企业生产经营的实际情况选择付款结算方式。

（9）记录现金、银行存款支出。以记录银行存款支出为例，有关控制包括：① 会计主管应独立检查记入银行存款日记账和应付账款明细账的金额的一致性，以及与支票汇总记录的一致性。② 通过定期比较银行存款日记账记录的日期与支票副本的日期，独立检查入账的及时性。③ 独立编制银行存款余额调节表。

（二）操作准备

（1）基于采购与付款业务循环了解内部控制的情况，该循环的控制是否设计合理并得到执行，如果合理并得到执行，进一步确定选取哪些关键控制点执行控制测试。

（2）获取总账、明细账、供应商档案、采购合同台账、采购合同、采购订单、入库单、发票、原始单据等审计资料。

（3）查看并熟悉采购与付款业务循环控制测试相关的工作底稿。

### （三）任务要领

（1）是否执行控制测试是审计人员根据风险评估结论确定的。

（2）审计人员在实际工作中，并不需要对流程中的所有控制进行测试，而是针对识别的可能发生错报的环节，选择足以应对评估的重大错报风险的控制进行测试。

（3）控制测试的具体方法需要根据具体控制的性质确定。

（4）请购单的审批与存货和应付账款的"存在"认定相关，但如果被审计单位存在将订购单、验收单和采购发票的一致性进行核对的"三单核对"控制，该控制通常足以应对存货和应付账款"存在"认定的风险，则可以直接选择"三单核对"控制进行测试，以提高审计效率。

## 【任务实施】

**步骤一：查看业务流程层面内部控制的了解情况**

查看对被审计单位采购与付款业务循环内部控制的了解，对内部控制设计的有效性及执行情况做出初步判断，以进一步实施控制测试程序，判断被审计单位该循环的内部控制活动是否得到有效执行。

**步骤二：测试供应商选择及档案维护相关控制**

（1）获取被审计单位所属审计期间的供应商台账，根据业务控制频率或控制运行总次数确定样本量。

（2）根据确定的样本量，抽取所审计期间的供应商进行检查。供应商选择及档案维护测试的主要检查点为：① 供应商档案的变更真实有效；② 供应商档案变更后更准确；③ 确保供应商档案数据及时更新；④ 所有供应商档案变更均已进行输入及处理；⑤ 对供应商档案变更均已于适当期间进行处理；⑥ 其他（结合实际情况描述）。

（3）检查所抽取样本，根据检查的结果填写测试说明和测试结论，通过控制测试，确定采购与付款业务循环中与供应商选择及档案维护有关内部控制活动是否有效执行。

（4）以"供应商选择及档案维护测试"为例，对"采购与付款业务循环控制测试"底稿进行编制，如表7-4所示。

表7-4  供应商选择及档案维护测试

被审计单位：湖北联晟通信科技股份有限公司　　　　　　索引号：CB-2　　　　页次：
项目：控制测试－采购与付款业务循环－维护供应商档案　　编制人：李梦　　日期：2023-1-5
财务报表截止日／期间：2022-12-31　　　　　　　　　　复核人：梁涛　　日期：2023-1-5
测试目标：通过控制测试，确定采购与付款业务循环中与供应商选择及档案维护有关内部控制活动是否有效执行

| 样本序号 | 样本业务类别 | 业务内容 | 供应商档案 | | | 主要控制点执行情况的检查 | | | | | |
|---|---|---|---|---|---|---|---|---|---|---|---|
| | | | 编号 | 增加日期 | 修改日期 | 1 | 2 | 3 | 4 | 5 | … |
| 1 | 供应商档案 | HB长盛物流有限公司 | dwhs-5652 | 2022-1-5 | | 是 | 是 | 是 | 是 | 是 | |
| 2 | 供应商档案 | CD康宁光缆有限公司上海徐汇分公司 | dwhs-5676 | 2022-5-5 | | 是 | 是 | 是 | 是 | 是 | |
| 3 | 供应商档案 | HB飞天石化有限公司 | dwhs-5743 | 2022-8-10 | | 是 | 是 | 是 | 是 | 是 | |
| 4-25 | … | … | … | … | | 是 | 是 | 是 | 是 | 是 | |

检查点说明：
检查点1：供应商档案的变更真实有效；
检查点2：供应商档案变更后更准确；
检查点3：确保供应商档案数据及时更新；
检查点4：所有供应商档案变更均已进行输入及处理；
检查点5：对供应商档案变更均已于适当期间进行处理；
检查点…：其他（结合实际情况描述）。
测试说明：
我们通过询问和检查2022年度供应商的新增及变更维护，共有3个供应商发生变动，抽取了所有样本进行检查，未发现异常。
测试结论：
经测试，我们认为采购与付款业务循环中与供应商选择及档案维护有关的内部控制活动是有效的。

**步骤三：测试请购与审批相关控制**

（1）获取被审计单位所属审计期间的全部请购单，根据业务控制频率或控制运行总次数确定样本量。

（2）根据确定的样本量，抽取所审计期间的请购单进行检查。请购与审批测试的主要检查点为：① 对正常经营所需物资的购买均作一般授权；② 所有采购均已按规定编制请购单；③ 请购申请经批准，超预算和预算外采购符合规定；④ 对资本支出和租赁合同，企业政策则通常要求作特别授权，只允许指定人员提出请购；⑤ 每张请购单已经过对这类支出预算负责的主管人员签字批准；⑥ 其他（结合实际情况描述）。

（3）检查所抽取样本，根据检查的结果填写测试说明和测试结论，通过控制测试，确定采购与付款业务循环中与请购材料有关的内部控制活动是否有效执行。

**步骤四：测试订购相关控制**

（1）获取被审计单位所属审计期间的全部订购单、合同，根据业务控制频率或控制运行总次数确定样本量。

（2）根据确定的样本量，抽取审计期间的订购单、合同进行检查。订购单测试的主要检查点为：① 采购部门在收到请购单后，只对经过批准的请购单发出订购单；② 订购单应正确填写所需要的商品品名、数量、价格、厂商名称和地址等；③ 订购单正联应送交供应商，副联则送至企业内部的验收部门、应付凭单部门和编制请购单的部门；④ 对一些大额、重要的采购项目，签署采购合同；⑤ 对一些大额、重要的采购项目，应采取竞价方式来确定供应商；⑥ 订购单预先予以编号并经过被授权的采购人员签名；⑦ 独立检查订购单的处理，以确定是否确实收到商品并正确入账；⑧ 其他（结合实际情况描述）。

（3）检查所抽取样本，根据检查的结果填写测试说明和测试结论，通过控制测试，确定采购与付款业务循环中与订购有关的内部控制活动是否有效执行。

**步骤五：测试采购与验收相关控制**

（1）获取被审计单位所属审计期间的全部入库（验收）单，根据业务控制频率或控制运行总次数确定测试的样本量。

（2）根据确定的样本量，抽取入库（验收）单进行检查。采购与验收测试的主要检查点为：① 所收商品与订购单上的要求相符；② 验收部门应对已收货的每张订购单编制一式多联、预先编号的验收单；③ 验收人员还应将其中的一联验收单送交应付凭单部门；④ 验收时盘点商品并检查商品有无损坏；⑤ 验收人员将商品送交仓库或其他请购部门时，应取得经过签字的收据；⑥ 其他（结合实际情况描述）。

（3）检查所抽取样本，根据检查的结果填写测试说明和测试结论，通过控制测试，确定采购与付款业务循环中与验收有关内部控制活动是否有效执行。

步骤六：测试编制付款凭单相关控制

（1）获取被审计单位所属审计期间的发票、付款凭单，根据业务控制频率或控制运行总次数确定样本量。

（2）根据确定的样本量，抽取所审计期间的发票、付款凭单进行检查。编制付款凭单控制测试的主要检查点为：① 确定供应商发票的内容与相关的验收单、订购单的一致性；② 编制有预先编号的付款凭单，并附上支持性凭证（如订购单、验收单和供应商发票等）；③ 在付款凭单上填入应借记的资产或费用账户名称；④ 确定供应商发票计算的正确性；⑤ 独立检查付款凭单计算的正确性；⑥ 由被授权人员在凭单上签字，以示批准照此凭单要求付款；⑦ 其他（结合实际情况描述）。

（3）检查所抽取样本，根据检查的结果填写测试说明和测试结论，通过控制测试，确定采购与付款业务循环中与编制付款凭单有关的内部控制活动是否有效执行。

步骤七：测试记录应付账款相关控制

（1）获取被审计单位所属审计期间的发票、应付账款记账凭证，根据业务控制频率或控制运行总次数确定样本量。

（2）根据确定的样本量，抽取所审计期间的发票、应付账款记账凭证进行检查。记录应付账款测试的主要检查点为：① 发票上所记载的品名、规格、价格、数量、条件及运费与订货单上的有关资料核对；② 将已批准的未付款凭单送达会计部门，据以编制有关记账凭证和登记有关账簿；③ 定期核对编制记账凭证的日期与凭单副联的日期；④ 会计人员定期独立检查应付账款总账余额与应付凭单部门未付款凭单档案中的总金额是否一致；⑤ 发票上所记载的品名、规格、价格、数量、条件及运费与验收单上的资料核对；⑥ 会计主管监督记账凭证中账户分类的适当性；⑦ 会计人员应核对所记录的凭单总数与应付凭单部门送来的每日凭单汇总表是否一致；⑧ 其他（结合实际情况描述）。

（3）检查所抽取样本，根据检查的结果填写测试说明和测试结论，通过控制测试，确定采购与付款业务循环中与记录应付账款有关的内部控制活动是否有效执行。

**步骤八：测试付款相关控制**

（1）获取被审计单位所属审计期间的审批单、付款凭证，根据业务控制频率或控制运行总次数确定样本量。

（2）根据确定的样本量，抽取所审计期间的审批单、付款凭证进行检查。付款测试的主要检查点为：① 独立检查已签发支票的总额与所处理的付款凭单的总额的一致性；② 被授权签署支票的人员应确定每张支票都附有一张已经适当批准的付款凭单，并确定支票收款人姓名和金额与凭单内容一致；③ 支票签署人不签发无记名及空白的支票；④ 确保只有被授权的人员才能接近未经使用的空白支票；⑤ 应由被授权的财务部门的人员负责签署支票；⑥ 支票一经签署就应在其凭单和支持性凭证上用加盖印戳或打洞等方式将其注销；⑦ 支票应预先连续编号，保证支出支票存根的完整性和作废支票处理的恰当性；⑧ 审批单是否经过核准；⑨ 其他（结合实际情况描述）。

（3）检查所抽取样本，根据检查的结果填写测试说明和测试结论，通过控制测试，确定采购与付款业务循环中与付款有关的内部控制活动是否有效执行。

**步骤九：填写控制测试汇总表**

根据选取的关键控制点及对控制点的检查情况，将检查结果填写在控制测试汇总表中，如表 7-5 所示。

表7-5 控制测试汇总表

被审计单位：湖北联晟通信科技股份有限公司
项目：控制测试－采购与付款业务循环－控制测试表
财务报表截止日／期间：2022-12-31

索引号：CB-1
编制人：李梦　　日期：2023-1-5
复核人：梁涛　　日期：2023-1-5
页次：

| 子流程 | 控制名称 | 控制编号 | 控制测试 | | | | 索引号 | 是否发现 | | | 测试结论 | 控制测试结果是否支持风险评估结论 |
| --- | --- | --- | --- | --- | --- | --- | --- | --- | --- | --- | --- | --- |
| | | | 测试程序 | 样本评价 | 补充审计程序 | | | 例外事项 | 重大缺陷 | | | |
| 供应商选择及档案维护 | 供应商选择及档案维护测试 | CGFK-2-1 | 检查书面证据 | 可以接受 | 无 | CB-2 | 否 | 否 | 内部控制活动有效 | 是 |
| 请购与审批控制 | 请购与审批测试 | CGFK-3-1 | 检查书面证据 | 可以接受 | 无 | CB-3 | 否 | 否 | 内部控制活动有效 | 是 |
| 订购控制 | 订购测试 | CGFK-4-1 | 检查书面证据 | 可以接受 | 无 | CB-3-2 | 否 | 否 | 内部控制活动有效 | 是 |
| 采购与验收控制 | 采购与验收测试 | CGFK-5-1 | 检查书面证据 | 可以接受 | 无 | CB-4 | 否 | 否 | 内部控制活动有效 | 是 |
| 编制付款凭单控制 | 编制付款凭单测试 | CGFK-6-1 | 检查书面证据 | 可以接受 | 无 | CB-5-1 | 否 | 否 | 内部控制活动有效 | 是 |
| 记录应付账款控制 | 记录应付账款测试 | CGFK-7-1 | 检查书面证据 | 可以接受 | 无 | CB-5-2 | 否 | 否 | 内部控制活动有效 | 是 |
| 付款控制 | 付款测试 | CGFK-8-1 | 检查书面证据 | 可以接受 | 无 | CB-5 | 否 | 否 | 内部控制活动有效 | 是 |

审计说明：
我们选取了7个关键控制点对企业的采购与付款业务循环进行测试，按照业务发生频率随机抽取样本进行测试，经测试企业的内部控制活动有效。

# 任务三 生产与存货业务循环控制测试实施

## 【任务情境】

审计人员前期已经对被审计单位及其环境进行了了解，审计人员以识别的重大错报风险为起点，选取拟测试的被审计单位内部控制并实施控制测试程序，开展对生产与存货业务循环的审计。

## 【任务要求】

在此次控制测试实施过程中，审计人员通过执行询问、观察、检查、重新执行等审计程序，选取关键控制点对联晟通信的生产与存货业务循环进行控制测试，通过实施观察、询问、检查书面证据等程序，抽取样本进行检查，以确定与生产与存货业务循环有关的内部控制活动是否有效执行。审计人员选取的关键控制点分别涉及生产及采购计划、外购材料入库、原材料领用及发出、产成品入库、产成品发出、成本核算测试、存货的日常保管 7 个方面。

## 【任务准备】

（一）知识准备

1. 生产与存货业务循环涉及的主要单据与会计记录

在内部控制比较健全的企业，处理生产和存货业务通常需要使用很多单据与会计记录。典型的生产与存货业务循环所涉及的主要单据与会计记录有以下几种。

（1）生产指令。生产指令也称"生产任务通知单"或"生产通知单"，是企业下达制造产品等生产任务的书面文件，用以通知供应部门组织材料发放，生产车间组织产品制造，会计部门组织成本计算。

生产与存货业务循环涉及的主要单据与会计记录

（2）领发料凭证。领发料凭证是企业为控制材料发出所采用的各种凭证，如材料发出汇总表、领料单、限额领料单、领料登记簿、退料单等。

（3）产量和工时记录。产量和工时记录是登记工人或生产班组在出勤时间内完成产品的数量、质量和生产这些产品所耗费工时数量的原始记录。

（4）工薪汇总表及工薪费用分配表。工薪汇总表是为了反映企业全部工薪的结算情况，并据以进行工薪总分类核算和汇总整个企业工薪费用而编制的，它是企业进行工薪费用分配的依据。

（5）材料费用分配表。材料费用分配表是用来汇总反映各生产车间各产品所耗费的材料费用的原始记录。

（6）制造费用分配汇总表。制造费用分配汇总表是用来汇总反映各生产车间各产品所应负担的制造费用的原始记录。

（7）成本计算单。成本计算单是用来归集某一成本计算对象所应承担的生产费用，计算该成本计算对象的总成本和单位成本的记录。

（8）产成品入库单和出库单。产成品入库单是产品生产完成并经检验合格后从生产部门转入仓库的凭证。产成品出库单是根据经批准的销售单发出产成品的凭证。

（9）存货明细账。存货明细账是用来反映各种存货增减变动情况和期末库存数量及相关成本信息的会计记录。

（10）存货盘点指令、盘点表及盘点标签。一般制造型企业通常会定期对存货实物进行盘点，将实物盘点数量与账面数量进行核对，对差异进行分析调查，必要时做账务调整，以确保账实相符。在实施存货盘点之前，管理人员通常编制存货盘点指令，对存货盘点的时间、人员、流程及后续处理等方面作出安排。在盘点过程中，通常会使用盘点表记录盘点结果，使用盘点标签对已盘点存货及数量作出标识。

2. 生产与存货业务循环涉及的主要业务活动和相关内部控制

对于一般制造型企业而言，生产与存货业务循环涉及的主要业务活动包括以下几类。

（1）计划和安排生产。

（2）发出原材料。仓储部门根据从生产部门收到的领料单发出原材料。领料单上必须列示所需的材料数量和种类，以及领料部门的名称。

（3）生产产品。生产部门在收到生产通知单及领取原材料后，便将生产任务分解到每一个生产工人，并将所领取的原材料交给生产工人，据以执行生产任务。生产工人在完成生产任务后，将完成的产品交生产部门统计人员查点，然后转交检验员验收并办理入库手续，或是将所完成的半成品移交下一个环节，做进一步加工。

（4）核算产品成本。一方面，生产过程中的各种记录、生产通知单、领料单、计工单、产量统计记录表、生产统计报告、入库单等文件资料都要汇集到会计部门，由会计部门对其进行检查和核对，了解和控制生产过程中存货的实物流转；另一方面，会计部门要设置相应的会计账户，会同有关部门对生产过程中的成本进行核算和控制。

（5）产成品入库及储存。产成品入库，须由仓储部门先行点验和检查，然后签收。签收后，将实际入库数量通知会计部门。据此，仓储部门确立了本身应承担的保管责任，并对验收部门的工作进行验证。除此之外，仓储部门还应根据产成品的品质特征分类存放，并填制标签。

（6）发出产成品。产成品的发出须由独立的发运部门进行。装运产成品时必须持有经有关部门核准的发运通知单，并据此编制出库单。

（7）存货盘点。管理人员编制盘点指令，安排适当人员对存货实物（包括原材料、在产品和产成品等所有存货类别）进行定期盘点，将盘点结果与存货账面数量进行核对，调查差异并进行适当调整。

（8）计提存货跌价准备。财务部门根据存货货龄分析表信息或相关部门提供的有关存货状况的其他信息，结合存货盘点过程中对存货状况的检查结果，对出现损毁、滞销、跌价等降低存货价值的情况进行分析计算，计提存货跌价准备。

（二）操作准备

（1）基于生产与存货业务循环了解内部控制的情况，该循环的控制是否设计合理并得到执行，如果合理并得到执行，进一步确定选取哪些关键控制点执行控制测试。

（2）获取总账、明细账、出入库单、成本计算单、收发存汇总表、盘点表、原始单据等审计资料。

> 📍 **提示：**数据资料见"7.3 生产与存货业务循环控制测试业财一体化数据资料包"。

（3）查看并熟悉生产与存货业务循环控制测试相关的工作底稿。

（三）任务要领

（1）由于生产与存货业务循环与其他业务循环的紧密联系，生产与存货业务循环中某些审计程序，特别是对存货余额的审计程序，与其他相关业务循环的审计程序同时进行将更为有效。因此，在对生产与存货业务循环的内部控制实施测试时，要考虑其他业务循环的控制测试是否与本循环相关，避免重复测试。

（2）不同的被审计单位所处行业不同、规模不一、内部控制制度的设计和执行方式不同，以前期间接受审计的情况也各不相同，所以控制测试的具体方法需要根据具体控制的性质确定。

（3）风险评估和风险应对是整个审计过程的核心，因此，审计人员通常以识别的重大错报风险为起点，选取拟测试的被审计单位内部控制并实施控制测试。

## 【任务实施】

**步骤一：查看业务流程层面内部控制的了解情况**

查看对被审计单位生产与存货业务循环内部控制的了解，对内部控制设计的有效性及执行情况做出初步判断，以进一步实施控制测试程序，判断被审计单位该循环的内部控制活动是否得到有效执行。

**步骤二：测试生产及采购计划相关控制**

（1）获取被审计单位所属审计期间的生产部门生产通知单，根据业务控制频率或控制运行总次数确定样本量。

（2）根据确定的样本量，抽取审计期间的生产部门生产通知单进行检查。生产及采购计划测试的主要检查点为：① 生产部门的职责是根据顾客订单或者对销售预测和产品需求的分析来决定生产；② 生产通知单经适当批准；③ 编制一份材料需求报告，列示所需要的材料和零件及其库存；④ 生产部门填制事先连续编号的生产通知单；⑤ 生产部门将发出的所有生产通知单编号并加以记录；⑥ 其他（结合实际情况描述）。

（3）检查所抽取样本，根据检查的结果填写测试说明和测试结论，通过控制测试，确定生产与存货业务循环中生产及采购计划有关的内部控制活动是否有效执行。

（4）以"生产及采购计划测试"为例，对"生产与存货业务循环控制测试"底稿进行编制，如表7-6所示。

表7-6　生产及采购计划测试

被审计单位：湖北联晟通信科技股份有限公司　　　　　　　索引号：CE-1　　　页次：
项目：控制测试-生产与存货业务循环-生产及采购
　　　计划控制测试表　　　　　　　　　　　　　　　编制人：李梦　　　日期：2023-1-5
财务报表截止日／期间：2022-12-31　　　　　　　　复核人：梁涛　　　日期：2023-1-5
测试目标：通过控制测试，确定生产与存货业务循环与生产及采购计划有关的内部控制活动是否有效执行

| 样本序号 | 样本类别 | 业务内容 | 生产部门生产通知单 | | | 主要控制点执行情况的检查 | | | | | |
| --- | --- | --- | --- | --- | --- | --- | --- | --- | --- | --- | --- |
| | | | 日期 | 编号 | 数量 | 1 | 2 | 3 | 4 | 5 | … |
| 1 | 采购 | 购 WH 运盛商贸有限公司钢盘条 | 2022-6-10 | SCTZD-202206-0018 | 1 026 724 | 是 | 是 | 是 | 是 | 是 | |
| 2 | 采购 | 购 CQ 鑫电铝合金线缆有限公司铝杆 | 2022-8-1 | SCTZD-202208-0003 | 64 221 | 是 | 是 | 是 | 是 | 是 | |
| 3 | 采购 | 购 SD 元旺电工科技有限公司铝杆 | 2022-11-2 | SCTZD-202211-0007 | 66 817 | 是 | 是 | 是 | 是 | 是 | |
| 4—25 | … | … | … | … | … | 是 | 是 | 是 | 是 | 是 | |

检查点说明：
检查点1：生产部门的职责是根据顾客订单或者对销售预测和产品需求的分析来决定生产；
检查点2：生产通知单经适当批准；
检查点3：编制一份材料需求报告，列示所需要的材料和零件及其库存；
检查点4：生产部门填制事先连续编号的生产通知单；
检查点5：生产部门将发出的所有生产通知单编号并加以记录；
检查点…：其他（结合实际情况描述）。
测试说明：
我们通过询问和检查2022年生产通知单，样本总量超过了250笔，根据控制测试的要求抽取了25个样本进行检查，未发现异常。
测试结论：
经测试，我们认为生产与存货业务循环与生产及采购计划有关的内部控制活动是有效的。

**步骤三：测试外购材料入库相关控制**

（1）获取被审计单位所属审计期间的材料验收单、质量检验单（如有），根据业务控制频率或控制运行总次数确定样本量。

（2）根据确定的样本量，抽取材料验收单进行检查。外购材料入库测试的主要检查点为：① 验收人员与采购人员、发运、会计和仓储部门职务相分离；② 验收的货物经受公司质量检验部门的检查；③ 未被验收的货物是否另设隔离区或明显地标明"未经验收货物"检查点；④ 验收单填制完整，并传递至仓储及财务部门；⑤ 是否建立存货短缺、毁损的处罚或追索制度；⑥ 具有货物验收质量标准，验收程序及方法合理可靠；⑦ 验收的货物根据订货合同、购货发票办理验收入库手续；⑧ 拒收货物，是否将拒收货物分隔储藏，并设立明显标记；⑨ 验收单是否已预先连续编号；⑩ 其他（结合实际情况描述）。

（3）检查所抽取样本，根据检查的结果填写测试说明和测试结论，通过控制测试，确定生产与存货业务循环与外购材料入库相关的内部控制活动是否有效执行。

**步骤四：测试原材料领用及发出相关控制**

（1）获取被审计单位所属审计期间的原材料领用单，根据业务控制频率或控制运行总次数确定样本量。

（2）根据确定的样本量，抽取原材料领料单进行检查。原材料领用及发出测试的主要检查点为：① 原材料领用申请单填制完整，申请项目与生产指令单相符；② 原材料出库单填制完整，与原材料领用申请单相符，并传递至财务部门；③ 原材料领用已恰当计入仓储部门账簿；④ 仓储部门"材料收发存汇总表"与财务部门定期核对，差异及时处理；⑤ 原材料领用申请单经适当批准；⑥ 原材料出库单连续编号，按顺序使用；⑦ 其他（结合实际情况描述）。

（3）检查所抽取样本，根据检查的结果填写测试说明和测试结论，通过控制测试，确定生产与存货业务循环与原材料发出有关的内部控制活动是否有效执行。

**步骤五：测试产成品入库相关控制**

（1）获取被审计单位所属审计期间的产成品入库单，根据业务控制频率或控制运行总次数确定测试的样本量。

（2）根据确定的样本量，抽取产成品入库单进行检查。产成品入库测试的主要检查点为：① 产成品及时验收，并填制验收单；② 产成品入库已恰当计入仓储部门账簿；③ 仓储部门"产成品收发存汇总表"与财务部门定期核对，差异及时处理；④ 产成品入库单填制完整、连续编号，并传递至财务部门；⑤ 产成品入库单连续编号，按顺序使用；⑥ 其他（结合实际情况描述）。

（3）检查所抽取样本，根据检查的结果填写测试说明和测试结论，通过控制测试，确定生产与存货业务循环与产成品入库有关的内部控制活动是否有效执行。

**步骤六：测试产成品发出相关控制**

（1）获取被审计单位所属审计期间的产成品出库单、发货单，根据业务控制频率或控制运行总次数确定样本量。

（2）根据确定的样本量，抽取产成品出库单、发货单进行检查。产成品发出测试的主要检查点为：① 产成品的发出须由独立的发运部门进行；② 产成品出库已恰当计入仓储部门账簿；③ 仓储部门"产成品收发存汇总表"与财务部门定期核对，差异及时处理；④ 产成品出库单、销售订单、出运通知单、送货单内容相符；⑤ 产成品出库单连续编号，按顺序使用；⑥ 其他（结合实际情况描述）。

（3）检查所抽取样本，根据检查的结果填写测试说明和测试结论，通过控制测试，确定生产与存货业务循环中产成品发出相关的内部控制活动是否有效执行。

**步骤七：测试成本核算相关控制**

（1）获取被审计单位所属审计期间的成本计算单，根据业务控制频率或控制运行总次数确定样本量。

（2）根据确定的样本量，抽取成本计算单、直接材料分配表、制造费用分配表、会计凭证等进行检查。成本核算测试的主要检查点为：① 成本计算表中的材料成本与当月耗用材料汇总表中的直接材料成本一致（与仓储部门报表核对）；② 材料耗用量与领料单汇总（或定额单耗、标准用量）核对一致；③ 成本计算表中的工薪成本与工薪汇总表一致（与劳资部门报表核对）；④ 与人工费用分配汇总表中的制造费用核对一致；⑤ 材料单位成本与材料明细账（或采购业务测试底稿、标准成本）等核对一致；⑥ 材料成本在产品间分配合理；⑦ 与制造费用分配汇总表中的制造费用一致；⑧ 除材料、工薪外的其他成本费用项目，计提或预提正确、归集合理；⑨ 其他（结合实际情况描述）。

（3）检查所抽取样本，根据检查的结果填写测试说明和测试结论，通过控制测试，确定生产与存货业务循环与成本核算有关的内部控制活动是否有效执行。

**步骤八：测试存货的日常保管相关控制**

（1）获取被审计单位所属审计期间的存货保管记录，根据业务控制频率或控制运行总次数确定样本量。

（2）根据确定的样本量，抽取仓库实物账、会计凭证、盘点表等进行检查。存货的日常保管测试的主要检查点为：① 仓储保管员与记账人员职务相分离；② 存货已正确记入仓储部门账簿，定期与财务对账并核对一致；③ 存货摆放有序，满足安全有效的储存条件；④ 仓储人员与稽核人员定期盘点存货，盘点差异经适当批准并调账；⑤ 其他（结合实际情况描述）。

（3）检查所抽取样本，根据检查的结果填写测试说明和测试结论，通过控制测试，确定生产与存货业务循环中存货的日常保管相关的内部控制活动是否有效执行。

**步骤九：填写控制测试汇总表**

根据选取的关键控制点及对控制点的检查情况，将检查结果填写在控制测试汇总表中，如表 7-7 所示。

表7-7 控制测试汇总表

被审计单位：湖北晟晟通信科技股份有限公司
项目：控制测试－生产与存货业务循环－控制测试表
财务报表截止日／期间：2022-12-31

索引号：CE
编制人：李梦
复核人：梁涛
页次：
日期：2023-1-5
日期：2023-1-5

| 子流程 | 控制名称 | 控制编号 | 控制测试 | | | | 是否发现 | | 测试结论 | 控制测试结果是否支持风险评估结论 |
| --- | --- | --- | --- | --- | --- | --- | --- | --- | --- | --- |
| | | | 测试程序 | 样本评价 | 补充审计程序 | 索引号 | 例外事项 | 重大缺陷 | | |
| 计划与采购 | 生产及采购计划 | CHCB-2 | 检查书面证据 | 可以接受 | 无 | CE-1 | 否 | 否 | 内部控制活动有效 | 是 |
| 原材料入库保管与领用 | 外购材料入库 | CHCB-4-1 | 检查书面证据 | 可以接受 | 无 | CE-2 | 否 | 否 | 内部控制活动有效 | 是 |
| 原材料出库保管与领用 | 原材料领用及发出 | CHCB-4-3 | 检查书面证据 | 可以接受 | 无 | CE-3 | 否 | 否 | 内部控制活动有效 | 是 |
| 产成品入库管理 | 产成品入库 | CHCB-5-3 | 检查书面证据 | 可以接受 | 无 | CE-4 | 否 | 否 | 内部控制活动有效 | 是 |
| 产成品出库管理 | 产成品发出 | CHCB-6 | 检查书面证据 | 可以接受 | 无 | CE-5 | 否 | 否 | 内部控制活动有效 | 是 |
| 成本核算及分析 | 成本核算测试 | CHCB-7-1 | 检查书面证据 | 可以接受 | 无 | CE-6 | 否 | 否 | 内部控制活动有效 | 是 |
| 存货日常管理 | 存货的日常保管 | CHCB-8-1 | 检查书面证据 | 可以接受 | 无 | CE-7 | 否 | 否 | 内部控制活动有效 | 是 |

审计说明：
我们选取了7个关键控制点对企业的生产与存货业务循环进行测试，按照业务发生频率随机抽取样本进行书面证据检查，未发现异常样本，经测试企业的内部控制活动有效。

# 任务四 固定资产业务循环控制测试实施

## 【任务情境】

审计人员前期已经对被审计单位及其环境进行了了解，审计人员以识别的重大错报风险为起点，选取拟测试的被审计单位内部控制并实施控制测试，开展对固定资产业务循环的审计。

## 【任务要求】

在此次控制测试实施过程中，审计人员通过执行询问、观察、检查、重新执行等审计程序，选取关键控制点对联晟通信的固定资产业务循环进行控制测试，按照业务发生频率随机抽取样本进行检查，以确定与固定资产业务循环有关的内部控制活动是否有效执行。审计人员选取的关键控制点分别涉及固定资产的预算管理、固定资产采购及审批、固定资产入账、固定资产折旧及减值、固定资产处置及转移、固定资产系统数据维护6个方面。

## 【任务准备】

固定资产业务循环涉及的主要业务活动

（一）知识准备

1. 固定资产业务循环涉及的主要业务活动及单据

以外购固定资产为例，固定资产业务循环涉及的主要业务活动有以下几方面。

（1）请购。请购单由资产使用等部门的有关人员填写，送交采购部门，是申请购买资产的书面凭证。实务中，请购单既可由手工编制，也可以由计算机编制，有的企业有编号，有的企业未进行编号，但为加强控制，每张请购单必须经过对这类支出预算负责的主管人员签字批准。

请购单是证明有关采购交易的"发生"认定的凭据之一，也是采购交易轨迹的起点。

（2）编制订购单。采购部门在收到请购单后，只能对经过批准的请购单发出订购单。订购单是由采购部门填写，向另一企业购买订购单上所指定资产的书面凭证。对每张订购单，采购部门应确定最佳的供应来源。对一些大额、重要的采购项目，应采取招投标方式来确定供应商，以保证供货的质量、及时性和价格的优惠。

订购单应正确填写所需要的商品品名、数量、价格、供应商名称和地址等，预先予以顺序编号并经过被授权的采购人员签名。其正联应送交供应商，副联则送至企业内部的验收部门、财务部门和编制请购单的部门。随后，内部审计部门独立检查订购单的处理，以确定是否确实收到商品并正确入账。这项检查与采购交易的"完整性"和"发生"认定有关。

（3）验收商品。有效的订购单代表企业已授权验收部门接受供应商发运来的商品。验收部门首先应比较所收商品与订购单上的要求是否相符，如商品的品名、说明、数量和质量等，然后再盘点商品并检查商品有无损坏。

验收后，验收部门应对已收货的每张订购单编制一式多联、预先顺序编号的验收单，作为验收和检验商品的依据。验收人员将商品送交仓库或其他请购部门时，应取得经过签字的收据，或要求其在验收单的副联上签收，以确立他们所采购的资产应负的保管责任。验收人员还应将其中的一联验收单送交财务部门。

验收单是支持资产以及与采购有关的负债的"存在"认定的重要凭证。定期独立检查验收单的顺序以确定每笔采购交易都已编制凭单，与采购交易的"完整性"认定有关。

（4）储存已验收的固定资产。如果固定资产并不是买来即进行使用，则需进入仓库中进行储存。

（5）确认与记录负债。正确确认与记录负债，对企业财务报表反映和企业实际现金支出有重大影响，因此，必须按正确的数额记载企业确实已发生的购货事项。

此环节会涉及转账凭证，转账凭证是指记录转账交易的记账凭证，根据有关转账交易的原始凭证编制。

（6）付款。企业通常根据国家有关支付结算的相关规定和企业生产经营的实际情况选择付款结算方式。

此环节会涉及付款凭证，付款凭证是指用来记录现金和银行存款支出交易的记账凭证。

（7）记录现金、银行存款支出。

2. 固定资产业务循环的内部控制

就许多从事制造业的被审计单位而言，固定资产在其资产总额中占有很大的比重，固定资产的购建会影响其现金流量，而固定资产的折旧、维修等费用则是影响其损益的重要因素。固定资产管理一旦失控，所造成的损失将远远超过一般的商品存货等流动资产，所以，被审计单位应当建立和健全固定资产的内部控制。

就审计人员而言，应了解并关注以下固定资产的内部控制制度。

（1）固定资产的预算制度。预算制度是固定资产内部控制中最重要的部分。通常，大中型企业应编制旨在预测与控制固定资产增减和合理运用资金的年度预算；小规模企业即使没有正规的预算，对固定资产的购建也要事先加以计划。

（2）授权批准制度。完善的授权批准制度包括：企业的资本性支出预算只有经过董事会等高层管理机构批准方可生效；所有固定资产的取得和处置均需经企业管理当局的书面认可。

（3）账簿记录制度。除固定资产总账外，被审计单位还需设置固定资产明细分类账和固定资产登记卡，按固定资产类别、使用部门和每项固定资产进行明细分类核算。固定资产增减变化均有原始凭证。

（4）职责分工制度。对固定资产的取得、记录、保管、使用、维修、处置等，均应明确划分责任。

（5）资本性支出和收益性支出的区分制度。企业应制定区分资本性支出和收益性支出的标准。通常需明确资本性支出的范围和最低金额，凡不属于资本性支出的范围、金额低于下限的任何支出，均应列作费用并抵减当期收益。

（6）固定资产的处置制度。固定资产的处置，包括投资转出、报废、出售等，均要有相应的审批程序。

（7）固定资产的定期盘点制度。对固定资产的定期盘点，是验证账面各项固定资产是否真实存在、了解固定资产放置地点和使用状况以及发现是否存在未入账固定资产的必要手段。

（8）固定资产的维护保养制度。固定资产应有严密的维护保养制度，以防止其因各种自然和人为的因素而遭受损失，并应建立日常维护和定期检修制度，以延长其使用寿命。

（二）操作准备

（1）基于固定资产业务循环了解内部控制的情况，该循环的控制是否设计合理并得到执行，如果合理并得到执行，进一步确定选取哪些关键控制点执行控制测试。

（2）获取总账、明细账、固定资产卡片、固定资产采购合同、折旧测算表、发票、原始单据等审计资料。

> 📍 提示：数据资料见"7.4 固定资产业务循环控制测试业财一体化数据资料包"。

（3）查看并熟悉固定资产业务循环控制测试相关的工作底稿。

（三）任务要领

（1）对于许多制造业的被审计单位而言，固定资产在其资产总额中占有很大的比重，因此固定资产的预算审批要重点关注，审计人员应选取固定资产投资预算和投资可行性项目讨论报告，检查是否编制预算并进行论证，以及是否经适当层级审批；对实际支出与预算之间的差异以及列入预算的特殊事项，应检查其是否履行特别的审批手续。

（2）审计人员应当关注被审计单位是否建立了有关固定资产处置的相关申请、批准程序，并关注该程序是否得到执行。

（3）审计人员应了解和评价企业固定资产盘点制度，并应注意查询盘盈、盘亏固定资产的处理情况。

# 【任务实施】

**步骤一：查看业务流程层面内部控制的了解情况**

查看对被审计单位固定资产业务循环内部控制的了解，对内部控制设计的有效性及执行情况做出初步判断，以进一步实施控制测试程序，判断被审计单位该循环的内部控制活动是否得到有效执行。

**步骤二：测试预算管理相关控制**

（1）获取被审计单位所属审计期间的投资预算审批表，根据业务控制频率或控制运行总次数确定样本量。

（2）根据确定的样本量，抽取审计期间的投资预算审批表进行检查。预算管理测试的主要检查点为：① 大型固定资产是否编制购置预算；② 超预算和预算外采购已经管理层单独权限核准；③ 固定资产的购置预算是否经过管理层审批；④ 其他（结合实际情况描述）。

（3）检查所抽取样本，根据检查的结果填写测试说明和测试结论，通过控制测试，确定固定资产业务循环与预算管理有关的控制活动是否有效执行。

（4）以"预算管理测试"为例，对"固定资产业务循环控制测试"底稿进行编制，如表7-8所示。

表7-8　预算管理测试

被审计单位：湖北联晟通信科技股份有限公司　　　　索引号：CG-1　　页次：
项目：控制测试－固定资产业务循环预算管理测试表　　编制人：李梦　　日期：2023-1-5
财务报表截止日／期间：2022-12-31　　　　　　　　复核人：梁涛　　日期：2023-1-5
测试目标：通过控制测试，确定固定资产业务循环与预算管理有关的控制活动是否有效执行

| 样本序号 | 样本类别 | 业务内容 | 投资预算审批表 | | | 主要控制点执行情况的检查 | | | |
| --- | --- | --- | --- | --- | --- | --- | --- | --- | --- |
| | | | 日期 | 编号 | 固定资产名称 | 1 | 2 | 3 | 4 |
| 1 | 新增固定资产 | 购 ZG 核工业电机运行公司中核安全保护节能装置 1 套 | 2022-5-7 | YZYS-2022-0003 | 安全保护节能装置 | 是 | 是 | 是 | |
| 2 | 新增固定资产 | 购 NT 锐宏电子公司烟度计 5 台（润滑油事业部） | 2022-5-7 | YZYS-2022-0004 | 烟度计 | 是 | 是 | 是 | |
| 3 | 新增固定资产 | 购 NT 锐宏电子公司汽车排气分析仪 5 台（润滑油事业部） | 2022-5-7 | YZYS-2022-0005 | 汽车排气分析仪 | 是 | 是 | 是 | |
| 4 | 新增固定资产 | 购 WX 金马合环设备厂拉丝机除尘设备 1 台 | 2022-10-10 | YZYS-2022-0016 | 拉丝机除尘设备 | 是 | 是 | 是 | |
| 5-20 | … | … | … | … | … | 是 | 是 | 是 | |

检查点 1：大型固定资产是否编制购置预算；
检查点 2：超预算和预算外采购已经管理层单独权限核准；
检查点 3：固定资产的购置预算是否经过管理层审批；
检查点…：其他（结合实际情况描述）。
测试说明：
我们通过询问和检查 2022 年度固定资产投资预算审批表，样本总量 95 笔，按照控制测试样本量要求抽取 20 个样本进行检查，未发现异常。
测试结论：
经测试，我们认为固定资产业务循环的固定资产购置预算管理控制活动是有效的。

**步骤三：测试固定资产采购及审批相关控制**

（1）获取被审计单位所属审计期间的请购单、订单、合同等，根据业务控制频率或控制运行总次数确定样本量。

（2）根据确定的样本量，抽取请购单、订单、合同等进行检查。采购及审批测试的主要检查点为：① 请购单预先连续编号；② 验收单预先连续编号，且内容与订单核对相符；③ 已按规定编制请购单，且已经过核准；④ 采用订单采购或合同订货采购的方式，大宗交易实行投招标，且已经管理层核准；⑤ 其他（结合实际情况描述）。

（3）检查所抽取样本，根据检查的结果填写测试说明和测试结论，通过控制测试，确定固定资产业务循环与固定资产采购及审批有关的内部控制活动是否有效执行。

**步骤四：测试固定资产入账相关控制**

（1）获取被审计单位所属审计期间的验收单、发票、记账凭证，根据业务控制频率或控制运行总次数确定样本量。

（2）根据确定的样本量，抽取验收单、发票、记账凭证进行检查。固定资产入账测试的主要检查点为：① 已验收的固定资产确为公司购置的资产，并取得发票；② 固定资产购置交易已按照获取发票的价格准确记录；③ 固定资产购置交易记录时间与验收单同属于相同期间；④ 已验收的固定资产确为公司购置的资产；⑤ 固定资产获取发票的价格与合同核对无误；⑥ 已验收的固定资产均已入账；⑦ 其他（结合实际情况描述）。

（3）检查所抽取样本，根据检查的结果填写测试说明和测试结论，通过控制测试，确定固定资产业务循环与固定资产入账有关的内部控制活动是否有效执行。

**步骤五：测试固定资产折旧及减值相关控制**

（1）获取被审计单位所属审计期间的折旧计算表，根据业务控制频率或控制运行总次数确定测试的样本量。

（2）根据确定的样本量，抽取折旧计算表进行检查。折旧及减值测试的主要检查点为：① 折旧计算方法是否前后一致；② 可变现净值计算方法是否前后一致；③ 折旧费用、资产减值损失已记录于适当期间；④ 折旧费用计算是否准确；⑤ 减值准备计算是否准确；⑥ 其他（结合实际情况描述）。

（3）检查所抽取样本，根据检查的结果填写测试说明和测试结论，通过控制测试，确定固定资产业务循环与固定资产折旧及减值测试有关的内部控制活动是否有效执行。

### 步骤六：测试固定资产处置及转移相关控制

（1）获取被审计单位所属审计期间的固定资产处置（报废）及转移通知单、处置（报废）及转移审批表、处置合同等，根据业务控制频率或控制运行总次数确定样本量。

（2）根据确定的样本量，抽取固定资产处置（报废）及转移通知单、固定资产处置（报废）及转移审批表、处置合同等进行检查。固定资产处置及转移测试的主要检查点为：① 固定资产处置（报废）及转移办理出库手续；② 固定资产处置（报废）及转移通知单连续编号；③ 固定资产处置（报废）及转移已准确计算及记录；④ 固定资产处置（报废）及转移审批表经过核准；⑤ 如有必要，固定资产处置（报废）签订出售合同；⑥ 按规定进行会计核算；⑦ 其他（结合实际情况描述）。

（3）检查所抽取样本，根据检查的结果填写测试说明和测试结论，通过控制测试，确定固定资产业务循环中固定资产处置及转移有关的内部控制活动是否有效执行。

### 步骤七：测试固定资产系统数据维护相关控制

（1）获取被审计单位所属审计期间的固定资产卡片，根据业务控制频率或控制运行总次数确定样本量。

（2）根据确定的样本量，抽取固定资产卡片进行检查。固定资产系统数据维护测试的主要检查点为：① 固定资产档案中的所有有效变更已被输入并处理；② 固定资产档案的变更及时处理；③ 固定资产维护活动的记录准确保存；④ 固定资产档案的变更是准确的；⑤ 固定资产档案数据的及时更新；⑥ 固定资产的维护记录已及时更新；⑦ 其他（结合实际情况描述）。

（3）检查所抽取样本，根据检查的结果填写测试说明和测试结论，通过控制测试，确定固定资产业务循环与固定资产系统数据维护相关的内部控制活动是否有效执行。

### 步骤八：填写控制测试汇总表

根据选取的关键控制点及对控制点的检查情况，将检查结果填写在控制测试汇总表中，如表 7-9 所示。

表7-9 控制测试汇总表

被审计单位：湖北联晟通信科技股份有限公司　　　　　　　　　　　　　　　　　　　　　索引号：CG　　　　　　　　　　页次：
项目：控制测试－固定资产业务循环控制测试表　　　　　　　　　　　　　　　　　　　　编制人：李梦　　　　　日期：2023-1-5
财务报表截止日／期间：2022-12-31　　　　　　　　　　　　　　　　　　　　　　　　　复核人：梁涛　　　　　日期：2023-1-5

| 子流程 | 控制名称 | 控制编号 | 控制测试 | | | | 是否发现 | | 测试结论 | 控制测试结果是否支持风险评估结论 |
| | | | 测试程序 | 样本评价 | 补充审计程序 | 索引号 | 例外事项 | 重大缺陷 | | |
| 固定资产的采购及审批 | 预算管理测试 | GDZC-1 | 检查书面证据 | 可以接受 | 无 | CG-1 | 否 | 否 | 内部控制活动有效 | 是 |
| 固定资产的采购及审批 | 固定资产采购及审批测试 | GDZC-2 | 检查书面证据 | 可以接受 | 无 | CG-2 | 否 | 否 | 内部控制活动有效 | 是 |
| 固定资产入账 | 固定资产入账测试 | GDZC-3 | 检查书面证据 | 可以接受 | 无 | CG-3 | 否 | 否 | 内部控制活动有效 | 是 |
| 固定资产折旧及减值计算 | 固定资产折旧及减值测试 | GDZC-4 | 检查书面证据 | 可以接受 | 无 | CG-4 | 否 | 否 | 内部控制活动有效 | 是 |
| 固定资产处置及转移 | 固定资产处置及转移测试 | GDZC-5 | 检查书面证据 | 可以接受 | 无 | CG-5 | 否 | 否 | 内部控制活动有效 | 是 |
| 固定资产主数据的维护及变更 | 固定资产系统数据维护测试 | GDZC-6 | 检查书面证据 | 可以接受 | 无 | CG-6 | 否 | 否 | 内部控制活动有效 | 是 |

审计说明：
我们选取了6个关键控制点对企业的固定资产业务循环进行测试，按照业务发生频率随机抽取样本进行书面证据检查，未发现异常样本，经测试企业的内部控制活动有效。

# 任务五 人力资源与工薪业务循环控制测试实施

## 【任务情境】

审计人员前期已经对被审计单位及其环境进行了了解，审计人员以识别的重大错报风险为起点，选取拟测试的被审计单位内部控制并实施控制测试，开展对人力资源与工薪业务循环的审计。

## 【任务要求】

在此次控制测试实施过程中，审计人员通过执行询问、观察、检查、重新执行等审计程序，选取关键控制点对联晟通信的人力资源与工薪业务循环进行控制测试，通过实施观察、询问、检查书面证据等程序，抽取样本进行检查并编制相关工作底稿，以确定与人力资源与工薪业务循环有关的内部控制活动是否有效执行。审计人员选取的关键控制点分别涉及人事招聘、员工考勤记录、人事解聘（离职）、工资计算和记录、工资支付、工资档案维护6个方面。

## 【任务准备】

（一）知识准备

1. 人力资源与工薪业务循环审计的内容

人力资源与工薪业务循环的审计，主要涉及应付职工薪酬项目。人力资源与工薪业务循环，包括员工雇用和离职、工作时间记录、工薪计算与记录、工薪费用的分配、工薪支付以及代扣代缴税金等。在制造业中，员工工薪影响两个重要的交易类型，即工薪的发放和直接工薪费用与间接工薪费用的分配。与其他循环相比，人力资源与工薪业务循环的特点更加明显：一是接受员工提供的劳务与向员工支付报酬都在短期内发生；二是交易比相关的资产负债表账户余额更为重要；三是与工薪相关的内部控制通常是有效的。

2. 人力资源与工薪业务循环涉及的主要凭证与会计记录

人力资源与工薪业务循环开始于对员工的雇用，结束于向员工支付工薪。典型的人力资源与工薪业务循环涉及的主要凭证与会计记录有以下几种。

（1）人事和雇用记录。

① 人事记录。包括雇用日期、工薪率、业绩评价、雇佣关系终止等方面的记录。

② 扣款核准表。核准工薪预扣款的表格，包括预先扣除个人所得税、社会保险比例、公积金比例。

③ 工薪率核准表。根据工薪合同、管理层的授权、董事会对管理层的授权，核准工薪率的一种表格。

（2）工时记录和工薪表。

① 工时卡。记录员工每天上下班时间和工时数的书面凭证。对大多数员工来说，工时卡是根据时钟或打卡机自动填列的。

② 工时单。记录员工在既定时间内完成工作的书面凭证。通常在员工从事不同岗位的工作或没有固定部门时使用。

③ 工薪交易文件。由计算机生成的文件，包括一定期间（如一个月）内，通过会计系统处理的所有工薪交易。

④ 应付职工薪酬明细账或清单。由工薪交易文件生成的报告，主要包括每项交易的员工的姓名、日期、工薪总额及工薪净额、预扣金额、账户类别等信息。

⑤ 工薪主文档。记录每位员工的每一工薪交易和保留已付员工总额的一种计算机文件。记录包括在每个工薪期间的工薪总额、预扣金额、工薪净额、支票号、日期等。

（3）支付工薪记录。向员工支付劳务的转账记录，应等于工薪总额减去税金和其他预扣款。

3. 人力资源与工薪业务循环涉及的主要业务活动

人力资源与工薪业务循环是不同企业之间最可能具有共同性的领域，涉及的主要业务活动通常包括批准招聘、记录工作时间或产量、计算工薪总额和扣除、工薪支付等。

（1）批准招聘。批准雇用的文件，应当由负责人力资源与工薪相关事宜的人员编制，最好由在正式雇用过程中负责制定批准雇用、支付率和工薪扣

人力资源与工薪业务循环涉及的主要业务活动及相关内部控制

除等政策的人事部门履行该职责。人事部门同时还负责编制支付率变动及员工合同期满的通知。

（2）记录工作时间或产量。员工工作的证据，以工时卡或考勤卡的形式产生，通过监督审核和批准程序予以控制。

（3）计算工薪总额和扣除。在计算工薪总额和扣除时，需要将每名员工的交易数据，即本工薪期间的工作时间或产量记录，与基准数据进行匹配。在确定相关控制活动已经执行后，应当由一名适当的人员批准工薪的支付。同时由一名适当的人员审核工薪总额和扣除的合理性，并批准该金额。

（4）支付工薪净额。

4. 人力资源与工薪业务循环的内部控制

人力资源与工薪业务循环的内部控制主要包括以下几个方面。

（1）适当的职责分离。为了防止向员工过量支付工薪，或向不存在的员工虚假支付工薪，责任分离非常重要。人事部门应独立于工薪职能，负责确定员工的雇用、解雇及其支付率和扣减额的变化。

（2）适当的授权。人事部门应当对员工的雇用与解雇负责。支付率和扣减额也应当进行适当授权。每一个员工的工作时间，特别是加班时间，都应经过主管人员的授权。所有工时卡都应表明核准情况，例外的加班时间也应当经过核准。

（3）适当的凭证和记录。

（4）资产和记录的实物控制。应当限制接触未签字的工薪支票。支票应由有关专职人员签字，工薪应当由独立于工薪和考勤职能之外的人员发放。

（5）工薪的独立检查。工薪的计算应当独立验证，包括将审批工薪总额与汇总报告进行比较。管理层成员或其他负责人应当复核工薪金额，以避免明显的错报和异常的金额。

（二）操作准备

（1）基于人力资源与工薪循环了解内部控制的情况，该循环的控制是否设计合理并得到执行，如果合理并得到执行，进一步确定选取哪些关键控制点执行控制测试。

（2）获取总账、明细账、花名册、劳动合同、考勤表、试用期考核表、工资计算单、原始单据等审计资料。

**提示**：数据资料见"7.5 人力资源与工薪业务循环控制测试业财一体化数据资料包"。

（3）查看并熟悉人力资源与工薪业务循环控制测试相关的工作底稿。

### （三）任务要领

（1）检查工薪汇总表时应重点关注工资表是否授权批准；应付工薪总额与人工费用分配汇总表中的合计数是否相符；检查其代扣款项的账务处理是否正确；检查实发工薪总额与银行付款凭单及银行存款对账单是否相符，并正确过入相关账户。

（2）检查员工工薪卡或人事档案，确保工薪发放有依据；检查实际工时统计记录与员工工时卡是否相符；检查员工加班记录与主管人员签名的月度加班费汇总表是否相符；检查员工扣款依据是否正确；检查员工的工薪签收证明；实地抽查部分员工，证明其确在本公司工作，如已离开本公司，需获得管理层证实。

## 【任务实施】

**步骤一：查看业务流程层面内部控制的了解情况**

查看对被审计单位人力资源与工薪业务循环内部控制的了解，对内部控制设计的有效性及执行情况做出初步判断，以进一步实施控制测试程序，判断被审计单位人力资源与工薪业务循环的内部控制活动是否得到有效执行。

**步骤二：测试人事招聘相关控制**

（1）获取被审计单位所属审计期间的员工招聘相关资料，根据业务控制频率或控制运行总次数确定样本量。

（2）根据确定的样本量，抽取审计期间的员工招聘公告、录用通知、试用期考核表、劳动合同等进行检查。人事招聘测试的主要检查点为：① 被审计单位新增职工真实；② 对拟录用员工进行考评；③ 对经管理层核准录用的员工发放录用通知；④ 试用期考核表已经管理层审批；⑤ 人力资源系统更新记录；⑥ 员工招聘已经管理层审批；⑦ 管理层审批拟录用员工考核表；⑧ 对录用的员工确定工资标准；⑨ 与管理层核准正式录用员工签订劳动合同；⑩ 其他（结合实际情况描述）。

（3）检查所抽取样本，根据检查的结果填写测试说明和测试结论，通过控制测试，确定人力资源与工薪业务循环中人事招聘有关的内部控制活动是否有效执行。

**步骤三：测试员工考勤记录相关控制**

（1）获取被审计单位所属审计期间的考勤表、加班记录、请假记录，根据业务控制频率或控制运行总次数确定样本量。

（2）根据确定的样本量，抽取审计期间的考勤表、加班记录、请假记录等进行检查。员工考勤记录测试的主要检查点为：① 检查实际工时统计记录与员工个人钟点卡（或产量记录）是否相符；② 检查员工加班已经管理层核准；③ 检查员工请假已经管理层核准；④ 其他（结合实际情况描述）。

（3）检查所抽取样本，根据检查的结果填写测试说明和测试结论，通过控制测试，确定人力资源与工薪业务循环中工资时间记录有关的内部控制活动是否有效执行。

（4）以"员工考勤记录测试"为例，对"人力资源与工薪业务循环控制测试"底稿进行编制，如表 7-10 所示。

表 7-10　员工考勤记录测试

被审计单位：湖北联晟通信科技股份有限公司　　　　　索引号：CD-3　　　页次：
项目：控制测试 − 人力资源与工薪业务循环 −
　　　员工考勤记录控制测试表　　　　　　　　　　　编制人：李梦　　　　日期：
财务报表截止日／期间：2022-12-31　　　　　　　　复核人：梁涛　　　　日期：
测试目标：通过控制测试，确定人力资源与工薪业务循环与员工考勤记录有关的内部控制活动是否有效执行

| 样本序号 | 样本类别 | 员工 | | | | | 工作时间记录 | | 请假记录 | 加班记录 | 主要控制点执行情况的检查 | | | |
|---|---|---|---|---|---|---|---|---|---|---|---|---|---|---|
| | | 姓名 | 员工号 | 部门 | 岗位 | 职务 | 日期 | 考勤方式 | 日期 | 日期 | 1 | 2 | 3 | … |
| 1 | 考勤 | ＊杨杨 | 311 | 资产管理部 | 资产管理员 | 资产管理员 | 10 月 | 打卡 | 无 | 1 日—10 日 | 是 | 是 | 是 | |
| 2 | 考勤 | ＊洪斌 | 316 | 四车间复绞 | 复绞员 | 复绞员 | 10 月 | 打卡 | 无 | 1 日—5 日、24 日—30 日 | 是 | 是 | 是 | |
| 3 | 考勤 | ＊玥 | 332 | 财务部 | 会计 | 会计 | 10 月 | 打卡 | 无 | 6 日—26 日 | 是 | 是 | 是 | |
| 4~25 | … | … | … | … | … | … | … | … | … | … | 是 | 是 | 是 | |

检查点说明：
检查点 1：检查实际工时统计记录与员工个人钟点卡（或产量记录）是否相符；
检查点 2：检查员工加班经管理层核准；
检查点 3：检查员工请假经管理层核准；
检查点 4：其他（结合实际情况描述）。
测试说明：
我们通过询问和检查 2022 年考勤表，样本总量超过了 250 笔，根据控制测试的要求抽取了 25 个样本进行检查，未发现异常。
测试结论：
经测试，我们认为人力资源与工薪业务循环与员工考勤记录有关的内部控制活动是有效的。

**步骤四：测试人事解聘（离职）相关控制**

（1）获取被审计单位所属审计期间的员工离职申请单、离职审批单、解聘或离职通知等，根据业务控制频率或控制运行总次数确定样本量。

（2）根据确定的样本量，抽取员工离职申请单、离职审批单、解聘或离职通知等进行检查。人事解聘（离职）测试的主要检查点为：① 被审计单位职工解聘（离职）真实；② 管理层核准离职审批表；③ 人力资源下发工资停发通知书；④ 对解聘（离职）的员工出具离职证明；⑤ 人力资源系统更新记录；⑥ 解聘员工已经管理层核准；⑦ 向各部门下发员工解聘通知（离职通知）；⑧ 离职手续办理表已经管理层核准；⑨ 与解聘（离职）员工签订劳动解除合同；⑩ 其他（结合实际情况描述）。

（3）检查所抽取样本，根据检查的结果填写测试说明和测试结论，通过控制测试，确定人力资源与工薪业务循环中人事解聘（离职）有关的内部控制活动是否有效执行。

**步骤五：测试工资计算和记录相关控制**

（1）获取被审计单位所属审计期间的工资计算表，根据业务控制频率或控制运行总次数确定测试的样本量。

（2）根据确定的样本量，抽取审计期间工资计算表进行检查。工资计算和记录测试的主要检查点为：① 被审计单位职工人数真实并且正确；② 工资表的编制、复核、审批以及工资发放职责相互分离；③ 工资汇总表已经管理层核准；④ 代扣款项计算准确；⑤ 考勤记录（工时或产量记录）完整且真实；⑥ 工资变动通知已经管理层核准；⑦ 应发工资计算准确；⑧ 人工费用被恰当地分配到相关账户中；⑨ 其他（结合实际情况描述）。

（3）检查所抽取样本，根据检查的结果填写测试说明和测试结论，通过控制测试，确定人力资源与工薪业务循环中工资计算和记录有关的内部控制活动是否有效执行。

**步骤六：测试工资支付相关控制**

（1）获取被审计单位所属审计期间的员工工资签收单，根据业务控制频率或控制运行总次数确定样本量。

（2）根据确定的样本量，抽取审计期间的员工工资签收单进行检查。工资支付测试的主要检查点为：① 检查员工工资标准与工资卡记录一致；② 实发工资总额与银行付款凭单及银行存款对账单是否相符；③ 检查员工工资签收无误；④ 其他（结合实际情况描述）。

（3）检查所抽取样本，根据检查的结果填写测试说明和测试结论，通过控制测试，确定人力资源与工薪业务循环中工资支付有关的内部控制活动是否有效执行。

**步骤七：测试工资档案维护相关控制**

（1）获取被审计单位所属审计期间的工资停发或变动通知书、人力资源系统，根据业务控制频率或控制运行总次数确定样本量。

（2）根据确定的样本量，抽取审计期间的工资停发或变动通知书、人力资源系统进行检查。工资档案维护测试的主要检查点为：① 有效的工资变更已计入工资档案；② 工资档案的变更是准确的；③ 所有工资扣款表的有效变更都已输入及处理；④ 工资扣款表的变更已及时处理；⑤ 所有工资档案的有效变更都已输入及处理；⑥ 工资档案的变更已及时处理；⑦ 工资扣款表的变更是准确的；⑧ 法定的扣款表符合法律规定的要求；⑨ 其他（结合实际情况描述）。

（3）检查所抽取样本，根据检查的结果填写测试说明和测试结论，通过控制测试，确定人力资源与工薪业务循环中工资档案维护相关的内部控制活动是否有效执行。

**步骤八：填写控制测试汇总表**

根据选取的关键控制点及对控制点的检查情况，将检查结果填写在控制测试汇总表中，如表7-11所示。

表7-11 控制测试汇总表

被审计单位：湖北联晟通信科技股份有限公司　　索引号：CD
项目：控制测试－人力资源与工薪业务循环－控制测试表　　编制人：李梦　　日期：2023-1-5
财务报表截止日/期间：2022-12-31　　复核人：梁涛　　日期：2023-1-5

页次：

| 子流程 | 控制名称 | 控制编号 | 控制测试 | | | | 是否发现 | | 测试结论 | 控制测试结果是否支持风险评估结论 |
| | | | 测试程序 | 样本评价 | 补充审计程序 | 索引号 | 例外事项 | 重大缺陷 | | |
| 人事招聘 | 人事招聘测试 | GZRS-2-1 | 询问、检查书面证据 | 可以接受 | 无 | CD-2 | 否 | 否 | 内部控制活动有效 | 是 |
| 员工考勤 | 员工考勤记录测试 | GZRS-3-1 | 询问、检查书面证据 | 可以接受 | 无 | CD-3 | 否 | 否 | 内部控制活动有效 | 是 |
| 员工离职 | 人事解聘（离职）测试 | GZRS-4-1 | 询问、检查书面证据 | 可以接受 | 无 | CD-4 | 否 | 否 | 内部控制活动有效 | 是 |
| 财务入账 | 工资计算和记录测试 | GZRS-6 | 询问、检查书面证据 | 可以接受 | 无 | CD-6 | 否 | 否 | 内部控制活动有效 | 是 |
| 薪资支付 | 工资支付测试 | GZRS-7 | 询问、检查书面证据 | 可以接受 | 无 | CD-7 | 否 | 否 | 内部控制活动有效 | 是 |
| 工资档案维护 | 工资档案维护测试 | GZRS-8 | 询问、检查书面证据 | 可以接受 | 无 | CD-8 | 否 | 否 | 内部控制活动有效 | 是 |

审计说明：
我们选取了6个关键控制点对企业的人力资源与工薪业务循环进行测试，按照业务发生频率随机抽取样本进行书面证据检查，未发现异常样本，经测试企业的内部控制活动控制有效。

# 任务六 筹资与投资业务循环控制测试实施

## 【任务情境】

审计人员前期已经对被审计单位及其环境进行了了解，审计人员以识别的重大错报风险为起点，选取拟测试的被审计单位内部控制并实施控制测试，开展对筹资与投资业务循环的审计。

## 【任务要求】

在此次控制测试实施过程中，审计人员通过执行询问、观察、检查、重新执行等审计程序，选取关键控制点对联晟通信的筹资与投资业务循环进行控制测试，按照业务发生频率随机抽取样本进行检查并编制相关工作底稿，以确定筹资与投资业务循环与之有关的内部控制活动是否有效执行。审计人员选取的关键控制点分别涉及日常借款、偿还借款、长期股权投资、衍生金融工具4个方面。

## 【任务准备】

（一）知识准备

1. 筹资与投资业务循环涉及的主要会计报表项目

筹资与投资业务循环涉及的主要会计报表项目，如表7-12所示。

表7-12　筹资与投资业务循环涉及的主要会计报表项目

| 业务循环 | 资产负债表项目 | 利润表项目 |
|---|---|---|
| 筹资与投资 | 交易性金融资产、衍生金融资产、其他应收款、应收补贴款、长期股权投资、长期债权投资、无形资产、长期待摊费用、短期借款、其他应付款、预计负债、长期借款、应付债券、长期应付款、股本、资本公积、盈余公积、未分配利润 | 管理费用、财务费用、投资收益、营业外收入、营业外支出、所得税费用 |

**2. 筹资与投资业务循环涉及的凭证与会计记录**

筹资与投资业务循环涉及的凭证与会计记录，如表7-13所示。

表7-13　筹资与投资业务循环涉及的凭证与会计记录

| 筹资活动 | 投资活动 |
| --- | --- |
| 1．债券 | 1．股票或债券 |
| 2．股票 | 2．经纪人通知书 |
| 3．债券契约 | 3．债券契约 |
| 4．股东名册 | 4．企业的章程及有关协议 |
| 5．公司债券存根簿 | 5．投资协议 |
| 6．承销或包销协议 | 6．有关记账凭证 |
| 7．借款合同或协议 | 7．有关会计科目的明细账和总账 |
| 8．有关记账凭证 | |
| 9．有关会计科目的明细账和总账 | |

**3. 筹资与投资业务循环涉及的主要业务活动**

筹资与投资业务循环涉及的主要业务活动，如表7-14所示。

筹资与投资业务循环涉及的主要业务活动及相关内部控制

表7-14　筹资与投资业务循环涉及的主要业务活动

| 筹资活动 | 投资活动 |
| --- | --- |
| 1．审批授权 | 1．审批授权 |
| 2．签订合同或协议 | 2．取得证券或其他投资 |
| 3．取得资金 | 3．取得投资收益 |
| 4．计算利息或股利 | 4．转让证券或收回其他投资 |
| 5．偿还本息或发放股利 | |

**4. 筹资与投资业务循环相关内部控制**

（1）筹资活动的内部控制。

① 发行要有正式的授权程序，每次均要由董事会授权；

② 申请发行债券时，应履行审批手续，向有关机关递交相关文件；

③ 应付债券的发行，要有受托管理人来行使保护发行人和持有人合法权益的权利；

④ 每种债券发行都必须签订债券契约；

⑤ 债券的承销或包销必须签订有关协议；

⑥ 记录应付债券业务的会计人员不得参与债券发行；

⑦ 如果企业保存债券持有人明细分类账，应同总分类账核对相符，若这些记录由外部机构保存，则需定期同外部机构核对；

⑧ 未发行的债券必须有专人负责；

⑨ 债券的购回要有正式的授权程序。

（2）投资活动的内部控制。

① 合理的职责分工。应在业务的授权、执行、会计记录以及投资资产的保管等方面都有明确的分工，不得由一人同时负责上述任何两项工作。

② 健全的资产保管制度。一是由独立的专门机构保管；二是由企业自行保管。由企业自行保管必须建立严格的联合控制制度，即要由两名以上人员共同控制，不得一人单独接触投资资产。

③ 详尽的会计核算制度。

④ 严格的记名登记制度。

⑤ 完善的定期盘点制度。应由内部审计人员或不参与投资业务的其他人员进行定期盘点。

（二）操作准备

（1）基于筹资与投资业务循环了解内部控制的情况，该循环的控制是否设计合理并得到执行，如果合理并得到执行，进一步确定选取哪些关键控制点执行控制测试。

（2）获取总账、明细账、借款业务合同、银行回单、原始单据等审计资料。

> 提示：数据资料见"7.6 筹资与投资业务循环控制测试业财一体化数据资料包"。

（3）查看并熟悉筹资与投资业务循环控制测试相关的工作底稿。

### （三）任务要领

（1）对筹资活动执行控制测试时，选取借款申请表或综合授信使用申请表，检查是否得到适当审批。抽查借款合同并检查是否与账务记录一致。抽查信贷情况表并检查是否得到适当复核。抽查银行借款利息回单并检查是否已准确、及时记录。

（2）对投资活动执行控制测试时，选取投资付款申请单并检查是否得到适当复核。选取记账凭证检查与账务记录是否一致，选取记账凭证检查与支持性文件是否一致。选取交易性金融资产报告检查是否得到适当复核。选取交易流水单，与记账记录核对，检查是否准确记录于适当期间。

## 【任务实施】

**步骤一：查看业务流程层面内部控制的了解情况**

查看对被审计单位筹资与投资业务循环内部控制的了解，对内部控制设计的有效性及执行情况做出初步判断，以进一步实施控制测试程序，判断被审计单位筹资与投资业务循环的内部控制活动是否得到有效执行。

**步骤二：测试与日常借款有关的控制**

（1）获取被审计单位所属审计期间的借款申请书、借款合同、借款进账单、银行对账单等，根据业务控制频率或控制运行总次数确定样本量。

（2）根据确定的样本量，抽取审计期间的借款申请书、借款合同、借款进账单、银行对账单等进行检查。与日常借款有关的测试的主要检查点为：① 不相容职务已分开设置并得到执行；② 有资金收支预测表预测资金缺口，借款申请已经管理层核准；③ 有筹资决议文件且已经授权批准；④ 有签署的筹资协议并由专人管理；⑤ 已登记在借款备查账且与账簿记录核对相符；⑥ 借款金额与银行对账单核对相符；⑦ 其他（结合实际情况描述）。

（3）检查所抽取样本，根据检查的结果填写测试说明和测试结论，通过控制测试，确定筹资与投资业务循环中日常借款有关的内部控制活动是否有效执行。

**步骤三：测试偿还借款相关控制**

（1）获取被审计单位所属审计期间的还款申请书、还款账单、银行对账单、会计凭证等，根据业务控制频率或控制运行总次数确定样本量。

（2）根据确定的样本量，抽取审计期间的还款申请书、还款账单、银行对账单、会计凭证等进行检查。偿还借款测试的主要检查点为：① 还款申请书与筹资协议相符；② 还款申请书经恰当批准；③ 还款金额、期限等内容与还款申请书内容一致；④ 已登记在借款备查账且与账簿记录核对相符；⑤ 还款记录与银行对账单核对相符；⑥ 还款已正确入账且记录于正确的会计期间；⑦ 涉及的抵押、质押物品是否已经解除抵押、质押；⑧ 其他（结合实际情况描述）。

（3）检查所抽取样本，根据检查的结果填写测试说明和测试结论，通过控制测试，确定筹资与投资业务循环中偿还借款有关的内部控制活动是否有效执行。

（4）以"偿还借款测试"为例，对"筹资与投资业务循环控制测试"底稿进行编制，如表7-15所示。

**步骤四：测试长期股权投资相关控制**

（1）获取被审计单位所属审计期间的投资预算审批表、投资合同、会计凭证、付款银行单证、收益单证等，根据业务控制频率或控制运行总次数确定样本量。

（2）根据确定的样本量，抽取审计期间的投资预算审批表、投资合同、会计凭证、付款银行单证、收益单证等进行检查。长期股权投资测试的主要检查点为：① 不相容职务已分开设置并得到执行；② 编制投资预算，并经批准；③ 是否进行了可行性研究和论证；④ 签订投资合同，并经适当层次批准；⑤ 投资付款申请经适当批准；⑥ 取得权属证明，并与投资合同、章程一致；⑦ 行使出资人权利（《公司法》和公司章程规定的各项权利）；⑧ 投资的处置经恰当层次批准，并形成决议；⑨ 投资、投资收益的账务处理正确；⑩ 相应的投资减值准备是否已经授权审批；⑪ 相应的投资减值准备的计提依据是否充分；⑫ 其他（结合实际情况描述）。

（3）检查所抽取样本，根据检查的结果填写测试说明和测试结论，通过控制测试，确定筹资与投资业务循环中长期股权投资有关的内部控制活动是否有效执行。

表7-15 偿还借款测试

被审计单位：湖北联晟通信科技股份有限公司
项目：控制测试－筹资与投资业务循环－偿还借款测试
财务报表截止日／期间：2022-12-31
测试目标：通过控制测试，确定筹资与投资业务循环与偿还借款有关的内部控制活动是否有效执行

索引号：CI-2
编制人：李梦
复核人：梁涛
页次：
日期：2023-1-5
日期：2023-1-5

| 样本序号 | 样本业务类别 | 业务内容 | 还款申请书 | | 还款账单 | | | 银行对账单 | | | 会计凭证 | | | 主要控制点执行情况的检查 | | | | | |
|---|---|---|---|---|---|---|---|---|---|---|---|---|---|---|---|---|---|---|---|
| | | | 日期 | 编号 | 日期 | 编号 | 金额 | 日期 | 归属期间 | 金额 | 日期 | 编号 | 金额 | 1 | 2 | 3 | 4 | 5 | 6 |
| 1 | 借款 | 付款－还财务公司借款 | 2022-4-23 | HKSQ-2022-010 | 2022-4-25 | 8490362211 | 50 000 000.00 | 2022-4-25 | 2022年4月 | 50 000 000.00 | 2022-4-25 | 441 | 50 000 000.00 | 是 | 是 | 是 | 是 | 是 | 是 |
| 2 | 借款 | 付款－还财务公司借款 | 2022-11-23 | HKSQ-2022-015 | 2022-11-25 | 8490363623 | 58 000 000.00 | 2022-11-25 | 2022年11月 | 58 000 000.00 | 2022-11-25 | 481 | 58 000 000.00 | 是 | 是 | 是 | 是 | 是 | 是 |
| 3 | 借款 | 付款－还财务公司借款 | 2022-12-22 | HKSQ-2022-018 | 2022-12-25 | 8490373534 | 40 000 000.00 | 2022-12-25 | 2022年12月 | 40 000 000.00 | 2022-12-25 | 677 | 40 000 000.00 | 是 | 是 | 是 | 是 | 是 | 是 |

检查点1：还款申请书与筹资协议相符；
检查点2：还款申请书经恰当批准；
检查点3：还款金额、期限等内容与还款申请书内容一致；
检查点4：已登记在借款备查账目与查账簿记录相符；
检查点5：还款记录与银行对账单核对相符；
检查点6：还款已正确入账且记录于正确的会计期间；
检查点7：涉及的抵押、质押物品是否已经解除抵押、质押；
检查点8：其他（结合实际情况描述）。

测试说明：
我们检查了2022年度的借款情况，根据控制测试的要求抽取了3个样本对借款环节进行了检查，未发现异常。

测试结论：
经测试，我们认为筹资与投资业务循环与偿还借款有关的内部控制活动是有效的。

**步骤五：测试衍生金融工具相关控制**

（1）获取被审计单位所属审计期间的项目审批表、合同、付款银行单证、会计凭证，根据业务控制频率或控制运行总次数确定测试的样本量。

（2）根据确定的样本量，抽取所审计期间的项目审批表、合同、付款银行单证、会计凭证进行检查。衍生金融工具测试的主要检查点为：① 不相容职务已分开设置并得到执行；② 编制衍生工具交易活动的政策及程序，并经批准；③ 是否进行了可行性研究和论证；④ 签订投资合同，并经适当层次批准；⑤ 投资付款申请经适当批准；⑥ 定期根据第三方对账单调节损益；⑦ 处置已经恰当层次批准，并形成决议；⑧ 损益的账务处理正确；⑨ 其他（结合实际情况描述）。

（3）检查所抽取样本，根据检查的结果填写测试说明和测试结论，通过控制测试，确定筹资与投资业务循环与衍生金融工具有关的内部控制活动是否有效执行。

**步骤六：填写控制测试汇总表**

根据选取的关键控制点及对控制点的检查情况，将检查结果填写在控制测试汇总表中，如表7-16所示。

表7-16　控制测试汇总表

被审计单位：湖北联晟通信科技股份有限公司　　　　　索引号：CI　　　　页次：
项目：控制测试－筹资与投资业务循环－控制测试表　　编制人：李梦　　　日期：2023-1-5
财务报表截止日／期间：2022-12-31　　　　　　　　复核人：梁涛　　　日期：2023-1-5

| 子流程 | 控制名称 | 控制编号 | 控制测试 | | | | 是否发现 | | 测试结论 | 控制测试结果是否支持风险评估结论 |
| --- | --- | --- | --- | --- | --- | --- | --- | --- | --- | --- |
| | | | 测试程序 | 样本评价 | 补充审计程序 | 索引号 | 例外事项 | 重大缺陷 | | |
| 筹资管理 | 日常借款 | CZTZ-2 | 检查书面证据 | 可以接受 | 无 | CI-1 | 否 | 否 | 内部控制活动有效 | 是 |
| 筹资管理 | 偿还借款 | CZTZ-3-4 | 检查书面证据 | 可以接受 | 无 | CI-2 | 否 | 否 | 内部控制活动有效 | 是 |

审计说明：
我们选取了2个关键控制点对企业的筹资与投资业务循环进行测试，按照业务发生频率随机抽取样本进行书面证据检查，未发现异常样本，经测试企业的内部控制活动有效。

# 任务七 货币资金业务循环控制测试实施

## 【任务情境】

审计人员前期已经对被审计单位及其环境进行了了解，审计人员以识别的重大错报风险为起点，选取拟测试的被审计单位内部控制并实施控制测试，开展对货币资金业务循环的审计。

## 【任务要求】

在此次控制测试实施过程中，审计人员通过执行询问、观察、检查、重新执行等审计程序，选取关键控制点对联晟通信的货币资金业务循环进行抽查，按照业务发生频率随机抽取样本进行检查并编制相关工作底稿，以确定与货币资金业务循环有关的内部控制活动是否有效执行。审计人员选取的关键控制点分别涉及付款和收款两个方面。

## 【任务准备】

（一）知识准备

1. 货币资金业务循环的特点

企业资金营运过程，从资金流入企业形成货币资金开始，到通过销售收回货币资金、成本补偿确定利润、部分资金流出企业为止。企业资金的不断循环，构成企业的资金周转。

货币资金主要来源于股东投入、债权人借款和企业经营累积，主要用于资产的取得和费用的结付。

货币资金业务循环审计涉及的单据和会计记录主要有：现金盘点表、银行对账单、银行存款余额调节表、有关科目的记账凭证、有关会计账簿。

2. 货币资金业务循环涉及的主要业务活动及相关内部控制

（1）现金管理。出纳员每日对库存现金自行盘点，编制现金日报表，计算当日

货币资金业务循环涉及的主要业务活动及相关内部控制

现金收入、支出及结余额，并将结余额与实际库存额进行核对，如有差异及时查明原因。会计主管不定期检查现金日报表。

每月末，会计主管指定出纳员以外的人员对现金进行盘点，编制库存现金盘点表，将盘点金额与现金日记账余额进行核对。对冲抵库存现金的借条、未提现支票、未做报销的原始票证，在库存现金盘点报告表中予以注明。会计主管复核库存现金盘点表，如果盘点金额与现金日记账余额存在差异，需查明原因并报经财务经理批准后进行账务处理。

（2）银行存款管理。

① 银行账户管理：企业银行账户的开立、变更或注销需经财务经理审核，报总经理审批。

② 编制银行存款余额调节表：每月末，会计主管指定出纳员以外的人员核对银行存款日记账和银行对账单，编制银行存款余额调节表，使银行存款账面余额与银行对账单调节相符。如调节不符，查明原因。会计主管复核银行存款余额调节表，对需要进行调整的项目及时进行处理。

③ 票据管理：财务部门设置银行票据登记簿，防止票据遗失或盗用。出纳员负责银行票据的购买、领用、背书转让及注销等事项。空白票据存放在保险柜中。每月末，会计主管指定出纳员以外的人员对空白票据、未办理收款和承兑的票据进行盘点，编制银行票据盘点表，并与银行票据登记簿进行核对。会计主管复核库存银行票据盘点表，如果存在差异，需查明原因。

④ 印章管理：企业的财务专用章由财务经理保管，办理相关业务中使用的个人名章由出纳员保管。

### （二）操作准备

（1）基于货币资金业务循环了解内部控制的情况，该循环的控制是否设计合理并得到执行，如果合理并得到执行，进一步确定选取哪些关键控制点执行控制测试。

（2）获取总账、明细账、银行对账单、银行回单等原始单据审计资料。

> 📍 **提示：** 数据资料见"7.7 货币资金业务循环控制测试业财一体化数据资料包"。

（3）查看并熟悉货币资金业务循环控制测试相关的工作底稿。

（三）任务要领

（1）对库存现金执行控制测试时，重点关注出纳对盘点计划的遵循情况，以及用于记录和控制现金盘点结果的程序的实施情况；关注现金付款的付款申请是否经过部门经理审批，付款前经财务经理的再次复核。

（2）对银行存款执行控制测试时，银行账户的开立、变更和注销是否已经财务经理和总经理审批；银行付款的付款申请经部门经理审批，付款前经财务经理再次复核；对于银行存款余额调节表，对需要进行调整的调节项目及时进行了处理，并有会计主管的签字确认。

# 【任务实施】

**步骤一：查看业务流程层面内部控制的了解情况**

查看对被审计单位货币资金业务循环内部控制的了解，根据了解的结果对内部控制设计的有效性及执行情况做出初步判断，以进一步实施控制测试程序，判断被审计单位货币资金业务循环的内部控制活动是否得到有效执行。

**步骤二：测试付款相关控制**

（1）获取被审计单位所属审计期间的银行对账单、会计凭证、付款审批表等原始单据，根据业务控制频率或控制运行总次数确定样本量。

（2）根据确定的样本量，抽取审计期间银行对账单、会计凭证、付款审批表等原始单据进行检查。付款测试的主要检查点为：① 申请付款项目有预算；② 付款单据经审核，履行了审批程序；③ 付款后在原始单据加盖"付讫"戳记；④ 银行对账单金额与付款记录核对一致；⑤ 付款业务的内容与企业经营活动相关；⑥ 付款及时入账；⑦ 付款凭证的对应科目与收款单位的户名一致；⑧ 记账凭证与原始凭证的内容、金额核对一致；⑨ 不相容职务已分开设置并得到执行；⑩ 其他（结合实际情况描述）。

（3）检查所抽取样本，根据检查的结果填写测试说明和测试结论，通过控制测试，确定货币资金业务循环中付款环节内部控制是否有效执行。

（4）以"付款测试"为例，对"货币资金业务循环控制测试"底稿进行编制，如表7-17所示。

表7-17 付款测试

被审计单位：湖北联晟通信科技股份有限公司
项目：控制测试－货币资金业务循环－控制测试表－付款测试
财务报表截止日／期间：2022-12-31
测试控制目标：通过货币资金业务循环中付款环节内部控制是否有效执行

索引号：CA-1
编制人：李梦　日期：2023-1-5
复核人：梁涛　日期：2023-1-5
页次：

| 样本序号 | 样本类别 | 业务内容 | 银行对账单 | | | 会计凭证 | | | | 原始单据 | | 主要控制点执行情况的检查 | | | | | | | | |
|---|---|---|---|---|---|---|---|---|---|---|---|---|---|---|---|---|---|---|---|---|
| | | | 日期 | 归属期间 | 单位 | 金额 | 日期 | 编号 | 款项性质 | 金额 | 日期 | 编号 | 金额 | 1 | 2 | 3 | 4 | 5 | 6 | 7 | 8 | 9 |
| 1 | 转账 | 付款－SD元旺电工科技公司货款 | 2022-1-8 | 2022年 | SD元旺电工科技公司 | 2 022 612.08 | 2022-1-8 | 16 | 货款 | 2 022 612.08 | 2022-1-8 | 2022010023 | 2 022 612.08 | 是 | 是 | 是 | 是 | 是 | 是 | 是 | 是 | 是 |
| 2 | 转账 | 付款－CQ鑫电货款 | 2022-12-8 | 2022年 | CQ鑫电铝合金线缆有限公司 | 1 121 830.08 | 2022-12-8 | 66 | 货款 | 1 121 830.08 | 2022-12-8 | 2022120025 | 1 121 830.08 | 是 | 是 | 是 | 是 | 是 | 是 | 是 | 是 | 是 |
| 3-25 | … | … | … | … | … | … | … | … | … | … | … | … | … | 是 | 是 | 是 | 是 | 是 | 是 | 是 | 是 | 是 |

检查点1：申请付款项目有预算；
检查点2：付款单据经审核，履行了审批程序；
检查点3：付款后在原始单据加盖"付讫"戳记；
检查点4：银行对账单金额与付款记录核对一致；
检查点5：付款业务的内容与企业经营活动相关；
检查点6：付款及时入账；
检查点7：付款凭证的对应科目与收款单位的户名一致；
检查点8：记账凭证与原始凭证的内容，金额核对一致；
检查点9：不相容职务已分开并设置并得到执行；
检查点10：其他（结合实际情况描述）。

测试说明：
我们通过询问和检查2022年货币资金的付款的凭证，样本总量超过了250笔，根据控制测试的要求抽取了25个样本进行检查，未发现异常。

测试结论：
经测试，我们认为货币资金业务循环中收款环节内部控制活动是有效的。

**步骤三：测试收款相关控制**

（1）获取被审计单位所属审计期间的银行对账单、会计凭证、原始单据等，根据业务控制频率或控制运行总次数确定样本量。

（2）根据确定的样本量，抽取审计期间的银行对账单、会计凭证、原始单据等进行检查。收款环节内部控制的主要检查点为：① 银行对账单金额与收款记录核对一致；② 收款及时入账；③ 收款业务的内容与企业经营活动相关；④ 收款凭证的对应科目与付款单位的户名一致；⑤ 记账凭证与原始凭证的内容、金额核对一致；⑥ 其他（结合实际情况描述）。

（3）检查所抽取样本，根据检查的结果填写测试说明和测试结论，通过控制测试，确定货币资金业务循环中收款环节内部控制是否有效执行。

**步骤四：填写控制测试汇总表**

根据选取的关键控制点及对控制点的检查情况，将检查结果填写在控制测试汇总表中，如表 7-18 所示。

表 7-18　控制测试汇总表

被审计单位：湖北联晟通信科技股份有限公司　　　　索引号：CA　　　页次：
项目：控制测试－货币资金业务循环－控制测试表　　编制人：李梦　　日期：2023-1-5
财务报表截止日／期间：2022-12-31　　　　　　　　复核人：梁涛　　日期：2023-1-5

| 子流程 | 控制名称 | 控制编号 | 控制测试 | | | | 是否发现 | | 测试结论 | 控制测试结果是否支持风险评估结论 |
| --- | --- | --- | --- | --- | --- | --- | --- | --- | --- | --- |
| | | | 测试程序 | 样本评价 | 补充审计程序 | 索引号 | 例外事项 | 重大缺陷 | | |
| 业务付款管理 | 付款测试 | HBZJ-4-1 | 检查书面证据 | 可以接受 | 无 | CA-1 | 否 | 否 | 内部控制活动有效 | 是 |
| 业务收款管理 | 收款测试 | HBZJ-4-2 | 检查书面证据 | 可以接受 | 无 | CA-2 | 否 | 否 | 内部控制活动有效 | 是 |

审计说明：
我们选取了 2 个关键控制点对企业的货币资金业务循环进行测试，按照业务发生频率随机抽取样本进行书面证据检查，未发现异常样本，经测试企业的内部控制活动有效。

## 任务思考

1. 审计人员在监盘库存现金时发现保险柜有一张白条，可以初步判断该业务环节有哪些内部控制缺陷？

2. 被审计单位常见的内部控制缺陷都有哪些？

3. 审计人员一般在什么情况下需要实施控制测试？

# 实质性程序实施

## 学习目标

### 知识目标

◆ 熟悉实质性程序的含义及类型。

◆ 掌握销售与收款业务循环、采购与付款业务循环、生产与存货业务循环、人力资源与工薪业务循环、筹资与投资业务循环和货币资金业务循环（以下简称六大业务循环）相关报表项目的审计目标及实质性程序。

### 能力目标

◆ 能根据控制测试结果针对六大业务循环相关报表项目实施实质性程序（细节测试和分析程序）。

◆ 能核对六大业务循环的凭证账簿，发现审计风险和问题。

◆ 能综合运用询问、检查、监盘、函证、重新计算、分析性程序等审计方法收集审计证据，做出职业判断，以实现审计目标。

◆ 能完成六大业务循环相关报表项目的导引表、程序表、明细表、截止性测试表、完整性测试表、检查表、函证及监盘等审计工作底稿的编制。

### 素养目标

◆ 具备风险意识。

◆ 具备一定的职业判断能力，能保持职业谨慎态度。

◆ 具备良好的人际交往能力，能处理好与企业内外部人员的关系。

◆ 对所获取的审计证据的可靠性能保持职业怀疑，能够独立、客观、公正地评价审计证据。

# 思维导图

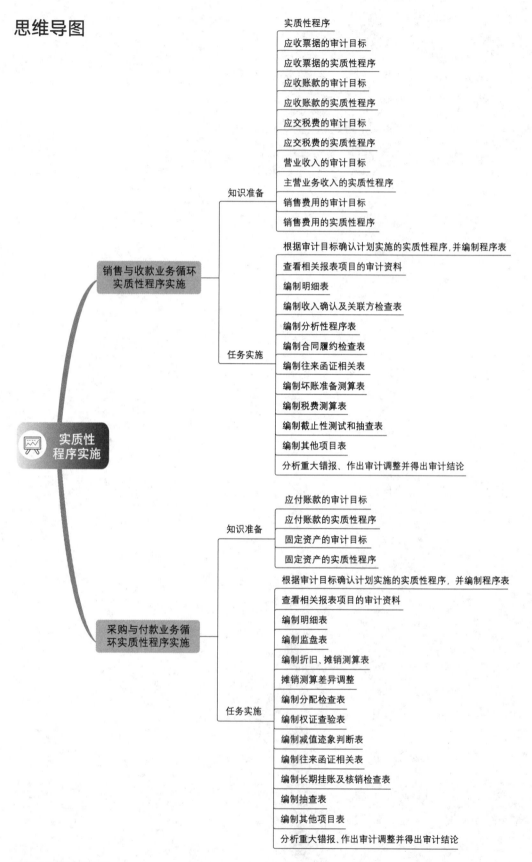

实质性程序实施

## 销售与收款业务循环实质性程序实施

### 知识准备

- 实质性程序
- 应收票据的审计目标
- 应收票据的实质性程序
- 应收账款的审计目标
- 应收账款的实质性程序
- 应交税费的审计目标
- 应交税费的实质性程序
- 营业收入的审计目标
- 主营业务收入的实质性程序
- 销售费用的审计目标
- 销售费用的实质性程序

### 任务实施

- 根据审计目标确认计划实施的实质性程序，并编制程序表
- 查看相关报表项目的审计资料
- 编制明细表
- 编制收入确认及关联方检查表
- 编制分析性程序表
- 编制合同履约检查表
- 编制往来函证相关表
- 编制坏账准备测算表
- 编制税费测算表
- 编制截止性测试和抽查表
- 编制其他项目表
- 分析重大错报、作出审计调整并得出审计结论

## 采购与付款业务循环实质性程序实施

### 知识准备

- 应付账款的审计目标
- 应付账款的实质性程序
- 固定资产的审计目标
- 固定资产的实质性程序

### 任务实施

- 根据审计目标确认计划实施的实质性程序，并编制程序表
- 查看相关报表项目的审计资料
- 编制明细表
- 编制监盘表
- 编制折旧、摊销测算表
- 摊销测算差异调整
- 编制分配检查表
- 编制权证查验表
- 编制减值迹象判断表
- 编制往来函证相关表
- 编制长期挂账及核销检查表
- 编制抽查表
- 编制其他项目表
- 分析重大错报、作出审计调整并得出审计结论

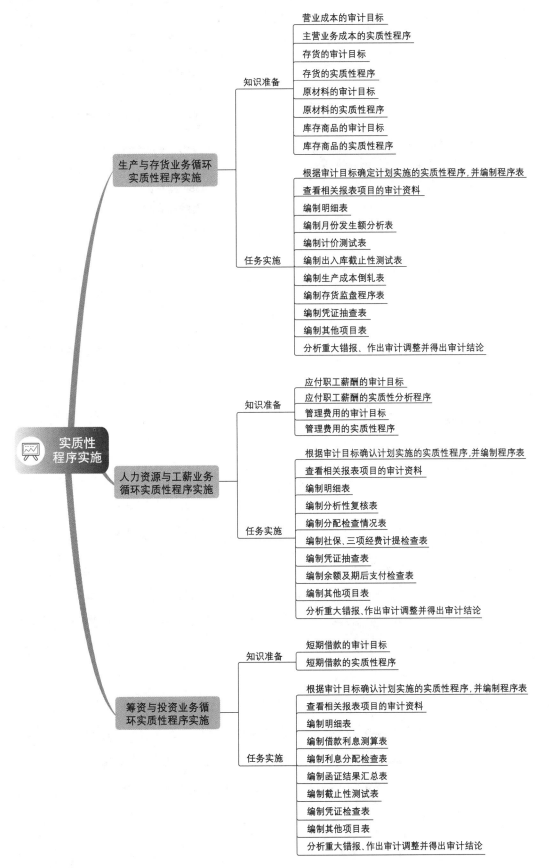

营业成本的审计目标

主营业务成本的实质性程序

存货的审计目标

存货的实质性程序

原材料的审计目标

原材料的实质性程序

库存商品的审计目标

库存商品的实质性程序

根据审计目标确定计划实施的实质性程序，并编制程序表

查看相关报表项目的审计资料

编制明细表

编制月份发生额分析表

编制计价测试表

编制出入库截止性测试表

编制生产成本倒轧表

编制存货监盘程序表

编制凭证抽查表

编制其他项目表

分析重大错报、作出审计调整并得出审计结论

知识准备

任务实施

生产与存货业务循环实质性程序实施

应付职工薪酬的审计目标

应付职工薪酬的实质性分析程序

管理费用的审计目标

管理费用的实质性程序

根据审计目标确认计划实施的实质性程序，并编制程序表

查看相关报表项目的审计资料

编制明细表

编制分析性复核表

编制分配检查情况表

编制社保、三项经费计提检查表

编制凭证抽查表

编制余额及期后支付检查表

编制其他项目表

分析重大错报、作出审计调整并得出审计结论

知识准备

任务实施

人力资源与工薪业务循环实质性程序实施

实质性程序实施

短期借款的审计目标

短期借款的实质性程序

根据审计目标确认计划实施的实质性程序，并编制程序表

查看相关报表项目的审计资料

编制明细表

编制借款利息测算表

编制利息分配检查表

编制函证结果汇总表

编制截止性测试表

编制凭证检查表

编制其他项目表

分析重大错报、作出审计调整并得出审计结论

知识准备

任务实施

筹资与投资业务循环实质性程序实施

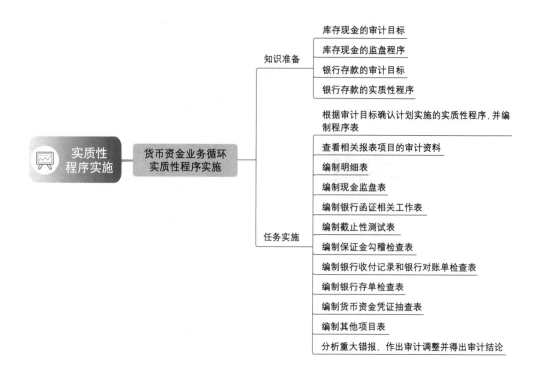

# 德技并修

职业怀疑先行，勤勉尽责兜底！

ZL 特产成立于 2000 年 10 月，是一家拥有出口自营权的中外合资公司，经营范围包括农副产品的收购、加工、销售等。

ZL 特产 IPO 业务由原深圳市 PC 会计师事务所承接，后因事务所合并更名，该项目由 RH 会计师事务所继续承接。RH 会计师事务所对 ZL 特产 2012 年、2013 年及 2014 年财务报表进行审计并出具了标准无保留意见的审计报告，审计收费 130 万元。

2013—2015 年，ZL 特产陆续报送四次招股说明书，并于 2014 年 4 月预先披露。2015 年，在 IPO 专项核查中，ZL 特产被发现存在存货大量盘亏、产能利用率过高等异常情况，涉嫌财务造假。随后，ZL 特产及 RH 会计师事务所涉嫌信息披露违法违规被立案调查。2017 年 3 月，RH 会计师事务所因在 ZL 特产 IPO 审计时未勤勉尽责，出具存在虚假记载的审计报告被责令改正违法行为，没收业务收入 130 万元，并处以 260 万元罚款；两名签字注册会计师被给予警告、处以罚款，并被采取 5 年证券市场禁入措施。

从证监会的行政处罚决定书中得知，审计师在 2012—2014 年对 ZL 特产收入执行审计程序时，针对 ZL 特产大部分销售客户在海外的客观情况，对 ZL 特产与境外销售客户签订的合同进行了检查，对海外客户进行了函证。审计师选取了函证样本，制作了函证控制表，要求 ZL 特产的工作人员填写了客户联系人、联系地址和联系方式，并由其填写快递单。审计师将快递单与函证控制表上客户的联系方式核对一致后，将询证函放入信封交给 ZL 特产的工作人员，由工作人员联系快递人员寄出。

此外，RH 会计师事务所在对 ZL 特产 2012 年至 2014 年营业收入进行审计时，ZL 特产提供的与各个境外销售客户签订的合同的格式大致相同，合同中缺少对外贸易合同的一些基本要素，而且 RH 所在审计时发现 ZL 特产在 2012 年前后使用的外销合同格式不一样，但未保持应有的职业怀疑，特别是在 2013 年及 2014 年营业收入存在舞弊导致的重大错报风险的情况下，对上述异常情况未予以充分关注。

思考与践行

从以上案例中，可以看出，RH 会计师事务所在对 ZL 特产的收入审计过程中，审计人员未保持应有的职业怀疑，未充分关注境外销售合同的异常情况，未对函证保持控制，进行审计时未勤勉尽责。

审计人员应认真学习《企业会计准则》《中华人民共和国国家审计准则》《中国注册会计师审计准则》《中国注册会计师职业道德守则》等准则，了解并熟悉在实质性程序阶段审计人员需要注意的问题。审计人员应结合项目的具体情况，综合运用专业知识，规划系列措施来应对识别出的审计风险，并且时刻提醒自己要保持正确的职业态度，客观公正地获取充分、适当的审计证据，尽力将审计风险降至可接受的低水平，以对财务报表发表审计意见。职业怀疑先行，勤勉尽责兜底，是审计人员顺利完成审计工作的基本职业素养要求。

## 情境概览

项目组根据对联晟通信的风险评估情况以及控制测试的结果，为了进一步降低审计风险，开始了对重要报表项目的实质性程序工作，主要执行的实质性程序包括检查、观察、询问、函证、重新计算、分析程序等。

# 任务一 销售与收款业务循环实质性程序实施

## 【任务情境】

目前审计人员已经完成销售与收款业务循环内部控制的了解及控制测试工作，联晟通信内部控制制度设计合理，执行有效，未见异常。

为了进一步获取充分、适当的审计证据，审计人员需要对该循环进一步实施实质性程序，可根据需要单独或综合运用以下程序：检查、观察、询问、函证、重新计算、分析程序等。

审计人员获取该循环的 2022 年度账户的累计发生额及期末余额如表 8-1 所示。

表 8-1　2022 年度账户的累计发生额及期末余额

单位：元

| 科目名称 | 科目级次 | 科目类别 | 借贷方向 | 年初余额 | | 全年累计发生额 | | 年末余额 | |
|---|---|---|---|---|---|---|---|---|---|
| | | | | 借方 | 贷方 | 借方发生额 | 贷方发生额 | 借方 | 贷方 |
| 应收票据 | 1 | 资产 | 借 | 45 743 485.96 | | 213 320 836.78 | 218 863 738.11 | 40 200 584.63 | |
| 银行承兑汇票 | 2 | 资产 | 借 | 28 655 377.30 | | 172 032 913.83 | 176 449 869.04 | 24 238 422.09 | |
| 商业承兑汇票 | 2 | 资产 | 借 | 17 088 108.66 | | 41 287 922.95 | 42 413 869.07 | 15 962 162.54 | |
| 应收账款 | 1 | 资产 | 借 | 168 927 803.88 | | 491 944 331.79 | 520 719 608.67 | 140 152 527.00 | |

| 科目名称 | 科目级次 | 科目类别 | 借贷方向 | 年初余额 | | 全年累计发生额 | | 年末余额 | |
|---|---|---|---|---|---|---|---|---|---|
| | | | | 借方 | 贷方 | 借方发生额 | 贷方发生额 | 借方 | 贷方 |
| 坏账准备 | 1 | 资产 | 贷 | | 4 285 849.30 | | 650 565.45 | 3 635 283.85 | |
| 应收账款 | 2 | 资产 | 贷 | | 4 025 776.87 | | −919 080.80 | 3 106 696.07 | |
| 其他应收款 | 2 | 资产 | 贷 | | 260 072.43 | | 268 515.35 | 528 587.78 | |
| 应交税费 | 1 | 负债 | 贷 | | 3 200 921.39 | 60 479 580.86 | 57 923 349.73 | | 644 690.26 |
| 应交增值税 | 2 | 负债 | 贷 | | | 54 466 650.80 | 54 466 650.80 | | |
| 进项税额 | 3 | 负债 | 贷 | | | 52 411 562.68 | | | 52 411 562.68 |
| 转出未交增值税 | 3 | 负债 | 贷 | | | 2 055 088.12 | | | 2 055 088.12 |
| 销项税额 | 3 | 负债 | 贷 | | | | 54 419 807.39 | | 54 419 807.39 |
| 进项税额转出 | 3 | 负债 | 贷 | | | | 46 843.41 | | 46 843.41 |
| 未交增值税 | 2 | 负债 | 贷 | | 1 101 115.93 | 2 784 716.58 | 2 055 088.12 | | 371 487.47 |
| 应交城市维护建设税 | 2 | 负债 | 贷 | | 91 130.23 | 405 016.67 | 347 805.67 | | 33 919.23 |
| 应交教育费附加 | 2 | 负债 | 贷 | | 39 055.81 | 173 578.59 | 149 059.59 | | 14 536.81 |
| 应交地方教育附加 | 2 | 负债 | 贷 | | 19 527.91 | 86 789.29 | 74 529.79 | | 7 268.41 |
| 应交房产税 | 2 | 负债 | 贷 | | 112 561.60 | 333 942.90 | 326 438.79 | | 105 057.49 |
| 应交土地使用税 | 2 | 负债 | 贷 | | 37 086.88 | 111 260.64 | 111 260.64 | | 37 086.88 |
| 应交车船税 | 2 | 负债 | 贷 | | | 1 792.35 | 1 792.35 | | |
| 应交印花税 | 2 | 负债 | 贷 | | 19 486.90 | 306 296.00 | 305 589.90 | | 18 780.80 |

| 科目名称 | 科目级次 | 科目类别 | 借贷方向 | 年初余额 | | 全年累计发生额 | | 年末余额 | |
|---|---|---|---|---|---|---|---|---|---|
| | | | | 借方 | 贷方 | 借方发生额 | 贷方发生额 | 借方 | 贷方 |
| 应交个人所得税 | 2 | 负债 | 贷 | | 65 298.50 | 602 752.90 | 599 316.60 | | 61 862.20 |
| 应交企业所得税 | 2 | 负债 | 贷 | | 1 715 657.63 | 992 009.54 | −728 957.12 | | −5 309.03 |
| 待抵扣进项税额 | 2 | 负债 | 贷 | | | 214 774.60 | 214 774.60 | | |
| 主营业务收入 | 1 | 损益 | 贷 | | | 390 671 904.63 | 390 671 904.63 | | |
| 外购商品 | 2 | 损益 | 贷 | | | 47 757 526.65 | 47 757 526.65 | | |
| 铝包钢单丝 | 3 | 损益 | 贷 | | | 2 159 688.20 | 2 159 688.20 | | |
| 铝包钢绞线 | 3 | 损益 | 贷 | | | 1 106 229.19 | 1 106 229.19 | | |
| 铝包钢芯铝绞线 | 3 | 损益 | 贷 | | | 699 592.03 | 699 592.03 | | |
| 光缆 | 3 | 损益 | 贷 | | | 131 384.51 | 131 384.51 | | |
| 金具 | 3 | 损益 | 贷 | | | 314 429.15 | 314 429.15 | | |
| 沙钢优线 | 3 | 损益 | 贷 | | | 35 896 265.18 | 35 896 265.18 | | |
| 润滑油 | 3 | 损益 | 贷 | | | 7 449 938.39 | 7 449 938.39 | | |
| 自制产品 | 2 | 损益 | 贷 | | | 321 790 938.97 | 321 790 938.97 | | |
| 铝包钢单丝 | 3 | 损益 | 贷 | | | 199 875 042.66 | 199 875 042.66 | | |
| 铝包钢绞线 | 3 | 损益 | 贷 | | | 37 623 063.68 | 37 623 063.68 | | |
| 铝包钢芯铝绞线 | 3 | 损益 | 贷 | | | 15 044.25 | 15 044.25 | | |

| 科目名称 | 科目级次 | 科目类别 | 借贷方向 | 年初余额 | | 全年累计发生额 | | 年末余额 | |
|---|---|---|---|---|---|---|---|---|---|
| | | | | 借方 | 贷方 | 借方发生额 | 贷方发生额 | 借方 | 贷方 |
| 铝包钢混绞线 | 3 | 损益 | 贷 | | | 1 817 357.08 | 1 817 357.08 | | |
| 不锈钢管光单元 | 3 | 损益 | 贷 | | | 2 762 305.65 | 2 762 305.65 | | |
| 光缆 | 3 | 损益 | 贷 | | | 62 543 105.67 | 62 543 105.67 | | |
| 铝包光单元 | 3 | 损益 | 贷 | | | 1 560 080.35 | 1 560 080.35 | | |
| 铝包合金钢绞线 | 3 | 损益 | 贷 | | | 15 000 445.12 | 15 000 445.12 | | |
| 其他 | 3 | 损益 | 贷 | | | 594 494.51 | 594 494.51 | | |
| 出口产品 | 2 | 损益 | 贷 | | | 21 123 439.01 | 21 123 439.01 | | |
| 铝包钢单丝 | 3 | 损益 | 贷 | | | 21 123 439.01 | 21 123 439.01 | | |
| 主营业务成本 | 1 | 损益 | 借 | | | 330 578 727.49 | 330 578 727.49 | | |
| 外购商品 | 2 | 损益 | 借 | | | 46 063 800.95 | 46 063 800.95 | | |
| 铝包钢单丝 | 3 | 损益 | 借 | | | 2 136 342.77 | 2 136 342.77 | | |
| 铝包钢绞线 | 3 | 损益 | 借 | | | 1 116 852.18 | 1 116 852.18 | | |
| 铝包钢芯铝绞线 | 3 | 损益 | 借 | | | 667 407.47 | 667 407.47 | | |
| 光缆 | 3 | 损益 | 借 | | | 109 830.09 | 109 830.09 | | |
| 金具 | 3 | 损益 | 借 | | | 265 534.18 | 265 534.18 | | |
| 沙钢优线 | 3 | 损益 | 借 | | | 35 539 889.51 | 35 539 889.51 | | |
| 润滑油 | 3 | 损益 | 借 | | | 6 227 944.75 | 6 227 944.75 | | |

| 科目名称 | 科目级次 | 科目类别 | 借贷方向 | 年初余额 | | 全年累计发生额 | | 年末余额 | |
|---|---|---|---|---|---|---|---|---|---|
| | | | | 借方 | 贷方 | 借方发生额 | 贷方发生额 | 借方 | 贷方 |
| 自制产品 | 2 | 损益 | 借 | | | 268 315 085.99 | 268 315 085.99 | | |
| 铝包钢单丝 | 3 | 损益 | 借 | | | 179 864 298.09 | 179 864 298.09 | | |
| 铝包钢绞线 | 3 | 损益 | 借 | | | 30 836 787.96 | 30 836 787.96 | | |
| 铝包钢芯铝绞线 | 3 | 损益 | 借 | | | 13 193.71 | 13 193.71 | | |
| 铝包钢混绞线 | 3 | 损益 | 借 | | | 1 256 577.28 | 1 256 577.28 | | |
| 不锈钢管光单元 | 3 | 损益 | 借 | | | 2 022 830.99 | 2 022 830.99 | | |
| 光缆 | 3 | 损益 | 借 | | | 49 454 800.88 | 49 454 800.88 | | |
| 铝包光单元 | 3 | 损益 | 借 | | | 1 102 733.06 | 1 102 733.06 | | |
| 铝包合金钢绞线 | 3 | 损益 | 借 | | | 3 512 839.78 | 3 512 839.78 | | |
| 其他 | 3 | 损益 | 借 | | | 251 024.24 | 251 024.24 | | |
| 出口产品 | 2 | 损益 | 借 | | | 16 199 840.55 | 16 199 840.55 | | |
| 铝包钢单丝 | 3 | 损益 | 借 | | | 16 199 840.55 | 16 199 840.55 | | |
| 其他业务收入 | 1 | 损益 | 贷 | | | 47 647 024.36 | 47 647 024.36 | | |
| 废品 | 2 | 损益 | 贷 | | | 6 627 206.87 | 6 627 206.87 | | |
| 原材料 | 2 | 损益 | 贷 | | | 39 379 579.14 | 39 379 579.14 | | |
| 其他 | 2 | 损益 | 贷 | | | 1 640 238.35 | 1 640 238.35 | | |
| 其他业务成本 | 1 | 损益 | 借 | | | 48 128 896.47 | 48 128 896.47 | | |
| 废品 | 2 | 损益 | 借 | | | 6 945 900.91 | 6 945 900.91 | | |
| 原材料 | 2 | 损益 | 借 | | | 40 568 704.47 | 40 568 704.47 | | |
| 其他 | 2 | 损益 | 借 | | | 614 291.09 | 614 291.09 | | |

| 科目名称 | 科目级次 | 科目类别 | 借贷方向 | 年初余额 | | 全年累计发生额 | | 年末余额 | |
|---|---|---|---|---|---|---|---|---|---|
| | | | | 借方 | 贷方 | 借方发生额 | 贷方发生额 | 借方 | 贷方 |
| 税金及附加 | 1 | 损益 | 借 | | | 1 524 264.98 | 1 524 264.98 | | |
| 销售费用 | 1 | 损益 | 借 | | | 21 556 425.19 | 21 556 425.19 | | |
| 部门费用 | 2 | 损益 | 借 | | | 4 787 213.08 | 4 787 213.08 | | |
| 员工基薪 | 3 | 损益 | 借 | | | 1 300 369.30 | 1 300 369.30 | | |
| 提成工资 | 3 | 损益 | 借 | | | 3 017 209.37 | 3 017 209.37 | | |
| 办公费 | 3 | 损益 | 借 | | | 18 339.62 | 18 339.62 | | |
| 差旅费 | 3 | 损益 | 借 | | | 5 877.66 | 5 877.66 | | |
| 业务招待费 | 3 | 损益 | 借 | | | 5 943.00 | 5 943.00 | | |
| 公共费用 | 3 | 损益 | 借 | | | 19 582.70 | 19 582.70 | | |
| 出口费用 | 3 | 损益 | 借 | | | 61 837.53 | 61 837.53 | | |
| 其他 | 3 | 损益 | 借 | | | 358 053.90 | 358 053.90 | | |
| 市场建设费 | 2 | 损益 | 借 | | | 187 159.13 | 187 159.13 | | |
| 差旅费 | 3 | 损益 | 借 | | | 91 449.11 | 91 449.11 | | |
| 业务招待费 | 3 | 损益 | 借 | | | 92 363.48 | 92 363.48 | | |
| 标书费 | 3 | 损益 | 借 | | | 200.00 | 200.00 | | |
| 其他 | 3 | 损益 | 借 | | | 3 146.54 | 3 146.54 | | |
| 公司费用 | 2 | 损益 | 借 | | | 16 582 052.98 | 16 582 052.98 | | |
| 工资 | 3 | 损益 | 借 | | | 533 247.67 | 533 247.67 | | |
| 社保 | 3 | 损益 | 借 | | | 93 637.18 | 93 637.18 | | |
| 公积金 | 3 | 损益 | 借 | | | 105 499.00 | 105 499.00 | | |
| 三项计提 | 3 | 损益 | 借 | | | 533 590.90 | 533 590.90 | | |
| 中标服务费 | 3 | 损益 | 借 | | | 103 664.55 | 103 664.55 | | |

| 科目名称 | 科目级次 | 科目类别 | 借贷方向 | 年初余额 | | 全年累计发生额 | | 年末余额 | |
|---|---|---|---|---|---|---|---|---|---|
| | | | | 借方 | 贷方 | 借方发生额 | 贷方发生额 | 借方 | 贷方 |
| 办公楼租赁费 | 3 | 损益 | 借 | | | 788 990.83 | 788 990.83 | | |
| 汽车费用 | 3 | 损益 | 借 | | | 31 004.63 | 31 004.63 | | |
| 标书费 | 3 | 损益 | 借 | | | 4 554.72 | 4 554.72 | | |
| 低值易耗品 | 3 | 损益 | 借 | | | 8 525.92 | 8 525.92 | | |
| 差旅费 | 3 | 损益 | 借 | | | 16 364.46 | 16 364.46 | | |
| 业务招待费 | 3 | 损益 | 借 | | | 3 491.00 | 3 491.00 | | |
| 办公费 | 3 | 损益 | 借 | | | 12 992.20 | 12 992.20 | | |
| 运输费 | 3 | 损益 | 借 | | | 8 284 685.71 | 8 284 685.71 | | |
| 出口费用 | 3 | 损益 | 借 | | | 513 478.11 | 513 478.11 | | |
| 售后服务费 | 3 | 损益 | 借 | | | 213 592.06 | 213 592.06 | | |
| 润滑油 | 3 | 损益 | 借 | | | 4 814 680.48 | 4 814 680.48 | | |
| 其他 | 3 | 损益 | 借 | | | 520 053.56 | 520 053.56 | | |
| 资产减值损失 | 1 | 损益 | 借 | | | 650 565.45 | 650 565.45 | | |

## 【任务要求】

对销售与收款业务循环相关报表项目实施实质性程序，并编制如下审计工作底稿。

（1）应收票据：通过执行询问、观察、检查、函证、重新计算等审计程序，完成导引表、程序表、明细表、明细表（续）期末明细情况表、票据备查登记核对表、监盘表、应收票据函证结果汇总表、应收票据凭证抽查表、应收票据期后收款检查表。

（2）应收账款：通过执行询问、观察、检查、函证、分析程序、重新计算等审计程序，完成导引表、程序表、明细表、函证结果明细表、函证地址核查表、未回函替代测试表、函证结果调节表、坏账准备测试表、应收账款凭证抽查表的编制。

（3）应交税费：通过执行询问、观察、检查、分析程序、重新计算等审计程序，需完成导引表、程序表、明细表、主要税种纳税申报检查表、应交增值税明细表、应交增值税销项税金测算表、消费税、附加税费等测算表、房产税测算表的编制。

（4）营业收入及成本：通过执行询问、观察、检查、分析程序、重新计算等审计程序，完成导引表、程序表、明细表、主营业务产品销售分析表、主营业务月度毛利率分析表、其他业务毛利率分析表、收入与发票核对表、主要产品各月销售比较表、截止性测试表、完整性测试表的编制。

（5）销售费用：通过执行询问、观察、检查、分析程序、重新计算等审计程序，完成导引表、程序表、明细表、明细表（按月）、截止性测试表、销售费用凭证抽查表的编制。

# 【任务准备】

（一）知识准备

1. 实质性程序

（1）实质性程序的含义。实质性程序是指用于发现认定层次重大错报的审计程序，包括对各类交易、账户余额和披露的细节测试以及实质性分析程序。

（2）实质性程序的类型。实质性程序的两种基本类型包括细节测试和实质性分析程序。

细节测试是对各类交易、账户余额和披露的具体细节进行测试，目的在于直接识别财务报表认定是否存在错报，如存在、准确性、计价等。

实质性分析程序从技术特征上讲仍然是分析程序，主要是通过研究数据间关系评价信息，只是将该技术方法用作实质性程序，即用以识别各类交易、账户余额和披露及相关认定是否存在错报。

2. 应收票据的审计目标

应收票据的审计目标一般包括以下方面。

（1）确定应收票据是否存在（"存在"认定）。

（2）确定应收票据是否归被审计单位所有（"权利和义务"认定）。

（3）确定应收票据增减变动的记录是否完整（"完整性"认定）。

（4）确定应收票据是否有效，可否收回（"准确性、计价和分摊"认定）。

（5）确定应收票据年末余额是否正确（"准确性、计价和分摊"认定）。

（6）确定应收票据在会计报表上的披露是否恰当（"分类"认定），并已被恰当地汇总或分解且表述清楚，按照企业会计准则的规定在财务报表中作出的相关披露是相关的、可理解的（"列报"认定）。

3. 应收票据的实质性程序

（1）核对应收票据明细账与总账的余额是否相符。

（2）获取或编制资产负债表日应收票据明细表，并检查明细表各项余额的加计是否正确；从应收票据明细表总数追查到总分类账；抽查部分票据，检查其内容是否正确；将所查的票据项目追查到应收票据明细账，并与有关文件核对。

（3）监盘库存票据，并与应收票据登记簿的有关内容核对。

（4）抽取部分票据向出票人函证，以证实其存在性和可收回性。

（5）验明应收票据的利息收入是否均已正确入账。

（6）核对已贴现的应收票据，其贴现额与利息额的计算是否准确，会计处理方法是否恰当。

（7）验明应收票据是否已在资产负债表上恰当披露。

4. 应收账款的审计目标

应收账款的审计目标一般包括以下方面。

（1）确定资产负债表中记录的应收账款是否存在（"存在"认定）。

（2）确定所有应当记录的应收账款是否均已记录（"完整性"认定）。

（3）确定记录的应收账款是否由被审计单位拥有或控制（"权利和义务"认定）。

动画：应收
账款函证

（4）确定应收账款是否可收回，预期信用损失的计提方法和金额是否恰当，计提是否充分（"准确性、计价和分摊"认定）。

（5）应收账款及其预期信用损失是否已记录于恰当的账户（"分类"认定），并已被恰当地汇总或分解且表述清楚，按照企业会计准则的规定在财务报表中作出的相关披露是相关的、可理解的（"列报"认定）。

5. 应收账款的实质性程序

应收账款的实质性程序一般包括以下几方面。

（1）取得应收账款明细表，并执行以下工作。

① 复核加计正确，并与总账数和明细账合计数核对是否相符；结合损失准备科目与报表数核对是否相符。应收款项报表数反映企业因销售商品、提供劳务等应向客户收取的各种款项，减去已计提的相应的损失准备后的净额。

② 检查非记账本位币应收账款的折算汇率及折算是否正确。

③ 分析有贷方余额的项目，查明原因，必要时，建议作重分类调整。

④ 结合其他应收款、预收款项等往来项目的明细余额，调查有无同一客户多处挂账、异常余额或与销售无关的其他款项（如代销账户、关联方账户或员工账户）。必要时提出调整建议。

（2）分析与应收账款相关的财务指标，并执行以下工作。

① 复核应收账款借方累计发生额与主营业务收入关系是否合理，并将当期应收账款借方发生额占销售收入净额的百分比与管理层考核指标和被审计单位相关赊销政策比较，如存在异常，查明原因。

② 计算应收账款周转率、应收账款周转天数等指标，并与被审计单位相关赊销政策、被审计单位以前年度指标、同行业同期相关指标对比，分析是否存在重大异常并查明原因。

（3）对应收账款实施函证程序。函证应收账款的目的在于证实应收账款账户余额是否真实、准确。通过第三方提供的函证回复，可以比较有效地证明被询证者的存在和被审计单位记录的可靠性。

审计人员根据被审计单位的经营环境、内部控制的有效性、应收账款账户的性质、被询证者处理询证函的习惯做法及回函的可能性等，确定应收账款函证的范围、对象、方式和时间。

① 函证决策。除非有充分证据表明应收账款对被审计单位财务报表而言是不重要的，或者函证很可能是无效的，否则，审计人员应当对应收账款进行函证。如果审计人员不对应收账款进行函证，应当在审计工作底稿中说明理由。如果认为函证很可能是无效的，审计人员应当实施替代审计程序，获取相关、可靠的审计证据。

② 函证的范围和对象。函证范围是由诸多因素决定的，例如：如果应收账款占

资产总额的比重较大，则需要相应扩大函证的范围；如果相关内部控制有效，则可以相应减少函证范围；如果以前期间函证中发现过重大差异，或欠款纠纷较多，则需要扩大函证的范围。

审计人员选择函证项目时，除考虑金额较大的项目，还需要考虑风险较高的项目。

③ 函证的方式。审计人员可采用积极的或消极的函证方式实施函证，也可将两种方式结合使用。由于应收账款通常存在高估风险，且与之相关的收入确认存在舞弊风险假定，因此，实务中通常对应收账款采用积极的函证方式。

④ 函证时间的选择。审计人员通常以资产负债表日为截止日，在资产负债表日后适当时间内实施函证。如果重大错报风险评估为低水平，审计人员可选择资产负债表日前适当日期为截止日实施函证，并对所函证项目自该截止日起至资产负债表日止发生的变动实施其他实质性程序。

⑤ 函证的控制。审计人员通常利用被审计单位提供的应收账款明细账户名称及客户地址等资料据以编制询证函，但审计人员应当对函证全过程保持控制，并对确定需要确认或填列的信息、选择适当的被询证者、设计询证函以及发出和跟进（包括收回）询证函保持控制。

⑥ 对不符事项的处理。对回函中出现的不符事项，审计人员需要调查核实原因，确定其是否构成错报。审计人员不能仅通过询问被审计单位相关人员对不符事项的性质和原因得出结论，而是要在询问原因的基础上，检查相关的原始凭证和文件资料予以证实。必要时与被询证方联系，获取相关信息和解释。

⑦ 对未回函项目实施替代程序。如果未收到被询证方的回函，审计人员应当实施替代审计程序，包括：检查资产负债表日后收回的货款；检查相关的销售合同、销售单、发运凭证等文件；检查被审计单位与客户之间的往来邮件，如有关发货、对账、催款等事宜邮件。

（4）检查坏账的冲销和转回。一方面，审计人员应检查有无债务人破产或者死亡的，以及破产或以遗产清偿后仍无法收回的，或者债务人长期未履行清偿义务的应收账款；另一方面，审计人员应检查被审计单位坏账的处理是否经授权批准，有关会计处理是否正确。

（5）确定应收账款的列报是否恰当。除了《企业会计准则》要求的披露之外，如果被审计单位为上市公司，审计人员还要评价其披露是否符合证券监管部门的特别规定。

（6）执行坏账准备的实质性程序。应收账款属于以摊余成本计量的金融资产，企业应当以预期信用损失为基础，对其进行减值会计处理并确认坏账准备。

① 取得坏账准备明细表，复核加计是否正确，与坏账准备总账数、明细账合计数核对是否相符。

② 将应收账款坏账准备本期计提数与信用减值损失相应明细项目的发生额核对是否相符。

③ 检查应收账款坏账准备计提和核销的批准程序，取得书面报告等证明文件，结合应收账款函证回函结果，评价计提坏账准备所依据的资料、假设及方法。

④ 实际发生坏账损失的，检查转销依据是否符合有关规定，会计处理是否正确。对于被审计单位在被审计期间内发生的坏账损失，审计人员应检查其原因是否清楚，是否符合有关规定，有无授权批准，有无已做坏账处理后又重新收回的应收账款，相应的会计处理是否正确。对有确凿证据表明确实无法收回的应收账款，如债务单位已撤销、破产、资不抵债、现金流量严重不足等，企业应根据管理权限，经股东（大）会或董事会、或经理（厂长）办公会或类似机构批准作为坏账损失，冲销提取的坏账准备。

⑤ 已经确认并转销的坏账重新收回的，检查其会计处理是否正确。

⑥ 确定应收账款坏账准备的披露是否恰当。如企业是否在财务报表附注中清晰地说明坏账的确认标准、坏账准备的计提方法等内容。

6. 应交税费的审计目标

应交税费的审计目标一般包括以下几方面。

（1）确定资产负债表中记录的应交税费是否存在（"存在"认定）。

（2）确定所有应当记录的应交税费均已记录（"完整性"认定）。

（3）确定记录的应交税费是被审计单位应当履行的偿还义务（"权利和义务"认定）。

（4）确定应交税费以恰当的金额包括在财务报表中，与之相关的计价调整已恰当记录（"准确性、计价和分摊"认定）。

（5）确定应交税费是否已按照企业会计准则的规定在财务报表中作出恰当列报

（"分类""列报"认定）。

7. 应交税费的实质性程序

（1）取得或编制应交税费明细表，复核加计正确，并与报表数、总账数和明细账合计数核对相符，填制应交税费导引表中的未审数。

（2）首次接受委托时，取得被审计单位的纳税鉴定、纳税通知、减免税批准文件等，了解被审计单位适用的税种、附加税费、计税（费）基础、税（费）率，以及征、免、减税（费）的范围与期限。连续接受委托时，关注其变化情况。

（3）取得税务部门汇算清缴或其他确认文件、有关政府部门的专项检查报告、税务代理机构专业报告、被审计单位纳税申报资料等，分析其有效性，并与上述明细表及账面数据进行核对。必要时，向主管税务部门函证应交税费的本期应交数和期末未交数。对于超过法定交纳期限的税费应取得主管税务机关的批准文件。

（4）检查被审计单位获得税费减免或返还时会计处理是否正确，依据是否充分、合法和有效。

（5）检查企业所得税。

① 结合所得税费用项目，确定是否按税法规定的纳税调整项目计算应纳税所得额，企业所得税税率是否正确，复核本期应交所得税的计算是否正确，是否按规定进行了会计处理。

② 抽查本期交纳所得税资料，确定本期已交数的正确性。

（6）检查增值税。

① 获取或编制应交增值税明细表，复核其正确性，并与明细账核对相符。

② 将"应交增值税明细表"与被审计单位增值税纳税申报表核对，检查进项税额、销项税额的入账与申报期间是否一致，金额是否相符，如不一致，应分析原因，并做出记录。

③ 检查进项税。

④ 检查销项税。

⑤ 抽查本期已交增值税纳税资料，确定已交数的正确性。

（7）检查消费税。

① 结合税金及附加等项目，根据审定的应税消费品销售额（或数额），检查消费税的计税依据是否正确，适用税率（或单位税额）是否符合税法规定，是否按规定进

行了会计处理，并分项复核本期应交消费税税额。

② 抽查本期已交消费税纳税资料，复核已交数额的正确性。

（8）检查土地增值税。

① 根据审定的土地使用权及其地上物（或称房地产）转让收入与其规定的扣除金额，复核是否达到土地增值税清算的条件，复核房地产转让增值额。

② 结合税金及附加等项目。根据房地产转让增值额和按规定适用的税率复核应交土地增值税税额。

③ 抽查本期已交土地增值税纳税资料，确定已交数额的正确性。

（9）检查城市维护建设税。

① 结合税金及附加等项目，根据审定的计税基础和按规定适用的税率，复核本期应交城市维护建设税税额。

② 抽查本期已交城市维护建设税纳税资料，确定已交数额的正确性。

（10）检查车船使用税和房产税。

① 获取被审计单位自有车船数量、吨位（或座位）及自有房屋建筑面积、用途、造价（购入原价）、购建年月等资料并与固定资产（含融资租入固定资产和投资性房地产）明细账复核一致。

② 了解其使用、停用时间及其原因等情况。

③ 获取被审计单位本期内已交税金的完税凭证，审核其是否如实申报和按期缴纳，是否按规定进行了会计处理。

8. 营业收入的审计目标

营业收入的审计目标一般包括以下方面。

（1）确定利润表中记录的营业收入是否已发生，且与被审计单位有关（"发生"认定）。

（2）确定所有应当记录的营业收入是否均已记录（"完整性"认定）。

（3）确定与营业收入有关的金额及其他数据是否已恰当记录（"准确性"认定）。

（4）确定营业收入是否已记录于正确的会计期间（"截止"认定）。

（5）确定营业收入记录于恰当的账户（"分类"认定）。

（6）确定营业收入已被恰当地汇总或分解且表述清楚，按照《企业会计准则》的规定在财务报表中作出的相关披露是相关的、可理解的（"列报"认定）。

9. 主营业务收入的实质性程序

主营业务收入的实质性程序一般包括以下几个方面。

（1）获取营业收入明细表，并执行以下工作：① 复核加计是否正确，并与总账数和明细账合计数核对是否相符；② 检查以非记账本位币结算的主营业务收入使用的折算汇率及折算是否正确。

（2）实施实质性分析程序。

（3）检查主营业务收入确认方法是否符合《企业会计准则》的规定。

（4）检查交易价格。

（5）检查与收入交易相关的原始凭证与会计分录。

（6）从发运凭证中选取样本，追查至主营业务收入明细账，以确定是否存在遗漏事项。

（7）结合对应收账款实施的函证程序，选择客户函证本期销售额。

（8）实施销售截止测试。对销售实施截止测试，其目的主要在于确定被审计单位主营业务收入的会计记录归属期是否正确：应记入本期或下期的主营业务收入是否被推延至下期或提前至本期。

（9）对于销售退回，检查相关手续是否符合规定，结合原始销售凭证检查其会计处理是否正确，结合存货项目审计关注其真实性。

（10）检查可变对价的会计处理。

（11）检查主营业务收入在财务报表中的列报和披露是否符合《企业会计准则》的规定。

10. 销售费用的审计目标

销售费用的审计目标一般包括以下几个方面。

（1）确认所记录的销售费用都是真实发生的（"发生"认定）。

（2）确认所有的销售费用均已登记入账，没有遗漏（"完整性"认定）。

（3）确认销售费用未提前也未推后入账（"截止"认定）。

（4）确认销售费用记录的金额是准确的（"准确性"认定）。

（5）确认销售费用记录的账户是恰当的，没有与其他项目混淆，并已被恰当地汇总或分解且表述清楚，按照企业会计准则的规定在财务报表中作出的相关披露是相关的、可理解的（"分类""列报"认定）。

11. 销售费用的实质性程序

销售费用的实质性程序一般包括以下几方面。

（1）获取或编制销售费用明细表，复核加计正确，与报表数、总账数及明细账合计数核对相符，并检查其明细项目的设置是否符合规定的核算内容与范围，是否划清了销售费用和其他费用的界限。填制销售费用审定表未审数。

（2）抽取部分凭证，检查销售费用各项目开支内容是否与被审计单位的产品销售等活动有关，计算是否正确。填制销售费用检查情况表。

（3）将本期销售费用与上期销售费用进行比较，并将本期各月的销售费用进行比较，如有重大波动和异常情况应查明原因，并作适当处理。

（4）选择重要或异常的销售费用，检查其原始凭证是否合法，会计处理是否正确。必要时，对销售费用实施截止测试，检查有无跨期入账的现象，对于重大跨期项目应建议做必要调整。

（5）核对销售费用有关项目金额与累计折旧、应付职工薪酬等项目相关金额的勾稽关系，如有不符，应查明原因并作适当处理。

（6）检查销售费用是否已在利润表中恰当披露。

（二）操作准备

（1）基于销售与收款业务循环控制测试的结果，进一步确定实质性程序的性质、时间和范围。

（2）获取总账、明细账、销售合同台账、大额销售合同、关联方清单、纳税申报表、往来账龄表、票据台账等审计资料。

> 提示：数据资料见"8.1 销售与收款业务循环实质性程序业财一体化数据资料包"。

（3）查看并熟悉该循环实质性程序相关的工作底稿。

（三）任务要领

（1）明确该循环相关报表项目的审计目标和审计程序。

（2）营业收入实质性分析方法有多种，可以根据实际需要进行选择。

（3）对毛利率进行分析时需要关注收入的虚增、成本的低估情形。

（4）进行截止测试时需要同时关注收入跨期确认的情形。

（5）关于科目间的勾稽关系，如运费和收入的变动比例是否异常。

（6）询证函的回函地址和联系人必须是会计师事务所的地址和联系人。

（7）针对应收账款必须足额计提减值准备。

操作演示：
营业收入及
成本实质性
程序

操作演示：
应收账款实
质性程序

操作演示：
应收票据实
质性程序

操作演示：
应交税费实
质性程序

操作演示：
销售费用实
质性程序

## 【任务实施】

**步骤一：根据审计目标确认计划实施的实质性程序，并编制程序表**

确定相关报表项目的审计目标。财务报表认定主要包括存在、发生、完整性、权利和义务、准确性、计价和分摊、截止、分类、列报，不同的报表项目对应不同的目标，根据审计目标确定计划实施的实质性程序，在程序表的"是否执行"处填写"是""否""不适用"，然后判断需要执行的程序是否可以实现审计目标。

**步骤二：查看相关报表项目的审计资料**

根据审计的报表项目查看获取的审计资料，该循环的审计资料主要包括总账、明细账、销售合同台账、大额销售合同、关联方清单、纳税申报表、往来账龄表、票据台账等原始单据。

**步骤三：编制明细表**

（1）根据总账、明细账等其他资料编制明细表的本期数和上期数并复核。

（2）明细表涉及期初账龄的，向被审计单位获取往来账龄表复核坏账准备是否和期初一致，核对无误后填写明细表，如应收账款底稿。

（3）明细表涉及按月分析的，根据被审计单位的明细账按项目、按月分类汇总各项目金额，如销售费用底稿。

（4）执行完该程序表后，填写审计说明，得出审计结论。

> 👤 **注意**：其他工作表执行完审计程序后必要时也需要写审计说明和审计结论，此处不再赘述。

**步骤四：编制收入确认及关联方检查表**

（1）检查被审计单位的收入确认条件及定价政策，填写收入确认原则检查表。

（2）检查关联销售、内部销售情况，填写关联交易统计表、关联交易检查表。

**步骤五：编制分析性程序表**

（1）将本期数和上期数进行比较，若差异较大，分析原因。

（2）按月填写收入成本的月度发生额，分析毛利率的变化是否异常，各期是否存在重大波动，查明原因，关注收入、成本是否配比。

（3）抽取主要产品按照销售数量、平均销售价格、销售金额进行分析性复核，说明变化原因和合理性，如表 8-2 所示。

表8-2　主要产品各月销售比较

被审计单位：湖北联晟通信科技股份有限公司　　　　　索引号：S1-14　　　页次：
项目：主要产品各月销售比较　　　　　　　　　　　　编制人：李梦　　　　日期：2023-1-10
财务报表截止日：2022-12-31　　　　　　　　　　　　复核人：梁涛　　　　日期：2023-1-10

| 序号 | 产品名称 | 规格／型号 | 销售月份 | 销售数量 | 平均销售价格 | 销售金额 |
|---|---|---|---|---|---|---|
| 1 | 自制产品／铝包钢单丝 | LB20 | 1 | 799 723.00 | 7.55 | 6 033 982.56 |
| | | | 2 | | | |
| | | | 3 | | | |
| | | | 4 | 1 505 726.00 | 7.40 | 11 149 563.19 |
| | | | 5 | 2 034 721.00 | 7.22 | 14 691 353.11 |
| | | | 6 | 1 890 559.00 | 7.31 | 13 827 974.09 |
| | | | 7 | 1 359 522.00 | 7.48 | 10 163 081.57 |
| | | | 8 | 1 198 161.00 | 7.57 | 9 064 392.85 |
| | | | 9 | 1 258 001.00 | 7.41 | 9 327 649.08 |
| | | | 10 | 1 674 433.43 | 7.66 | 12 827 493.44 |
| | | | 11 | 1 590 141.00 | 7.71 | 12 254 682.49 |
| | | | 12 | 810 806.00 | 7.85 | 6 365 121.65 |
| 合计 | | | | 14 121 793.43 | 7.52 | 105 705 294.03 |

| 序号 | 产品名称 | 规格／型号 | 销售月份 | 销售数量 | 平均销售价格 | 销售金额 |
|---|---|---|---|---|---|---|
| 2 | 自制产品／铝包钢单丝 | LB40 | 1 | 195 444.00 | 10.49 | 2 050 402.98 |
| | | | 2 | | | |
| | | | 3 | | | |
| | | | 4 | 310 366.00 | 10.03 | 3 112 696.23 |
| | | | 5 | 298 815.00 | 9.89 | 2 953 817.14 |
| | | | 6 | 421 722.00 | 10.05 | 4 238 433.00 |
| | | | 7 | 620 304.00 | 10.39 | 6 446 595.61 |
| | | | 8 | 441 718.00 | 10.71 | 4 731 283.02 |
| | | | 9 | 516 625.00 | 10.66 | 5 507 720.18 |
| | | | 10 | 459 340.00 | 10.67 | 4 902 457.07 |
| | | | 11 | 514 799.00 | 10.69 | 5 500 707.18 |
| | | | 12 | 258 469.00 | 11.24 | 2 906 351.33 |
| 合计 | | | | 4 037 602.00 | 10.49 | 42 350 463.74 |

...

审计说明：

抽取了主营业务收入中本年交易额最大的 2 个品种，各月的售价波动较小。

（4）销售费用按项目、按月与上期数比较分析有无异常。

（5）分析各月的销售量与运输费的关系是否存在差异，对于存在异常关系的月份，抽取相关运输单据与销售合同、销售记录核对。

**步骤六：编制合同履约检查表**

（1）对主要产品的主要客户的合同履行情况进行检查，包括对关联方的合同执行情况进行检查。

（2）检查合同完整的履约执行情况，判断主要客户的销售金额与销售合同金额之间是否匹配。按照合同（包括合同号、品种、合同数量、合同金额）、实际销货（包括出库单、货运单、签收单、销货额）、货款结算（包括结算方式、日记账、对账单）、期末回款情况检查，如表 8-3 所示。

表8-3 合同履约检查表

被审计单位：湖北联晟通信科技股份有限公司
项目：合同履约检查表
财务报表截止日：2022-12-31
产品：1：沙钢优线
客户名称：WH 联合钢铁加工有限公司

索引号：S1-17
编制人：李梦
复核人：梁涛
页次：
日期：2023-1-10
日期：2023-1-10

| 序号 | 合同号 | 品种 | 合同数量 | 合同金额 | 实际销货 | | | | | 货款结算 | | | | 差异 | 期末回款情况 |
| | | | | | 出库单 | 货运单 | 签收单 | 销货额 | 结算方式 | 日记账 | 对账单 | | | |
|---|---|---|---|---|---|---|---|---|---|---|---|---|---|---|
| 1 | 74980456 | | 9 495 383 | 40 562 779.60 | √ | | | 40 562 779.60 | 赊销 | | √ | | | √ |
| 2 | | | | | | | | | | | | | | |
| 3 | | | | | | | | | | | | | | |
| 4 | | | | | | | | | | | | | | |
| 5 | | | | | | | | | | | | | | |
| 合计 | | | 9 495 383 | 40 562 779.60 | | | | 40 562 779.60 | | | | | | |

产品：2：
…

审计说明：
对合同履约情况进行检查，未发现异常。

**步骤七：编制往来函证相关表**

（1）查看被审计单位往来款信息并核对。

① 获取被审计单位的关联方清单，查看关联方的期末余额，确定是否需要发函。

② 审计人员可以考虑作为函证对象的项目包括金额较大、账龄较长、交易频繁、重大或异常交易等项目。

（2）填写询证函并发函。

① 关联方的余额可以采取内部对账和函证的方式确认余额。

② 确定发函方式、发函对象、发函金额。

③ 审计人员从被审计单位获取函证样本地址、收件人等信息，审计人员可以通过外部网站核查发函地址，并填制函证地址核查表，如表8-4所示。

以应收账款为例，应收账款函证业务流程如图8-1所示。

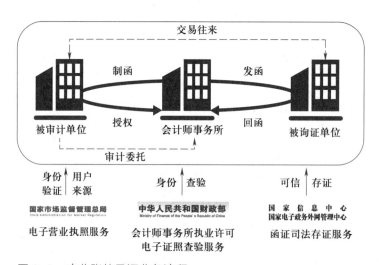

图8-1 应收账款函证业务流程

④ 根据询证函模板填写询证函，包括被函证单位名称、审计年度、会计师事务所名称、回函地址、截止日期、金额等事项。

⑤ 核对填写好的应收账款询证函，核对无误后，由被审计单位盖章，审计人员寄出询证函。

（3）回函统计与核对。整理所有的应收账款回函，填写函证结果明细表，如表8-5所示。

表8-4 函证地址核查表

被审计单位：湖北联晟通信科技股份有限公司　　　　索引号：Z5-22
项目：应收账款函证地址核查表　　　　　　　　　　编制人：李梦　　　日期：2023-1-18
财务报表截止日：2022-12-31　　　　　　　　　　　复核人：梁涛　　　日期：2023-1-18
　　　　　　　　　　　　　　　　　　　　　　　　　页次：

| 询证函编号 | 单位名称 | 发函地址核查 | | | | | | | | 回函地址核查 | | | | | | | | 备注 |
|---|---|---|---|---|---|---|---|---|---|---|---|---|---|---|---|---|---|---|
| | | 发函日期 | 发函快递单号 | 对方收件地址 | 查询到的地址 | 地址来源 | 是否一致 | 差异原因 | 是否二次发函 | 回函日期 | 回函快递单号 | 对方发件地址 | 查询到的地址 | 地址来源 | 是否一致 | 差异原因 | 是否回函 | |
| YSZK1 | JS通光光缆有限公司 | 2023-1-8 | SF10000101 | 湖北省×× | 湖北省×× | 百度/高德地图 | 是 | | | 2023-1-12 | SF20000201 | 湖北省×× | 湖北省×× | 百度/高德地图 | 是 | | 是 | |
| YSZK2 | SZ古河电力光缆有限公司 | 2023-1-8 | SF10000102 | 沈阳市×× | 沈阳市×× | 百度/高德地图 | 是 | | | 2023-1-12 | SF20000202 | 沈阳市×× | 沈阳市×× | 百度/高德地图 | 是 | | 是 | |
| YSZK3 | SC汇源光通信有限公司 | 2023-1-8 | SF10000103 | 广东省×× | 广东省×× | 百度/高德地图 | 是 | | | 2023-1-16 | SF20000203 | 广东省×× | 广东省×× | 百度/高德地图 | 是 | | 是 | |
| YSZK4 | SC通光光缆有限公司 | 2023-1-8 | SF10000104 | 四川省×× | 四川省×× | 百度/高德地图 | 是 | | | 2023-1-15 | SF20000204 | 四川省×× | 四川省×× | 百度/高德地图 | 是 | | 是 | |
| YSZK5 | SZTF信息股份有限公司东莞分公司 | 2023-1-8 | SF10000105 | 深圳市×× | 深圳市×× | 百度/高德地图 | 是 | | | 2023-1-17 | SF20000205 | 深圳市×× | 深圳市×× | 百度/高德地图 | 是 | | 是 | |

| 询证函编号 | 单位名称 | 发函地址核查 | | | | | | | | 回函地址核查 | | | | | | | | 备注 |
|---|---|---|---|---|---|---|---|---|---|---|---|---|---|---|---|---|---|---|
| | | 发函日期 | 发函快递单号 | 对方收件地址 | 查询到的地址 | 地址来源 | 是否一致 | 差异原因 | 是否二次发函 | 回函日期 | 回函快递单号 | 对方发件地址 | 查询到的地址 | 地址来源 | 是否一致 | 差异原因 | 是否回函 | |
| YSZK6 | JSZT科技股份有限公司 | 2023-1-8 | SF10000106 | 北京市×××  | 北京市×××  | 百度/高德地图 | 是 | | | 2023-1-15 | SF20000206 | 北京市×××  | 北京市×××  | 百度/高德地图 | 是 | | 是 | |
| YSZK7 | JS金火柜金属制品有限公司 | 2023-1-8 | SF10000107 | 北京市×××  | 北京市×××  | 百度/高德地图 | 是 | | | 2023-1-15 | SF20000207 | 北京市×××  | 北京市×××  | 百度/高德地图 | 是 | | 是 | |
| 无 | CF光纤光缆股份有限公司 | 2023-1-8 | SF10000108 | 天津市×××  | 天津市×××  | 百度/高德地图 | 是 | | | | | | | | | | 否 | |
| YSZK9 | HB诺之凯润滑材料有限公司 | 2023-1-8 | SF10000109 | 北京市×××  | 北京市×××  | 百度/高德地图 | 是 | | | 2023-1-18 | SF20000209 | 北京市×××  | 北京市×××  | 百度/高德地图 | 是 | | 是 | |
| YSZK10 | NT海门海珀贸易有限公司 | 2023-1-8 | SF10000110 | 天津市×××  | 天津市×××  | 百度/高德地图 | 是 | | | 2023-1-15 | SF20000210 | 天津市×××  | 天津市×××  | 百度/高德地图 | 是 | | 是 | |

审计说明：
对发函客户的地址进行核查，未发现异常。

表 8-5　函证结果明细表

被审计单位：湖北联晟通信科技股份有限公司
项目：应收账款函证结果明细表
财务报表截止日：2022-12-31

索引号：Z5-21
编制人：李梦
复核人：梁涛
页次：
日期：2023-1-18
日期：2023-1-18

| 单位名称 | 贵公司欠（应收账款）（含税） | 联系人 | 联系电话 | 单位地址 | 样本特征 | 发函日期 | 发函单号 | 回函日期 | 回函单号 | 询证函编号 | 是否收到回函（填"是"或"否"） | 回函直接确认金额 | 调节后一致（不要求调整） | 已同意的调整金额 | 争议金额 | 期后已收到金额 | 替代可确认金额 | 已同意的调整金额 | 未验证金额 | 替代测试索引号 | 备注 |
|---|---|---|---|---|---|---|---|---|---|---|---|---|---|---|---|---|---|---|---|---|---|
| JS通光光缆有限公司 | 4 194 946.93 | 肖** | 137****1001 | 湖北省××× | 余额较大 | 2023-1-8 | SF10000101 | 2023-1-12 | SF20000201 | YSZK1 | 是 | 4 096 055.65 | 98 891.28 | | | | | | | | |
| SZ古河电力光缆有限公司 | 4 920 826.73 | 甘** | 137****1003 | 沈阳市××× | 余额较大 | 2023-1-8 | SF10000102 | 2023-1-12 | SF20000202 | YSZK2 | 是 | 4 920 826.73 | | | | | | | | | |
| SC汇源光通信有限公司 | 5 002 260.51 | 宋** | 137****1002 | 广东省××× | 余额较大 | 2023-1-8 | SF10000103 | 2023-1-16 | SF20000203 | YSZK3 | 是 | 5 002 260.51 | | | | | | | | | |
| SC通光光缆有限公司 | 3 231 725.56 | 王** | 137****1004 | 四川省××× | 余额较大 | 2023-1-8 | SF10000104 | 2023-1-15 | SF20000204 | YSZK4 | 是 | 3 231 725.56 | | | | | | | | | |
| SZTF信息股份有限公司东莞分公司 | 3 427 333.51 | 颜** | 137****1005 | 深圳市××× | 余额较大 | 2023-1-8 | SF10000105 | 2023-1-17 | SF20000205 | YSZK5 | 是 | 3 427 333.51 | | | | | | | | | |
| JSZT科技股份有限公司 | 6 660 766.42 | 施** | 137****1006 | 北京市××× | 余额较大 | 2023-1-8 | SF10000106 | 2023-1-15 | SF20000206 | YSZK6 | 是 | 6 660 766.42 | | | | | | | | | |
| JS金火炬金属制品有限公司 | 49 815 789.16 | 袁** | 137****1007 | 北京市××× | 余额较大 | 2023-1-8 | SF10000107 | 2023-1-15 | SF20000207 | YSZK7 | 是 | 49 815 789.16 | | | | | | | | | |
| CF光纤光缆股份有限公司 | 2 388 388.91 | 刘* | 132****1008 | 天津市××× | 余额较大 | 2023-1-8 | SF10000108 | | | | 否 | | | | | | 2 388 388.91 | | | Z523 | |

| 单位名称 | 贵公司欠（应收账款）销售给贵公司（含税） | 被函证单位相关信息 | | | 样本特征 | 发函日期 | 发函单号 | 回函日期 | 回函单号 | 询证函编号 | 是否收到回函（填"是"或"否"） | 已收回函证 | | | | | 未收回函证 | | | | 替代测试索引号 | 备注 |
|---|---|---|---|---|---|---|---|---|---|---|---|---|---|---|---|---|---|---|---|---|---|---|
| | | 联系人 | 联系电话 | 单位地址 | | | | | | | | 回函直接确认金额 | 不符金额 | | | 期后已收到金额 | 替代可确认金额 | 期后已收到金额 | 已同意的调整金额 | 未验证金额 | | |
| | | | | | | | | | | | | | 调节后一致（不要求调整） | 已同意的调整金额 | 争议金额 | | | | | | | |
| HB诺之凯润滑材料有限公司 | 2 002 489.27 | 徐** | 137****1009 | 北京市×××× | 余额较大 | 2023-1-8 | SF10000109 | 2023-1-18 | SF20000209 | YSZK9 | 是 | 2 002 489.27 | | | | | | | | | | |
| NT海门海珀贸易有限公司 | 4 721 039.62 | 王** | 137****1010 | 天津市×××× | 余额较大 | 2023-1-8 | SF10000110 | 2023-1-15 | SF20000210 | YSZK10 | 是 | 4 721 039.62 | | | | | | | | | | |
| 发函应收账款合计 | 86 365 566.62 | | | | | | | | | | | 83 878 286.43 | 98 891.28 | | | | 2 388 388.91 | | | | | |
| 发函占应收账款余额比例 | 59.81% | | | | | | | | | | | | | | | | | | | | | |
| 回函应收账款合计 | 83 977 177.71 | | | | | | | | | | | | | | | | | | | | | |
| 回函占应收账款款余额比例 | 58.16% | | | | | | | | | | | | | | | | | | | | | |

审计说明：

对期末大额款项进行函证，对于未回函的客户执行了替代测试程序。对回函不一致的检查了原始凭证，详见函证结果调节表。

（4）差异处理。若回函的金额和发函金额不一致，需要查询原因，然后填制应收账款函证结果调节表。

（5）替代测试。替代测试主要针对未回函的被函证单位执行其他审计程序验证期末余额，一般有两种方法：第一种是针对被函证单位本年发生的所有金额检查原始单据，如订单、合同、发货单、发票、银行回单等；第二种是检查期后的收款情况，如果审计时检查到已收回款项期末款项，也可以验证期末余额的存在与真实性，填写未回函替代测试表。

**步骤八：编制坏账准备测算表**

（1）获取被审计单位的坏账政策，检查是否和上年一致，如有变化，询问原因并分析变动是否合理。

（2）坏账检查按照个别认定法计提和按照风险组合（如账龄）计提测算，其中个别认定法的计提基数包括：单项金额重大的应收账款、单项金额虽不重大但单项计提坏账准备的应收账款、合并范围内关联方。

（3）按风险组合（如账龄）计提的坏账准备测算：将属于该测算方法的应收账款余额按照账龄划分，把计提比例填写到对应的账龄处；期末坏账准备账面余额和坏账准备应有余额比较，若属于企业少计提，将差异额列为调整数。

审计人员通过对联晟通信应收账款坏账准备进行测算，发现企业少计提坏账1 472 956.62 元，如表 8-6 所示。

表8-6　坏账准备测试表

2. 按风险组合（如账龄）计提的坏账准备检查

| 组合（如账龄） | 应收账款余额 | 计提比例（%） | 期末坏账准备账面余额 | 坏账准备应有余额 | 差异 | 调整数 | 调整后余额 | 说明 | 索引号 |
|---|---|---|---|---|---|---|---|---|---|
| 1 年以内 | 55 419 660.80 | 2% | 737 910.27 | 1 108 393.22 | 370 482.95 | 370 482.95 | 1 108 393.22 | | |
| 1~2 年 | 50 466 588.67 | 5% | 2 360 778.98 | 2 523 329.43 | 162 550.45 | 162 550.45 | 2 523 329.43 | | |
| 2~3 年 | 696 295.08 | 10% | 8 006.82 | 69 629.51 | 61 622.69 | 61 622.69 | 69 629.51 | | |
| 3~4 年 | 2 025 809.69 | 30% | | 607 742.91 | 607 742.91 | 607 742.91 | 607 742.91 | | |
| 4~5 年 | | 60% | | | | | | | |

| 组合（如账龄） | 应收账款余额 | 计提比例（%） | 期末坏账准备账面余额 | 坏账准备应有余额 | 差异 | 调整数 | 调整后余额 | 说明 | 索引号 |
|---|---|---|---|---|---|---|---|---|---|
| 5 年以上 | 270 557.62 | 100% | | 270 557.62 | 270 557.62 | 270 557.62 | 270 557.62 | | |
| 合计 | 108 878 911.86 | | 3 106 696.07 | 4 579 652.69 | 1 472 956.62 | 1 472 956.62 | 4 579 652.69 | | |

（4）若被审计单位本年存在坏账准备转出的情况，检查审批文件、核销依据是否合理。

**步骤九：编制税费测算表**

（1）消费税、附加税费等测算。

① 查看被审计单位的附加税税率。

② 根据被审计单位本年的应交增值税、消费税作为计税基数测算出附加税的应交税额。

③ 将附加税的应交税额和已计提税额比较，如有较大差异，查找原因并做相应调整，如表 8-7 所示。

表 8-7　消费税、附加税费等测算表

被审计单位：湖北联晟通信科技股份有限公司　　　　　　索引号：F-95　　　　页次：
项目：消费税、附加税费等测算表　　　　　　　　　　　编制人：李梦　　　　　日期：2023-1-10
财务报表截止日：2022-12-31　　　　　　　　　　　　　复核人：梁涛　　　　　日期：2023-1-10

| 税种 | 应税项目 | 应税金额 | 土地面积 | 适用税率（计税标准） | 应交税额/审计测算数 | 企业已计提税额 | 索引号 | 差额 | 备注 |
|---|---|---|---|---|---|---|---|---|---|
| 增值税 | | | | | 2 055 088.12 | | | | |
| 城市维护建设税 | | 2 055 088.12 | | 7% | 143 856.17 | 347 805.67 | | −203 949.50 | 主要是由于出口产品免税 |
| 教育费附加 | | 2 055 088.12 | | 3% | 61 652.64 | 149 059.59 | | −87 406.95 | 主要是由于出口产品免税 |

| 税种 | 应税项目 | 应税金额 | 土地面积 | 适用税率（计税标准） | 应交税额/审计测算数 | 企业已计提税额 | 索引号 | 差额 | 备注 |
|---|---|---|---|---|---|---|---|---|---|
| 地方教育费附加 | 2 055 088.12 | | | 1.5% | 30 826.32 | 74 529.79 | | 43 703.47 | 主要是由于出口产品免税 |
| ... | | | | | | | | | |

（2）检查城镇土地使用税房产税纳税申报表，根据原值、扣除率、税率1.2%测算的应计税额和账面的已计税额是否存在差异并分析原因；从租计征检查房产出租收入和账面一致，根据确认后的房租收入、税率12%测算计税额和账面的已计税额是否存在差异并分析原因。

（3）检查城镇土地使用税房产税纳税申报表，根据土地面积、适用税率测算的应交税额和账面企业已计提税额是否存在差异并分析原因。

（4）编制税金及附加明细表。

① 根据被审计单位提供的科目余额表或对序时账分类汇总处理后填写底稿中逻辑检查表的税金及附加列数据。

② 根据应交税费明细表填写逻辑检查表的应交税费本期计提列数据、计算税金及附加列数据和应交税费本期计提列数据的差异额，若有差异，查找原因并进行相应调整。

（5）其他税种的计算可以参考底稿的测算过程。

**步骤十：编制截止性测试和抽查表**

（1）截止性测试。

① 根据被审计单位相关报表项目的交易类型和交易量抽取所选科目在审计截止时间的前后各 $n$ 笔凭证，或者抽取所选科目在截止时间的前后指定时间段、金额在指定范围的凭证。

操作演示：
截止测试

以营业收入为例，截止性测试的系统操作如图8-2所示。

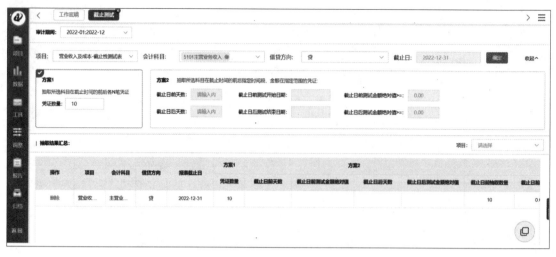

图 8-2 营业收入截止性测试方案

② 营业收入报表项目：以发货单为起点，追查至发票、记账凭证，主要验证其完整性认定；以记账凭证为起点，追查至发票、发货单，主要验证其发生认定。

审计人员通过对联晟通信截止日前后 10 笔记账进行测试，发现 2022 年 12 月 629# 凭证存在跨期入账情况，记账如下：

借：应收账款（SZ 特发信息股份有限公司东莞分公司）

1 475 852.80

贷：营业收入（主营业务收入自制产品铝包钢单丝 LB20）

732 299.82

营业收入（主营业务收入自制产品铝包钢单丝 LB40）

573 764.66

应交税费（应交增值税——销项税额）　169 788.32

该笔凭证的货运单如图 8-3 所示。

（2）完整性测试。从全年的发货单、货运单、发票随机抽查数笔，检查营业收入是否入账，以确定应当计入本期的所有发生的业务均已计入本期营业收入明细账。

（3）抽查表。

① 抽取本期发生额较大、重要项目的样本。

# 金云物流运输有限公司货运单

| 单号：FHD202301-00063 | | 托运日期：2023-1-4 | | 起站：湖北 | | 到站：SZ | |
|---|---|---|---|---|---|---|---|
| 托运人 | 单位（姓名） | 湖北联晟通信科技股份有限公司 | | 收货人 | 单位（姓名） | SZ特发信息股份有限公司东莞分公司 | |
| | 电话 | 0710-65378761 | | | 电话 | 0519-45625894 | |
| | 地址 | 襄阳市襄城区66号 | | | 地址 | SZ市钟楼区怀德中路125号 | |
| 货物名称 | | 包装 | 数量 | 重量 | 体积 | 计费项目 | 金额 |
| 铝包钢单丝LB20 | | 纸箱 | 5 | 90190KG | | 运费 | 2 025.00 |
| 铝包钢单丝LB40 | | 纸箱 | 5 | 50290KG | | 送费 | 1 455.00 |
| | | | | | | 保险费 | |
| 收款方式 | 月结（√）现金（　）到付（　） | | | | | 合计金额 | 3 480.00 |
| 提货方式 | 自提（　）送货上门（√） | | | | | | |
| 备注 | | | | | | | |
| 承运人：金云物流有限公司（单位盖章有效）经办人签字：*利洪 | | | | | | 托运人（签字）：*正宏 | |
| 地址：虹桥镇幸福东路616号　电话：62351800 | | | | | | | |

图 8-3　货运单

② 检查原始凭证内容是否完整、是否有授权批准、会计处理是否正确，明细账、记账凭证、原始凭证金额是否相符等。

**步骤十一：编制其他项目表**

其他项目表根据项目的具体情况选择，如有些工作表适用于 IPO 项目，需要额外执行。

**步骤十二：分析重大错报、作出审计调整并得出审计结论**

（1）审计过程中，若发现审计异常的事项，分析错报性质及金额，根据审计重要性判断是否需要调整，将调整分录写在明细表的审计说明处。

审计人员测算出坏账计提存在差异，编制的调整分录如下：

借：信用减值损失　　　　　　　　　　　　　1 472 956.62

　　贷：应收账款（坏账准备）　　　　　　　　1 472 956.62

审计人员针对跨期确认收入编制的调整分录如下：

借：应收账款（SZ 特发信息股份有限公司东莞分公司）

　　　　　　　　　　　　　　　　　　　　－1 475 852.80

　　贷：营业收入（主营业务收入——自制产品铝包钢单丝 LB20）

　　　　　　　　　　　　　　　　　　　　　－732 299.82

　　　营业收入（主营业务收入——自制产品铝包钢单丝 LB40）

　　　　　　　　　　　　　　　　　　　　　－573 764.66

　　　应交税费（应交增值税——销项税额）　－169 788.32

同时调整结转的成本：

借：营业成本（主营业务成本——自制产品铝包钢单丝 LB20）

$$-648\ 466.10$$

营业成本（主营业务成本——自制产品铝包钢单丝 LB40）

$$-507\ 426.10$$

贷：存货（库存商品——自制产品铝包钢单丝 LB20）　−648 466.10

存货（库存商品——自制产品铝包钢单丝 LB40）　−507 426.10

调整销项税额对应的附加税：

借：税金及附加　　　　　　　　　　　−17 770.29

贷：应交税费（应交城市维护建设税）　−10 816.70

应交税费（应交教育费附加）　　　−4 635.73

应交税费（应交地方教育附加）　　−2 317.86

（2）将该报表项目核算内容、增减变动的主要原因、所做的审计工作写在导引表的审计说明处。

（3）将该报表项目的审计结论写在导引表的审计结论处，如"经审计调整后，该项目未发现重大异常""经审计，该项目未发现重大异常""因以上审计说明的原因，该项目余额不能确认"等。

# 任务二　采购与付款业务循环实质性程序实施

## 【任务情境】

目前审计人员已经完成了采购与付款业务循环、固定资产业务循环内部控制的了解及控制测试工作，联晟通信内部控制制度设计合理，执行有效，未见异常。

为了进一步获取充分、适当的审计证据，审计人员需要对该循环进一步实施实质性程序，可根据需要单独或综合运用以下程序：检查、观察、询问、函证、重新计算、分析程序等。

审计人员获取的该循环 2022 年度账户的累计发生额及期末余额如表 8-8 所示。

表8-8 2022年度账户的累计发生额及期末余额

| 科目名称 | 科目级次 | 科目类别 | 借贷方向 | 年初余额 借方 | 年初余额 贷方 | 全年累计发生额 借方发生额 | 全年累计发生额 贷方发生额 | 年末余额 借方 | 年末余额 贷方 |
|---|---|---|---|---|---|---|---|---|---|
| 应付票据 | 1 | 负债 | 贷 | | 45 176 511.50 | 109 089 866.25 | 80 517 039.96 | | 16 603 685.21 |
| 银行承兑汇票 | 2 | 负债 | 贷 | | 44 243 933.10 | 107 727 104.25 | 80 086 856.36 | | 16 603 685.21 |
| 商业承兑汇票 | 2 | 负债 | 贷 | | 932 578.40 | 1 362 762.00 | 430 183.60 | | |
| 应付账款 | 1 | 负债 | 贷 | | −73 118 454.04 | 436 362 298.20 | 462 744 452.95 | | −46 736 299.29 |
| 正常 | 2 | 负债 | 贷 | | −81 662 432.83 | 436 362 298.20 | 468 055 900.36 | | −49 968 830.67 |
| 暂估 | 2 | 负债 | 贷 | | 8 543 978.79 | | −5 311 447.41 | | 3 232 531.38 |
| 长期待摊费用 | 1 | 资产 | 借 | 1 462 215.75 | | 2 762 520.77 | 2 532 644.89 | 1 692 091.63 | |
| 固定资产 | 1 | 资产 | 借 | 168 798 984.32 | | 1 737 407.54 | 1 781 045.78 | 168 755 346.08 | |
| 建筑类 | 2 | 资产 | 借 | 34 415 238.04 | | | | 34 415 238.04 | |
| 机器类 | 2 | 资产 | 借 | 118 698 575.69 | | | 702 594.29 | 117 995 981.40 | |
| 交通类 | 2 | 资产 | 借 | 2 466 466.20 | | | | 2 466 466.20 | |
| 电子类 | 2 | 资产 | 借 | 4 220 043.62 | | 472 603.77 | 849 823.90 | 3 842 823.49 | |
| 其他类 | 2 | 资产 | 借 | 8 998 660.77 | | 1 264 803.77 | 228 627.59 | 10 034 836.95 | |
| 累计折旧 | 1 | 资产 | 贷 | | 104 512 195.16 | 1 666 504.95 | 8 469 253.03 | | 111 314 943.24 |
| 建筑类 | 2 | 资产 | 贷 | | 9 641 388.54 | | 1 085 589.66 | | 10 726 978.20 |
| 机器类 | 2 | 资产 | 贷 | | 81 880 756.04 | 646 855.55 | 6 381 815.13 | | 87 615 715.62 |

| 科目名称 | 科目级次 | 科目类别 | 借贷方向 | 年初余额 | | 全年累计发生额 | | 年末余额 | |
|---|---|---|---|---|---|---|---|---|---|
| | | | | 借方 | 贷方 | 借方发生额 | 贷方发生额 | 借方 | 贷方 |
| 交通类 | 2 | 资产 | 贷 | | 2 367 807.55 | | | | 2 367 807.55 |
| 电子类 | 2 | 资产 | 贷 | | 3 249 914.90 | 803 555.52 | 416 274.82 | | 2 862 634.20 |
| 其他类 | 2 | 资产 | 贷 | | 7 372 328.13 | 216 093.88 | 585 573.42 | | 7 741 807.67 |
| 无形资产 | 1 | 资产 | 借 | 16 939 027.14 | | 52 815.54 | | 16 991 842.68 | |
| 土地使用权 | 2 | 资产 | 借 | 16 321 967.00 | | | | 16 321 967.00 | |
| 商标 | 2 | 资产 | 借 | 4 950.00 | | | | 4 950.00 | |
| 专利权 | 2 | 资产 | 借 | 30 000.00 | | 52 815.54 | | 82 815.54 | |
| ERP 软件 | 2 | 资产 | 借 | 552 606.84 | | | | 552 606.84 | |
| 金税软件 | 2 | 资产 | 借 | 29 503.30 | | | | 29 503.30 | |
| 累计摊销 | 1 | 资产 | 贷 | | 4 029 290.43 | | 414 251.94 | | 4 443 542.37 |
| 土地使用权 | 2 | 资产 | 贷 | | 3 447 857.86 | | 379 580.88 | | 3 827 438.74 |
| 商标 | 2 | 资产 | 贷 | | 4 950.00 | | | | 4 950.00 |
| 专利权 | 2 | 资产 | 贷 | | 30 000.00 | | 5 281.57 | | 35 281.57 |
| ERP 软件 | 2 | 资产 | 贷 | | 520 913.13 | | 25 455.73 | | 546 368.86 |
| 金税软件 | 2 | 资产 | 贷 | | 25 569.44 | | 3 933.76 | | 29 503.20 |

## 【任务要求】

对采购与付款业务循环相关报表项目实施实质性程序，并编制如下审计工作底稿。

（1）应付票据。通过执行询问、观察、检查、分析程序、重新计算等审计程序，完成导引表、程序表、明细表、期后付款检查表、应付票据备查簿检查表、应付票据凭证抽查表的编制。

（2）应付账款。通过执行询问、观察、检查、函证、重新计算等审计程序，完成导引表、程序表、明细表、函证结果明细表、函证地址核查表、长期挂账及核销检查表、应付账款凭证抽查表的编制。

（3）固定资产。通过执行询问、观察、检查、分析程序、重新计算等审计程序，完成导引表、程序表、明细表、折旧测算表（年限平均法）、折旧分配检查表、盘点检查情况表、房屋权证查验、车辆权证查验、固定资产凭证抽查表的编制。

（4）无形资产。通过执行询问、观察、检查、分析程序、重新计算等审计程序，完成导引表、程序表、明细表、摊销测算表（直线法）、摊销分配检查表、权证查验表、无形资产凭证抽查表的编制。

（5）长期待摊费用。通过执行询问、观察、检查、分析程序、重新计算等审计程序，完成导引表、程序表、明细表、摊销测算表（直线法）、摊销分配检查表、长期待摊费用凭证抽查表的编制。

## 【任务准备】

### （一）知识准备

1. 应付账款的审计目标

应付账款的审计目标一般包括以下几方面。

（1）确定资产负债表中记录的应付账款是否存在（"存在"认定）。

（2）确定所有应当记录的应付账款是否均已记录（"完整性"认定）。

（3）确定资产负债表中记录的应付账款是否为被审计单位应当履行的偿还义务（"权利和义务"认定）。

（4）确定应付账款是否以恰当的金额包括在财务报表中（"准确性、计价和分摊"

认定）。

（5）确定应付账款已记录于恰当的账户（"分类"认定），并已被恰当地汇总或分解且表述清楚，按照《企业会计准则》的规定在财务报表中作出的相关披露是相关的、可理解的（"列报"认定）。

2. 应付账款的实质性程序

应付账款的实质性程序一般包括以下几方面。

（1）获取应付账款明细表，并执行以下工作。

① 复核加计是否正确，并与报表数、总账数和明细账合计数核对是否相符；

② 检查非记账本位币应付账款的折算汇率及折算是否正确；

③ 分析出现借方余额的项目，查明原因，必要时，建议作重分类调整；

④ 结合预付账款、其他应付款等往来项目的明细余额，检查有无针对同一交易在应付账款和预付款项同时记账的情况、异常余额或与购货无关的其他款项（如关联方账户或雇员账户）。

（2）函证程序。

① 向债权人发送询证函。审计人员应根据审计准则的规定对询证函保持控制，包括确定需要确认或填列的信息、选择适当的被询证者、设计询证函，包括正确填列被询证者的姓名和地址，以及被询证者直接向审计人员回函的地址等信息，必要时再次向被询证者寄发询证函等。

② 将询证函回函确认的余额与已记录金额相比较，如存在差异，检查支持性文件。评价已记录金额是否适当。

③ 对未回函的项目实施替代程序，例如，检查付款单据（如支票存根）、相关的采购单据（如订购单、验收单、发票和合同）或其他适当文件。

④ 如果认为回函不可靠，评价对评估的重大错报风险以及其他审计程序的性质、时间安排和范围的影响。

（3）检查应付账款是否计入正确的会计期间，是否存在未入账的应付账款。

（4）寻找未入账负债的测试。

获取期后收取、记录或支付的发票明细，包括获取支票登记簿／电汇报告／银行对账单（根据被审计单位情况不同）以及入账的发票和未入账的发票。从中选取项目（尽量接近审计报告日）进行测试。

（5）检查应付账款长期挂账的原因并作出记录，对确实无须支付的应付账款的会计处理是否正确。

（6）检查应付账款是否已按照《企业会计准则》的规定在财务报表中作出恰当列报和披露。

3. 固定资产的审计目标

固定资产的审计目标一般包括以下几个方面。

（1）确定资产负债表中记录的固定资产是否存在（"存在"认定）。

（2）确定所有应当记录的固定资产是否均已记录（"完整性"认定）。

（3）确定记录的固定资产是否为被审计单位拥有或控制（"权利和义务"认定）。

（4）确定固定资产是否以恰当的金额包括在财务报表中，与之相关的计价调整已恰当记录（"准确性""计价和分摊"认定）。

动画：固定资产监盘

（5）确定固定资产已记录于恰当的账户（"分类"认定），并已被恰当地汇总或分解且表述清楚，按照企业会计准则的规定在财务报表中作出的相关披露是相关的、可理解的（"列报"认定）。

4. 固定资产的实质性程序

固定资产的实质性程序一般包括以下几方面。

（1）获取或编制固定资产明细表。

复核固定资产数加计是否正确，并与总账数和明细账合计数核对是否相符，结合累计折旧和固定资产减值准备科目与报表数核对是否相符。

（2）实施实质性分析程序。

① 基于对被审计单位及其环境的了解，通过以下比较，并考虑有关数据间关系的影响，建立有关数据的期望值：分类计算本期计提折旧额与固定资产原值的比率，并与上期比较；计算固定资产修理及维护费用占固定资产原值的比例，并进行本期各月、本期与以前各期的比较。

② 确定可接受的差异额。

③ 将实际情况与期望值相比较，识别需要进一步调查的差异。

④ 如果其差额超过可接受的差异额，调查并获取充分的解释和恰当的佐证审计证据（如通过检查相关的凭证）。

⑤ 评估分析程序的测试结果。

⑥ 分析被审计单位固定资产的规模、分布、构成、技术性能、成新率等情况，是否符合行业特点，与近三年实际产能、产量、经营规模的变化是否存在重大背离。

（3）实地检查重要固定资产，关注是否存在已报废但仍未核销的固定资产。

（4）检查固定资产的所有权或控制权。

对各类固定资产，获取、收集不同的证据以确定其是否归被审计单位所有，对外购的机器设备等固定资产，审核采购发票、采购合同等；对于房地产类固定资产，查阅有关的合同、产权证明、财产税单、抵押借款的还款凭据、保险单等书面文件；对融资租入的固定资产，检查有关融资租赁合同；对汽车等运输设备，检查有关运营证件等；对受留置权限制的固定资产，结合有关负债项目进行检查。

（5）检查本期固定资产的增加。

① 询问管理层当年固定资产的增加情况，并与获取或编制的固定资产明细表进行核对。

② 检查本年度增加固定资产的计价是否正确，手续是否齐备，会计处理是否正确。

③ 检查固定资产是否存在弃置费用，如果存在弃置费用，检查弃置费用的估计方法和弃置费用现值的计算是否合理，会计处理是否正确。

（6）检查本期固定资产的减少。

① 结合固定资产清理科目，抽查固定资产账面转销额是否正确。

② 检查出售、盘亏、转让、报废或毁损的固定资产是否经授权批准，会计处理是否正确。

③ 检查因修理、更新改造而停止使用的固定资产的会计处理是否正确。

④ 检查投资转出固定资产的会计处理是否正确。

⑤ 检查债务重组或非货币性资产交换转出固定资产的会计处理是否正确。

⑥ 检查其他减少固定资产的会计处理是否正确。

（7）检查固定资产的后续支出。检查固定资产有关的后续支出是否满足资产确认条件；如不满足，检查该支出是否在该后续支出发生时计入当期损益。

（8）检查固定资产的租赁。

① 固定资产的租赁是否签订了合同、租约，手续是否完备，合同内容是否符合国家规定，是否经相关管理部门的审批。

② 租入的固定资产是否确属企业必需，或出租的固定资产是否确属企业多余、

闲置不用的。

③ 租金收取是否签有合同，有无多收、少收现象。

④ 租入固定资产有无久占不用、浪费损坏的现象；租出的固定资产有无长期不收租金、无人过问，是否有变相馈赠、转让等情况。

⑤ 租入固定资产是否已登记备查簿。

⑥ 如果被审计单位的固定资产中融资租赁占有相当大的比例，复核新增加的租赁协议，检查租赁是否符合融资租赁的条件，会计处理是否正确（资产的入账价值、折旧、相关负债）。

⑦ 向出租人函证租赁合同及执行情况。

⑧ 租入固定资产改良支出的核算是否符合规定。

（9）获取暂时闲置固定资产的相关证明文件，并观察其实际状况，检查是否已按规定计提折旧，相关的会计处理是否正确。

（10）获取已提足折旧仍继续使用固定资产的相关证明文件，并作相应记录。

（11）获取持有待售固定资产的相关证明文件并作相应记录，检查对其预计净残值调整是否正确、会计处理是否正确。

（12）检查固定资产保险情况，复核保险范围是否足够。

（13）检查有无与关联方的固定资产购售活动，是否经适当授权，交易价格是否公允。

（14）对应计入固定资产价值的借款费用，应根据企业会计准则的规定，结合长短期借款、应付债券或长期应付款的审计，检查借款费用资本化的计算方法和资本化金额，以及会计处理是否正确。

（15）检查购置固定资产时是否存在与资本性支出有关的财务承诺。

（16）检查固定资产的抵押、担保情况。

（17）检查累计折旧。

① 获取或编制累计折旧分类汇总表，复核加计是否正确，并与总账数和明细账合计数核对。

② 检查被审计单位制定的折旧政策和方法是否符合相关企业会计准则的规定，确定其所采用的折旧方法能否在固定资产预计使用寿命内合理分摊其成本，前后期是否一致，预计使用寿命和预计净残值是否合理。

③ 复核本期折旧费用的计提和分配。

④ 将"累计折旧"账户贷方的本期计提折旧额与相应的成本费用中的折旧费用明细账户的借方相比较，检查本期所计提折旧金额是否已全部摊入本期产品成本或费用。若存在差异，应追查原因，并考虑是否应建议作适当调整。

⑤ 检查累计折旧的减少是否合理、会计处理是否正确。

（18）检查固定资产的减值准备。

① 获取或编制固定资产减值准备明细表，复核加计正确，并与总账数和明细账合计数核对相符。

② 检查被审计单位计提固定资产减值准备的依据是否充分，会计处理是否正确。

③ 检查资产组的认定是否恰当，计提固定资产减值准备的依据是否充分，会计处理是否正确。

④ 计算本期末固定资产减值准备占期末固定资产原值的比率，并与期初该比率比较，分析固定资产的质量状况。

⑤ 检查被审计单位处置固定资产时原计提的减值准备是否同时结转，会计处理是否正确。

⑥ 检查是否存在转回固定资产减值准备。

（19）检查固定资产是否已按照企业会计准则的规定在财务报表中作出恰当列报。

（二）操作准备

（1）基于采购与付款业务循环控制测试的结果，进一步确定实质性程序的性质、时间和范围。

（2）获取总账、明细账、票据台账、往来账龄表、购买合同、固定资产卡片、无形资产摊销表、长期待摊费用摊销表、房产证、土地使用权证、车辆行驶证等审计资料。

> 提示：数据资料见"8.2采购与付款业务循环实质性程序业财一体化数据资料包"。

（3）查看并熟悉该循环实质性程序相关的工作底稿。

（三）任务要领

（1）明确该循环相关报表项目的审计目标和审计程序。

（2）关注应付账款长期挂账的供应商，查明原因，是否需要核销和进一步调整。

（3）检查本期的累计折旧、累计摊销是否计提正确。

（4）在对固定资产监盘时，需要同时关注固定资产的使用状态，判断是否存在减值迹象，是否需要计提减值准备。

（5）在检查资产的权证时，关注所有权人是否为被审计单位，是否存在抵押的情况。

## 【任务实施】

**步骤一：根据审计目标确认计划实施的实质性程序，并编制程序表**

确定相关报表项目的审计目标，财务报表认定主要包括存在、发生、完整性、权利和义务、准确性、计价和分摊、截止、分类、列报，不同的报表项目对应不同的审计目标，根据审计目标确定计划实施的实质性程序，在程序表的"是否执行"处填写"是""否""不适用"，然后判断需要执行的程序可以实现的审计目标。

操作演示：
应付账款实
质性程序

**步骤二：查看相关报表项目的审计资料**

根据审计的报表项目查看获取的审计资料。该循环的审计资料主要包括总账、明细账、票据台账、往来账龄表、购买合同、固定资产卡片、无形资产摊销表、长期待摊费用摊销表、房产证、土地使用权证、车辆行驶证、原始单据等。

操作演示：
固定资产实
质性程序

**步骤三：编制明细表**

（1）根据总账、明细账等其他资料编制明细表的本期数和上期数并复核。

（2）明细表涉及期初账龄的，向被审计单位获取期初账龄表，复核坏账准备是否和期初一致，核对无误后填写明细表，如应付账款底稿。

操作演示：
无形资产实
质性程序

**步骤四：编制监盘表**

（1）制定监盘计划。

① 在制定监盘计划时，一般主要针对重要资产和本年新增资产实施监盘，若为首次审计，应适当扩大监盘范围。

② 审计人员需要根据监盘计划将需要盘点资产的名称、类别、单位和账面结存数量、单价、金额等填在监盘表中，监盘表可以使用底稿中的盘点检查情况表，如表8-9所示。

表8-9  监盘表

被审计单位：湖北联晟通信科技股份有限公司
项目：固定资产盘点检查情况表
财务报表截止日：2022-12-31

索引号：Z21A-7
编制人：李梦
复核人：梁涛

页次：
日期 2023-1-7
日期 2023-1-7

| 序号 | 固定资产名称 | 固定资产类别 | 单位 | 单价 | 账面结存 | | 被审计单位盘点 | | | 实际检查情况 | | | 使用状况 | | | 备注 |
| | | | | | 数量 | 金额 | 数量 | 盈亏 (+、) | | 数量 | 盈亏 (+、) | | 使用中 | 未使用 | 不需要 | |
|---|---|---|---|---|---|---|---|---|---|---|---|---|---|---|---|---|
| 1 | SONY笔记本电脑 | 电子及通信设备 | 台 | 10 380.00 | 1 | 10 380.00 | 1 | | | 1 | | | √ | | | |
| 2 | 联想台式计算机 | 电子及通信设备 | 台 | 4 238.05 | 1 | 4 238.05 | 1 | | | 1 | | | √ | | | |
| 3 | 彩色喷墨一体机 | 电子及通信设备 | 台 | 1 025.66 | 1 | 1 025.66 | 1 | | | 1 | | | √ | | | |
| 4 | 台式计算机主机 | 电子及通信设备 | 台 | 4 246.90 | 1 | 4 246.90 | 1 | | | 1 | | | √ | | | |
| 5 | 爱普生扫描仪 | 电子及通信设备 | 台 | 2 565.49 | 1 | 2 565.49 | 1 | | | 1 | | | √ | | | |
| 6 | 冰柜 | 电子及通信设备 | 台 | 3 000.00 | 1 | 3 000.00 | 1 | | | 1 | | | √ | | | |
| 7 | 挂式空调 | 电子及通信设备 | 台 | 2 899.00 | 1 | 2 899.00 | 1 | | | 1 | | | √ | | | |
| 8 | 海尔电热水器 | 电子及通信设备 | 台 | 1 211.53 | 1 | 1 211.53 | 1 | | | 1 | | | √ | | | |
| 9 | 挂式空调 | 电子及通信设备 | 台 | 2 599.00 | 6 | 15 594.00 | 6 | | | 6 | | | √ | | | |
| 10 | 联想计算机主机 | 电子及通信设备 | 台 | 2 742.48 | 6 | 16 454.87 | 6 | | | 6 | | | √ | | | |
| 11 | 联想服务器 | 电子及通信设备 | 台 | 37 787.61 | 1 | 37 787.61 | 1 | | | 1 | | | √ | | | |
| 12 | 彩色激光多功能一体机 | 电子及通信设备 | 台 | 2 653.98 | 1 | 2 653.98 | 1 | | | 1 | | | √ | | | |
| … | … | … | | | … | … | … | | | … | | | … | | | |
| 合计 | | | | | 232.00 | 132 142 785.15 | 232.00 | | | 232.00 | | | √ | | | |

审计说明：
我们于2023年1月6日对该公司固定资产进行监盘，监盘范围主要是2022年新增资产及资产原值>100万元的资产，经盘点抽查的固定资产与账面记录情况一致。

（2）实施监盘。

① 打印出监盘表，审计人员在被审计单位固定资产管理员的陪同下开展监盘工作，根据盘点清单中资产的分布情况有序开展监盘。监盘过程中，一方面记录盘点结果，另一方面，需要观察固定资产有无减值的迹象。

② 结束一个地点的盘点后，审计人员应再次检查全部设备是否都已被盘点，确保没有遗漏的资产后，再进行下一个地点展开盘点。

③ 监盘工作结束时，企业盘点人员、监盘人员需要在盘点检查情况表上签字确认，并注明盘点时间、盘点地点。

④ 最后审计人员根据监盘表填制底稿盘点检查情况表。

（3）追溯调整。

若监盘时发现存在资产的盘亏、盘盈，应请被审计单位解释原因，并提供相关证据佐证，审计人员应判断被审计单位解释是否合理、证据是否充足，并在取得足够多的审计证据后进行相关调整。

（4）填制监盘报告。

固定资产监盘工作结束后，应填写"监盘小结"，详细说明固定资产盘点的过程及结果。

① 固定资产监盘情况说明。主要由以下两部分组成：记录被审计单位固定资产管理岗位对应的员工姓名；固定资产监盘情况，包括固定资产的分布情况、具体盘点结果（数量情况与资产状况）。

② 填写监盘参加人员。

③ 盘点进行中的工作。主要记录盘点过程，包括盘点的分工、核对结果、盘盈及盘亏结果、抽查比例和盘点正确率等项目。

④ 审计说明与结论。

⑤ 经确认无误后，监盘小结需要盘点人员、监盘人员签名，并注明时间，如表8-10所示。

表8-10　监盘小结

被审计单位：湖北联晟通信科技股份有限公司　　　索引号：Z21A8　　　页次：
项目：固定资产监盘小结　　　　　　　　　　　　编制人：李梦　　　日期：2023-1-7
财务报表截止日：2022-12-31　　　　　　　　　　复核人：梁涛　　　日期：2023-1-7

固定资产监盘小结

| | |
|---|---|
| 监盘时间： | 2023-1-6 |
| 监盘地点： | 生产车间、办公楼 |
| 监盘人： | 李梦 |
| 监盘内容： | 新增固定资产、大额固定资产（原值＞100万元） |
| 固定资产管理员： | *志 |
| 固定资产所在地： | 生产车间、办公楼 |
| 执行的程序： | 监盘程序 |
| 抽盘方法及抽盘比例： | 期末固定资产账面原值合计：168 755 346.08元，本期新增固定资产1 737 407.54元。监盘固定资产原值合计：131 823 442.46元，其中：监盘新增固定资产：1 737 407.54元，监盘重大的固定资产：130 086 034.92元，监盘比例合计：78.12%。 |
| 监盘整体情况说明： | 无 |
| 重点说明： | 无 |
| 发现的主要问题： | 无 |
| 审计结论： | 经审计，未发现重大异常。 |

盘点人签名：*志

监盘人签名：李梦

时间：2023-1-6

**步骤五：编制折旧、摊销测算表**

以无形资产的累计摊销为例，需执行以下步骤。

（1）获取并检查无形资产摊销政策。

① 获取被审计单位无形资产的摊销政策。

② 检查摊销政策是否符合相关会计准则的规定；确定其所采用的摊销方法是否能在无形资产预计使用寿命内合理分摊其成本；前后期是否一致；判断使用寿命是否合理。

（2）获取并审核无形资产摊销表。

① 取得被审计单位的无形资产摊销表。

② 检查被审计单位的无形资产摊销表的金额是否和账面一致；检查摊销方法是否和公司的摊销政策一致。

（3）累计摊销测算。

① 检查摊销测算表（年限平均法）生成的无形资产原值、购入时间、摊销年限等主要数据是否准确。

② 根据无形资产摊销表填写摊销测算表（直线法）残值率、摊销方法、本期实提摊销额、期末企业实提累计摊销，如表8-11所示。

**步骤六：摊销测算差异调整**

在实务中，如果差异金额较小，对本期摊销额不予调整；若差异金额较大，应分析差异较大的原因，实施相应的审计程序并填写审计说明。

**步骤七：编制分配检查表**

（1）检查累计折旧 / 摊销分配科目与上年是否一致，分配是否合理，是否与企业生产经营相匹配，是否符合配比原则和权责发生制原则。

（2）将生产成本、制造费用、营业成本、销售费用、管理费用、研发费用等相关的成本、费用账户中的累计折旧 / 摊销的贷方发生额相加得出全年累计发生额，与计提的累计折旧 / 摊销核对，检查是否相符。

**步骤八：编制权证查验表**

（1）获得公司相关权证。被审计单位应复印相关权证，并写明"已和原件核对一致"，并加盖公司公章。

（2）检查权证记载的所有人名称是否为被审计单位。

（3）将权证的信息填写在权证查验表上。若为房屋，检查产权证记载的建筑面积与财务账面建筑的建筑面积核对一致，并和账面核对资产信息，如表8-12所示。

（4）关注有无抵押、质押、担保、查封、冻结等权利受限制事项，填写抵押情况描述表、所有权、保险和抵押担保检查表。

表8-11 摊销测算表（直线法）

被审计单位：湖北联晟通信科技股份有限公司
项目：无形资产摊销测算表（直线法）
财务报表截止日：2022-12-31

索引号：Z25-4
编制人：李梦
复核人：梁涛
页次：
日期：2023-1-7
日期：2023-1-7

| 卡片资产编码 | 无形资产名称 | 无形资产原值 | 购入时间 | 使用年限（月） | 购入年份 | 开始摊销日期 | 预计净残值率 | 摊销方法 | 本期应提摊销 | 本期实提摊销 | 本期差异 | 期末累计应计提摊销 | 期末企业实提累计摊销 | 累计差异 | 差异原因 |
|---|---|---|---|---|---|---|---|---|---|---|---|---|---|---|---|
| | 土地使用权 | 16 321 967.00 | 2012-12-1 | 516.00 | 2012 | 2012-12-1 | 0.00% | 直线法 | 379 580.64 | 379 580.88 | -0.24 | 3 827 438.12 | 3 827 438.74 | -0.62 | |
| | 专利权 | 30 000.00 | 2011-1-1 | 120.00 | 2011 | 2011-1-1 | 0.00% | 直线法 | | | | 30 000.00 | 30 000.00 | | |
| | 商标权 | 4 950.00 | 2011-1-1 | 120.00 | 2011 | 2011-1-1 | 0.00% | 直线法 | | | | 4 950.00 | 4 950.00 | | |
| | ERPPS软件 | 42 735.04 | 2017-10-1 | 60.00 | 2017 | 2017-10-1 | 0.00% | 直线法 | 6 410.25 | 6 410.41 | -0.16 | 42 735.00 | 42 735.16 | -0.16 | |
| | ERP软件 | 49 239.32 | 2018-3-1 | 60.00 | 2018 | 2018-3-1 | 0.00% | 直线法 | 9 847.92 | 9 847.92 | | 47 598.28 | 47 598.28 | | |
| | ERP软件 | 45 987.18 | 2018-7-1 | 60.00 | 2018 | 2018-7-1 | 0.00% | 直线法 | 9 197.40 | 9 197.40 | | 41 388.30 | 41 390.12 | -1.82 | |
| | ERP软件 | 414 645.30 | 2014-1-1 | 60.00 | 2014 | 2014-1-1 | 0.00% | 直线法 | | | | 414 645.60 | 414 645.30 | -0.30 | |
| | 金税软件 | 29 503.30 | 2017-9-1 | 60.00 | 2017 | 2017-9-1 | 0.00% | 直线法 | 3 933.76 | 3 933.76 | | 29 503.20 | 29 503.20 | | |
| | 专利权 | 34 951.46 | 2022-1-20 | 120.00 | 2022 | 2022-1-1 | 0.00% | 直线法 | 3 495.12 | 3 495.12 | | 3 495.12 | 3 495.12 | | |
| | 专利权 | 17 864.08 | 2022-1-20 | 120.00 | 2022 | 2022-1-1 | 0.00% | 直线法 | 1 786.44 | 1 786.45 | -0.01 | 1 786.44 | 1 786.45 | -0.01 | |
| 合计 | | 16 991 842.68 | | | | | | | 414 251.53 | 414 251.94 | -0.41 | 4 443 540.06 | 4 443 542.37 | -2.31 | |

审计说明：
经测算，未发现重大差异。

表 8-12 房屋权证查验

被审计单位：湖北联晟通信科技股份有限公司      索引号：ZZ1A-9

项目：房屋权证查验      页次

财务报表截止日：2022-12-31

编制人：李梦    日期：2023-1-7

复核人：梁涛    日期：2023-1-7

一、获得公司相关权证，复印并加盖公司公章（已和原件核对一致）

二、产权证核对表

| 资产名称 | 房屋位置 | 产权证记载 | | | | | | | 财务账面记载 | | | | |
| | | 所有人名称 | 产权证记载建筑面积 | 建筑面积 | 产权证编号 | 填发日期 | 发证机关 | 他项权利 | 原值 | 建筑面积 | 单位成本 | 权证复印索引 |
| 湘隆商品房两套 | 襄阳经济技术开发区 3R2 地块 湘隆时代商业中心 E 区 4 栋 18 层 3 室 | 湖北联晟通信科技股份有限公司 | | 81.2 平方米 | 2017003219 | 2017-7-6 | 襄阳经济技术开发区住房保障和房屋管理局 | | 636 884.30 | 81.2 平方米 | | |
| 湘隆商品房两套 | 襄阳经济技术开发区 3R2 地块 湘隆时代商业中心 E 区 4 栋 19 层 3 室 | 湖北联晟通信科技股份有限公司 | | 81.2 平方米 | 2017003218 | 2017-7-6 | 襄阳经济技术开发区住房保障和房屋管理局 | | 636 884.30 | 81.2 平方米 | | |
| 扩厂生产厂房（六车间） | 襄阳经济技术开发区 22MB 地块铝包钢项目扩建厂房 | 湖北联晟通信科技股份有限公司 | | 4 328.92 平方米 | 2017006548 | 2017-12-22 | 襄阳经济技术开发区住房保障和房屋管理局 | | 9 275 975.96 | 4 328.92 平方米 | | |
| 生产厂房及附属场地 | 襄阳经济技术开发区 22M 高科技园联合厂房 | 湖北联晟通信科技股份有限公司 | | 1 5710.87 平方米 | 201203904 | 2012-11-27 | 襄阳经济技术开发区住房保障和房屋管理局 | | 23 865 493.48 | 15 710.87 平方米 | | |
| 合计 | | | | | | | | | 34 415 238.04 | | | |

学习情境八 实质性程序实施 219

**步骤九：编制减值迹象判断表**

（1）监盘时，注意观察被审计单位的固定资产是否存在严重毁损、不可使用的现象。

（2）对于闲置的固定资产，询问被审计单位未来的使用情况。

（3）判断有无由于技术进步等原因，不可使用的固定资产。

（4）若判断有无减值的迹象，和项目经理沟通，如何进一步实施相应的程序。

（5）若被审计单位已计提减值，复核加计是否正确。

**步骤十：编制往来函证相关表**

详见任务一中步骤七编制往来函证相关表"讲解。

审计人员按照发函要求对联晟通信应付账款执行函证程序，收到回函后对回函结果进行检查，发现 FH 通信科技股份有限公司回函金额为 179 309.77 元，发函金额为 311 989.77 元，差额为 132 680.00 元。审计人员检查联晟通信原始资料并编制函证结果调节表，发现 2022 年 12 月 21 日 330# 凭证中采购 FH 通信科技股份有限公司光纤金额为 132 680.00 元，入库单日期为 2023 年 1 月 4 日，存在跨期需要调整，调整后和回函金额一致。FH 通信科技股份有限公司回函如图 8-4 所示，入库单如图 8-5 所示，函证结果调节表如表 8-13 所示。

**步骤十一：编制长期挂账及核销检查表**

（1）关注账龄在 3 年以上的应付账款，向被审计单位询问其长期挂账的原因，是否可能无须支付。

（2）关注账龄在 1 年以上预付款项，向被审计单位询问其长期挂账的原因，是否可能发生坏账损失。

（3）检查本期处理的确实无须支付的应付账款的会计处理是否正确，依据是否充分（底稿可使用应付账款检查情况表或以文字说明）。

**步骤十二：编制抽查表**

操作演示：
审计抽样

（1）抽取本期发生额较大、重要项目的样本。

（2）对于固定资产底稿，主要抽取本年新增、减少的固定资产。

（3）检查原始凭证内容是否完整、是否有授权批准、会计处理是否正确，明细账、记账凭证、原始凭证金额是否相符等。

## 企业询证函

询证函编号：F5-2-1-2

FH 通信科技股份有限公司：

本公司聘请的诚信会计师事务所（特殊普通合伙）正在对本公司 2022 年度财务报表进行审计，按照《中国注册会计师审计准则》的要求，应当询证本公司与贵公司的往来账项等事项。下列信息出自本公司账簿记录，如与贵公司记录相符，请在本函下端"信息证明无误"处签章证明；如有不符，请在"信息不符"处列明不符项目。如存在与本公司有关的未列入本函的其他项目，也请在"信息不符"处出这些项目的金额及详细资料。回函请直接寄至诚信会计师事务所（特殊普通合伙）。

回函地址：北京市西城区复兴门大街 × 号 ×× 大厦 4 层审计八部　　　邮编：100068
电话：139××××××××　　　　　　　　　　　　　　　　　　联系人：李梦

1. 本公司 2022 年 12 月 31 日与贵公司的往来账项列示如下：

单位：人民币元

| 往来账项 | 金额 | 备注 |
|---|---|---|
| 应付账款 | 311 989.77 | |
| 贵公司欠款合计 | 311 989.77 | |

2. 其他事项

| | |
|---|---|
| | |
| | |

本函仅为复核账目之用，并非催款结算。若款项在上述日期之后已经付清，仍请及时函复为盼。

被审计单位（签章）

2023-1-9

结论：

| 1. 信息证明无误 | 2. 信息不符，请列明不符的详细情况<br>截至 2022 年 12 月 31 日应收贵公司金额<br>179 309.77 元。 |
|---|---|
| （签章） | （签章） |
| 经办人： | 经办人：徐× |
| 日期： | 日期：2023 年 1 月 15 日 |

图 8-4　FH 通信科技股份有限公司回函

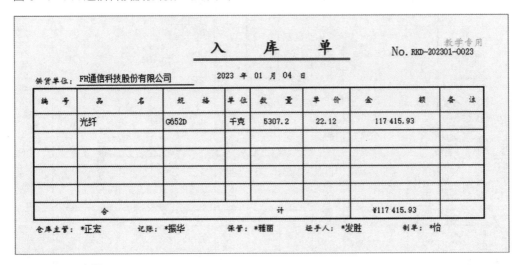

图 8-5　入库单

表8-13 函证结果调节表

被审计单位：湖北联晟通信科技股份有限公司　　　　　　　　索引号：F5-24
项目：应付账款函证结果调节表　　　　　　　　　　　　　　编制人：李梦　　　　日期：2023-1-17
财务报表截止日：2022-12-31　　　　　　　　　　　　　　　复核人：梁涛　　　　日期：2023-1-17

页次：

被询证单位：FH 通信科技股份有限公司

回函日期：2023-1-15

| | 序号 | 日期 | 摘要／差异原因（运输途中、存在争议的项目等） | 相关的支持性证据的索引号 | 金额 |
|---|---|---|---|---|---|
| 1. 被询证单位回函余额 | | | | | 179 309.77 |
| 2. 减：被询证单位已记录项目 | | | | | |
| | 1 | | | | |

| | 序号 | 日期 | 摘要／差异原因（存在争议的项目等） | 凭证号 | 金额 |
|---|---|---|---|---|---|
| 3. 加：被审计单位已记录项目 | | | | | 132 680.00 |
| | 1 | 2022-12-21 | 购FH 通信科技股份有限公司光纤 | 330 | 132 680.00 |
| 4. 调节后金额 | | | | | 311 989.77 |
| 5. 被审计单位账面金额 | | | | | 311 989.77 |
| 6. 差异金额 | | | | | |

审计说明：
2022 年 12 月 330# 的光纤的入库单及验收单日期为 2023 年 1 月 4 日，存在跨期记账，需要调整。

以应付账款为例，审计抽样的系统操作如图 8-6 所示。

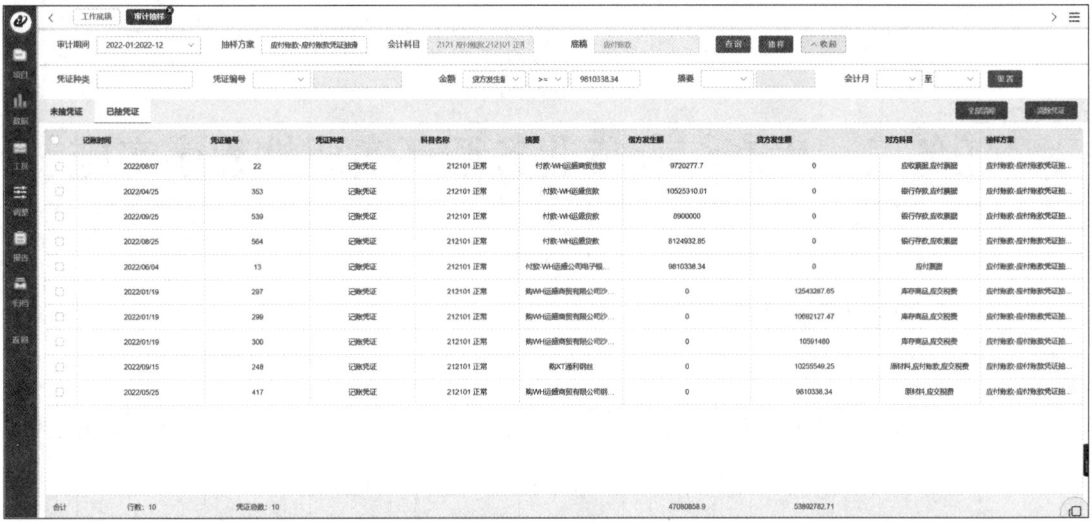

图 8-6　审计抽样的系统操作

**步骤十三：编制其他项目表**

其他项目表根据项目的具体情况选择，如有些工作表适用于 IPO 项目，需要额外执行。

**步骤十四：分析重大错报、作出审计调整并得出审计结论**

（1）审计过程中，若发现审计异常的事项，分析错报金额及性质，根据审计重要性判断是否需要调整，将调整分录写在明细表的审计说明处。

审计人员发现应付账款 FH 通信科技股份有限公司回函金额与发函金额不一致，是由于 2022 年 12 月 21 日 330# 凭证采购入库跨期所致，在应付账款明细表中编制如下调整分录：

借：存货（原材料——主要材料——光纤 G652D）　　－117 415.93

　　应交税费（应交增值税——进项税额）　　　　　－15 264.07

　　　贷：应付账款（正常——FH 通信科技股份有限公司）

　　　　　　　　　　　　　　　　　　　　　　　　　－132 680.00

（2）将相关报表项目核算内容、增减变动的主要原因、所做的审计工作写在导引表的审计说明处。

（3）将相关报表项目的审计结论写在导引表的审计结论处，如"经审计调整后，该项目未发现重大异常""经审计，该项目未发现重大异常""因以上审计说明的原因，该项目余额不能确认"等。

# 任务三 生产与存货业务循环实质性程序实施

## 【任务情境】

目前审计人员已经完成生产与存货业务循环内部控制的了解及控制测试工作，联晟通信内部控制制度设计合理，执行有效，未见异常。

为了进一步获取充分、适当的审计证据，审计人员需要对该循环进一步实施实质性程序，可根据需要单独或综合运用以下程序：检查、观察、询问、函证、重新计算、分析程序等。

审计人员获取的该循环相关会计科目 2022 年度账户的累计发生额及期末余额如表 8-14 所示。

表 8-14　2022 年度账户的累计发生额及期末余额

| 科目名称 | 科目级次 | 科目类别 | 借贷方向 | 年初余额 | | 全年累计发生额 | | 年末余额 | |
|---|---|---|---|---|---|---|---|---|---|
| | | | | 借方 | 贷方 | 借方发生额 | 贷方发生额 | 借方 | 贷方 |
| 原材料 | 1 | 资产 | 借 | 24 403 896.85 | | 328 777 549.35 | 309 814 181.10 | 43 367 265.10 | |
| 主要材料 | 2 | 资产 | 借 | 23 773 835.56 | | 318 998 126.70 | 300 770 000.11 | 42 001 962.15 | |
| 盘条 | 3 | 资产 | 借 | 16 358 521.84 | | 80 913 624.94 | 93 369 838.11 | 3 902 308.67 | |
| 钢丝 | 3 | 资产 | 借 | 2 320 668.22 | | 70 898 774.14 | 71 613 932.23 | 1 605 510.13 | |
| 铝杆 | 3 | 资产 | 借 | 802 260.35 | | 66 202 585.88 | 64 606 117.37 | 2 398 728.86 | |
| 光纤 | 3 | 资产 | 借 | 2 877 526.27 | | 11 187 231.19 | 10 728 888.75 | 3 335 868.71 | |
| 不锈钢带 | 3 | 资产 | 借 | 591 751.24 | | 2 684 992.71 | 2 543 918.11 | 732 825.84 | |
| 吸氢纤膏 | 3 | 资产 | 借 | 94 270.48 | | 1 213 890.30 | 986 795.59 | 321 365.19 | |

| 科目名称 | 科目级次 | 科目类别 | 借贷方向 | 年初余额 | | 全年累计发生额 | | 年末余额 | |
|---|---|---|---|---|---|---|---|---|---|
| | | | | 借方 | 贷方 | 借方发生额 | 贷方发生额 | 借方 | 贷方 |
| 不锈钢管光单元 | 3 | 资产 | 借 | 85 922.68 | | 1 320 261.26 | 1 399 848.77 | 6 335.17 | |
| PBT 松套管缆芯 | 3 | 资产 | 借 | 110 302.22 | | 228 623.88 | 228 623.88 | 110 302.22 | |
| 铝单丝 | 3 | 资产 | 借 | 384 182.62 | | 1 468 637.58 | 1 708 384.47 | 144 435.73 | |
| 铝合金单丝 | 3 | 资产 | 借 | 67 391.37 | | 872 490.35 | 857 004.58 | 82 877.14 | |
| 铝合金杆 | 3 | 资产 | 借 | 1 918.71 | | 31 060 158.20 | 30 830 029.72 | 232 047.19 | |
| 殷钢盘条 | 3 | 资产 | 借 | 79 119.56 | | 36 252 432.74 | 7 225 300.90 | 29 106 251.40 | |
| 沙钢优线 | 3 | 资产 | 借 | | | 13 723 753.45 | 13 723 753.45 | | |
| PEEK 管缆芯 | 3 | 资产 | 借 | | | 187 285.76 | 177 557.15 | 9 728.61 | |
| 铝包光单元 | 3 | 资产 | 借 | | | 748 435.25 | 748 435.25 | | |
| 铝包钢单丝 | 3 | 资产 | 借 | | | 34 949.07 | 21 571.78 | 13 377.29 | |
| 辅助材料 | 2 | 资产 | 借 | 206 714.62 | | 976 109.61 | 847 994.97 | 334 829.26 | |
| 润滑粉 | 3 | 资产 | 借 | 93 538.78 | | 821 792.09 | 710 509.35 | 204 821.52 | |
| 油墨 | 3 | 资产 | 借 | 14 699.12 | | 27 079.65 | 19 739.16 | 22 039.61 | |
| 添加剂 | 3 | 资产 | 借 | 488.12 | | 29 953.98 | 23 150.16 | 7 291.94 | |
| 着色剂 | 3 | 资产 | 借 | 34 639.17 | | 75 726.37 | 69 289.99 | 41 075.55 | |
| 氮气 | 3 | 资产 | 借 | | | 21 557.52 | 21 557.52 | | |
| 扎纱线 | 3 | 资产 | 借 | 2 221.54 | | | | 2 221.54 | |
| 润滑油 | 3 | 资产 | 借 | 61 127.89 | | | 3 748.79 | 57 379.10 | |
| 废品 | 2 | 资产 | 借 | 423 346.67 | | 8 803 313.04 | 8 196 186.02 | 1 030 473.69 | |
| 废钢丝 | 3 | 资产 | 借 | 19 353.40 | | 157 058.53 | 165 826.00 | 10 585.93 | |
| 铝回料 | 3 | 资产 | 借 | 188 764.14 | | 6 579 788.99 | 5 901 042.42 | 867 510.71 | |
| 废单丝（绞） | 3 | 资产 | 借 | 109 632.13 | | 1 943 591.90 | 2 038 965.09 | 14 258.94 | |
| 废 OPGW | 3 | 资产 | 借 | 73 401.00 | | 49 847.98 | 11 680.75 | 111 568.23 | |

| 科目名称 | 科目级次 | 科目类别 | 借贷方向 | 年初余额 | | 全年累计发生额 | | 年末余额 | |
|---|---|---|---|---|---|---|---|---|---|
| | | | | 借方 | 贷方 | 借方发生额 | 贷方发生额 | 借方 | 贷方 |
| 废钢带 | 3 | 资产 | 借 | 32 196.00 | | 73 025.64 | 78 671.76 | 26 549.88 | |
| 委托加工物资 | 1 | 资产 | 借 | 776 785.69 | | −404 761.26 | | 372 024.43 | |
| 材料成本 | 2 | 资产 | 借 | 776 785.69 | | −404 761.26 | | 372 024.43 | |
| 铝杆 | 3 | 资产 | 借 | 346 277.61 | | −342 277.61 | | 4 000.00 | |
| 钢盘条 | 3 | 资产 | 借 | 368 024.43 | | | | 368 024.43 | |
| 铝合金杆 | 3 | 资产 | 借 | 62 483.65 | | −62 483.65 | | | |
| 生产成本 | 1 | 成本 | 借 | 12 067 006.41 | | 392 400 680.57 | 393 274 046.45 | 11 193 640.53 | |
| 第一步骤 | 2 | 成本 | 借 | 11 425 983.73 | | 289 485 996.61 | 290 603 975.30 | 10 308 005.04 | |
| 原材料 | 3 | 成本 | 借 | 11 425 983.73 | | 244 882 409.43 | 246 000 388.12 | 10 308 005.04 | |
| 工资 | 3 | 成本 | 借 | | | 10 432 618.82 | 10 432 618.82 | | |
| 三项计提 | 3 | 成本 | 借 | | | 1 147 588.07 | 1 147 588.07 | | |
| 社会保险金 | 3 | 成本 | 借 | | | 478 251.50 | 478 251.50 | | |
| 住房公积金 | 3 | 成本 | 借 | | | 232 650.00 | 232 650.00 | | |
| 制造费用 | 3 | 成本 | 借 | | | 21 057 264.62 | 21 057 264.62 | | |
| 包装成本 | 3 | 成本 | 借 | | | 11 255 214.17 | 11 255 214.17 | | |
| 第二步骤 | 2 | 成本 | 借 | 641 022.68 | | 36 394 408.92 | 36 149 796.11 | 885 635.49 | |
| 材料投入 | 3 | 成本 | 借 | 641 022.68 | | 32 287 657.22 | 32 043 044.41 | 885 635.49 | |
| 工资 | 3 | 成本 | 借 | | | 1 483 737.07 | 1 483 737.07 | | |
| 三项计提 | 3 | 成本 | 借 | | | 163 211.08 | 163 211.08 | | |
| 社会保险金 | 3 | 成本 | 借 | | | 71 945.95 | 71 945.95 | | |
| 住房公积金 | 3 | 成本 | 借 | | | 36 038.00 | 36 038.00 | | |
| 制造费用 | 3 | 成本 | 借 | | | 855 769.58 | 855 769.58 | | |
| 包装成本 | 3 | 成本 | 借 | | | 1 496 050.02 | 1 496 050.02 | | |
| 光单元产品 | 2 | 成本 | 借 | | | 16 866 711.78 | 16 866 711.78 | | |

| 科目名称 | 科目级次 | 科目类别 | 借贷方向 | 年初余额 | | 全年累计发生额 | | 年末余额 | |
|---|---|---|---|---|---|---|---|---|---|
| | | | | 借方 | 贷方 | 借方发生额 | 贷方发生额 | 借方 | 贷方 |
| 原材料 | 3 | 成本 | 借 | | | 14 264 074.40 | 14 264 074.40 | | |
| 工资 | 3 | 成本 | 借 | | | 898 338.65 | 898 338.65 | | |
| 三项计提 | 3 | 成本 | 借 | | | 98 817.24 | 98 817.24 | | |
| 社会保险金 | 3 | 成本 | 借 | | | 49 940.00 | 49 940.00 | | |
| 住房公积金 | 3 | 成本 | 借 | | | 23 727.00 | 23 727.00 | | |
| 制造费用 | 3 | 成本 | 借 | | | 1 506 871.99 | 1 506 871.99 | | |
| 包装成本 | 3 | 成本 | 借 | | | 24 942.50 | 24 942.50 | | |
| 光缆产品 | 2 | 成本 | 借 | | | 49 653 563.26 | 49 653 563.26 | | |
| 原材料 | 3 | 成本 | 借 | | | 45 225 158.44 | 45 225 158.44 | | |
| 工资 | 3 | 成本 | 借 | | | 973 042.80 | 973 042.80 | | |
| 三项计提 | 3 | 成本 | 借 | | | 107 034.68 | 107 034.68 | | |
| 社会保险金 | 3 | 成本 | 借 | | | 49 884.24 | 49 884.24 | | |
| 住房公积金 | 3 | 成本 | 借 | | | 25 988.00 | 25 988.00 | | |
| 制造费用 | 3 | 成本 | 借 | | | 1 622 333.87 | 1 622 333.87 | | |
| 包装成本 | 3 | 成本 | 借 | | | 1 650 121.23 | 1 650 121.23 | | |
| 库存商品 | 1 | 资产 | 借 | 12 156 814.91 | | 427 261 256.05 | 416 794 067.92 | 22 624 003.04 | |
| 外购商品 | 2 | 资产 | 借 | 1 154 329.92 | | 50 095 137.98 | 46 373 330.23 | 4 876 137.67 | |
| 铝包钢单丝 | 3 | 资产 | 借 | | | 2 356 545.18 | 2 356 545.18 | | |
| 铝包钢绞线 | 3 | 资产 | 借 | 221 782.30 | | 895 069.88 | 1 116 852.18 | | |
| 铝包钢芯铝绞线 | 3 | 资产 | 借 | 129 717.88 | | 600 379.12 | 667 407.47 | 62 689.53 | |
| 光缆 | 3 | 资产 | 借 | | | 2 401 297.88 | 109 830.09 | 2 291 467.79 | |
| 金具 | 3 | 资产 | 借 | 12 463.95 | | 328 658.83 | 277 113.04 | 64 009.74 | |
| 沙钢优线 | 3 | 资产 | 借 | | | 35 539 889.51 | 35 539 889.51 | | |
| 润滑油 | 3 | 资产 | 借 | 782 889.97 | | 7 980 162.78 | 6 305 082.14 | 2 457 970.61 | |

| 科目名称 | 科目级次 | 科目类别 | 借贷方向 | 年初余额 | | 全年累计发生额 | | 年末余额 | |
|---|---|---|---|---|---|---|---|---|---|
| | | | | 借方 | 贷方 | 借方发生额 | 贷方发生额 | 借方 | 贷方 |
| 不锈钢管光单元 | 3 | 资产 | 借 | 7 475.82 | | −7 475.82 | | | |
| 合成酯 | 3 | 资产 | 借 | | | 610.62 | 610.62 | | |
| 自制产品 | 2 | 资产 | 借 | 11 002 484.99 | | 377 166 118.07 | 370 420 737.69 | 17 747 865.37 | |
| 铝包钢单丝 | 3 | 资产 | 借 | 4 665 182.16 | | 262 204 339.96 | 254 813 927.97 | 12 055 594.15 | |
| 铝包钢绞线 | 3 | 资产 | 借 | 1 639 640.65 | | 31 601 318.77 | 30 836 787.96 | 2 404 171.46 | |
| 铝包钢芯铝绞线 | 3 | 资产 | 借 | 958.28 | | 12 235.43 | 13 193.71 | | |
| 铝包钢混绞线 | 3 | 资产 | 借 | 596 096.26 | | 660 481.02 | 1 256 577.28 | | |
| 不锈钢管光单元 | 3 | 资产 | 借 | 346 901.40 | | 16 846 989.59 | 16 529 444.84 | 664 446.15 | |
| 光缆 | 3 | 资产 | 借 | 2 778 467.33 | | 49 242 797.79 | 49 454 800.88 | 2 566 464.24 | |
| 铝包光单元 | 3 | 资产 | 借 | | | 2 077 920.92 | 2 077 920.92 | | |
| 铝包松套管光单元 | 3 | 资产 | 借 | 309 288.90 | | 313 014.20 | 583 183.75 | 39 119.35 | |
| 铝包合金钢单丝 | 3 | 资产 | 借 | 604 059.17 | | 10 486 977.19 | 11 091 036.36 | | |
| 铝包合金钢绞线 | 3 | 资产 | 借 | 61 890.84 | | 3 720 043.20 | 3 763 864.02 | 18 070.02 | |

## 【任务要求】

对生产与存货业务循环相关报表项目（科目）实施实质性程序，并编制如下审计工作底稿。

（1）存货：通过执行询问、观察、检查等审计程序，完成导引表、存货核算方法检查表、成本核算方法检查表的编制。

（2）原材料：通过执行询问、观察、检查、分析程序、重新计算等审计程序，完成程序表、明细表（1）、明细表（2）、原材料发出计价测试表（加权平均法）、原材料入库截止性测试表、原材料出库截止性测试表、原材料凭证抽查表的编制。

（3）委托加工物资：通过执行询问、观察、检查、分析程序、重新计算等审计程序，完成程序表、明细表（1）、明细表（2）、委托加工物资凭证抽查表的编制。

（4）库存商品及产成品：通过执行询问、观察、检查、分析程序、重新计算等审计程序，完成程序表、明细表（1）、明细表（2）、发出计价测试表（加权平均法）、入库截止性测试表、出库截止性测试表、库存商品凭证抽查表的编制。

（5）周转材料：通过执行询问、观察、检查、分析程序、重新计算等审计程序，完成程序表、明细表、截止性测试表、周转材料凭证抽查表的编制。

（6）生产成本：通过执行重新计算等审计程序，完成生产成本倒轧表的编制。

（7）存货监盘程序：通过执行询问、观察、检查、分析程序等审计程序，完成存货监盘计划、存货盘点抽查表、存货抽样监盘汇总表、存货明细账与盘点报告（记录）核对表、仓储情况检查、存货监盘报告的编制。


# 【任务准备】

（一）知识准备

1. 营业成本的审计目标

营业成本的审计目标一般包括以下几方面。

（1）确定利润表中记录的营业成本是否已发生，且与被审计单位有关（"发生"认定）。

（2）确定所有应当记录的营业成本是否均已记录（"完整性"认定）。

（3）确定与营业成本有关的金额及其他数据是否已恰当记录（"准确牲"认定）。

（4）确定营业成本是否已记录于正确的会计期间（"截止"认定）。

（5）确定营业成本记录于恰当的账户（"分类"认定）。

（6）确定营业成本已被恰当地汇总或分解且表述清楚，按照企业会计准则的规定在财务报表中作出的相关披露是相关的、可理解的（"列报"认定）。

2. 主营业务成本的实质性程序

主营业务成本的实质性程序主要包括以下几方面。

（1）获取或编制主营业务成本明细表，复核加计是否正确，并与总账数和明细账合计数核对是否相符，结合其他业务成本科目与营业成本报表数核对是否相符。

（2）检查主营业务成本的内容和计算方法是否符合会计准则规定，前后期是否一致。

（3）复核主营业务成本明细表的正确性，编制生产成本与主营业务成本倒轧表，并与相关科目交叉索引。

（4）抽查主营业务成本结转明细清单，比较计入主营业务成本的品种、规格、数量和主营业务收入的口径是否一致，是否符合配比原则。

（5）针对主营业务成本中重大调整事项（如销售退回）、非常规项目，检查相关原始凭证，评价真实性和合理性，检查其会计处理是否正确。

（6）在采用计划成本、定额成本、标准成本或售价核算存货的条件下，应检查产品成本差异或商品进销差价的计算、分配和会计处理是否正确。

（7）结合期间费用的审计，判断被审计单位是否通过将应计入生产成本的支出计入期间费用，或将应计入期间费用的支出计入生产成本等手段调节生产成本，从而调节主营业务成本。

（8）检查营业成本是否已按照企业会计准则的规定在财务报表中作出恰当列报。

3. 存货的审计目标

存货的审计目标一般包括以下几个方面。

（1）资产负债表中记录的存货是否真实存在（"存在"认定）。

（2）所有应当记录的存货是否均已记录（"完整性"认定）。

（3）记录的存货是否由被审计单位拥有或控制（"权利和义务"认定）。

（4）存货是否以恰当的金额包括在财务报表中，与之相关的计价调整是否已恰当记录（"准确性""计价和分摊"认定）。

（5）存货是否已记录于恰当的账户（"分类"认定）。

（6）存货是否已按照企业会计准则的规定在财务报表中作出恰当列报（"列报"认定）。

4. 存货的实质性程序

存货的实质性程序主要包括以下几方面。

（1）获取或编制存货明细表，复核加计正确并与总账数、报表数及明细账合计数核对是否相符。

动画：存货
监盘

（2）对存货的相关会计政策进行了解，评价其是否符合企业适用的会计准则或制度，是否与以前年度保持一贯性。

（3）分析程序：计算存货周转率，与上期进行比较或与其他同行业的企业进行比较；比较前后各期及各月份存货余额及其构成，以判断期末余额及其构成的总体合理性；将本期存货增加与进项税发生额，应付、预付账款贷方发生额进行核对。

（4）对分类存货的数量、计价以及账务处理的查验见各个分项目查验底稿。

（5）存货监盘或抽盘。

在存货盘点现场实施监盘时，审计人员应当实施下列审计程序：① 评价管理层用以记录和控制存货盘点结果的指令和程序；② 观察管理层制定的盘点程序的执行情况；③ 检查存货；④ 执行抽盘。

（6）检查与关联方的购销业务是否正常，关注交易价格、交易金额的真实性及合理性，检查对合并范围内购货记录应予合并抵消的数据是否正确，并对关联方交易进行统计和审核。

（7）检查存货是否已按照企业会计准则的规定在财务报表中作出恰当列报。

5. 原材料的审计目标

原材料的审计目标一般包括以下几个方面。

（1）账面原材料余额对应的实物是否真实存在（"存在"认定）。

（2）属于被审计单位的原材料是否均已入账（"完整性"认定）。

（3）原材料是否属于被审计单位所有（"权利和义务"认定）。

（4）原材料单位成本的计量准确，账面价值可以实现（"准确性""计价和分摊"认定）。

（5）原材料是否已记录于恰当的账户，原材料已按企业会计准则规定列示在财务报表（"分类""列报"认定）。

6. 原材料的实质性程序

原材料的实质性程序主要包括以下几方面。

（1）获取或编制原材料明细表，复核加计正确并与总账数、明细账合计数核对是否相符。

（2）选取代表性样本，抽查原材料明细账的数量与盘点记录的原材料数量是否一致，以确定原材料明细账的数量的准确性和完整性。

（3）截止测试。

（4）原材料计价方法的测试。

原材料计价方法的测试包括以下几方面。

① 检查原材料的计价方法前后期是否一致。

② 检查原材料的入账基础和计价方法是否正确。

③ 检查原材料发出计价的方法是否正确：了解被审计单位原材料发出的计价方法，前后期是否一致，并抽取主要材料复核其计算是否正确；若原材料以计划成本计价，还应检查材料成本差异的发生和结转的金额是否正确；编制本期发出材料汇总表，与相关科目勾稽核对，并复核发出材料汇总表的正确性。

④ 结合原材料的盘点检查，期末有无料到单未到情况，如有，应查明是否已暂估入账，其暂估价是否合理。

（5）对于通过非货币性资产交换、债务重组、企业合并以及接受捐赠等取得的原材料，检查其入账的有关依据是否真实、完备，入账价值和会计处理是否符合相关规定。

（6）检查投资者投入的原材料是否按照投资合同或协议约定的价值入账，并检查约定的价值是否公允、交接手续是否齐全。

（7）根据企业会计准则要求对存货项目进行减值测试。

7. 库存商品的审计目标

库存商品的审计目标一般包括以下几方面。

（1）账面库存商品是否真实存在（"存在"认定）。

（2）属于被审计单位的库存商品是否均已入账（"完整性"认定）。

（3）库存商品是否由被审计单位拥有或控制（"权利和义务"认定）。

（4）库存商品以恰当的金额包括在财务报表中，与之相关的计价调整已恰当记录（"准确性""计价和分摊"认定）。

（5）库存商品是否已记录于恰当的账户（"分类"认定）。

（6）库存商品已按照企业会计准则的规定在财务报表中作出恰当列报（"列报"认定）。

8. 库存商品的实质性程序

库存商品的实质性程序主要包括以下几方面。

（1）获取或编制库存商品的明细表，复核加计是否正确，并与总账数、明细账合计数核对是否相符。

（2）实施实质性分析程序。

实施实质性分析程序一般包括以下几个方面。

① 按品种分析库存商品各月单位成本的变动趋势，以评价是否有调节生产成本或销售成本的情况。

② 比较前后各期的主要库存商品的毛利率（按月、按生产线、按地区等）、库存商品周转率和库存商品账龄等，评价其合理性并对异常波动作出解释、查明异常情况的原因。

③ 比较库存商品库存量与生产量及库存能力的差异，并分析其合理性。

④ 核对仓库记录的库存商品入库量与生产部门记录的库存商品生产量是否一致，并对差异作出解释。

⑤ 核对发票记录的数量是否与发货量、订货量、主营业务成本记录的销售量一致，并对差异作出解释。

⑥ 比较库存商品销售量与生产量或采购量的差异，并分析其合理性。

⑦ 比较库存商品销售量和平均单位成本之积与账面库存商品销售成本的差异，并分析其合理性。

（3）选取代表性样本，抽查库存商品、产成品明细账的数量与盘点记录的库存商品数量是否一致，以确定库存商品明细账的数量的准确性和完整性。

（4）截止性测试。

（5）库存商品计价方法的测试。

① 检查库存商品的计价方法是否前后期一致；

② 检查库存商品的入账基础和计价方法是否正确；

③ 检查外购库存商品的发出计价是否正确；

④ 结合库存商品的盘点，检查期末有无库存商品已到而相关单据未到的情况，如有，应查明是否暂估入账，其暂估价是否合理。

（6）对于通过非货币性资产交换、债务重组、企业合并以及接受捐赠取得的库存商品，检查其入账的有关依据是否真实、完备，入账价值和会计处理是否符合相关规定。

（7）检查投资者投入的库存商品是否按照投资合同或协议约定的价值入账，并同时检查约定的价值是否公允，交接手续是否齐全。

（8）根据企业会计准则要求对存货项目进行减值测试。

（9）结合银行借款等科目，了解是否有用于债务担保的库存商品。如有，则应取证并作相应的记录，同时提请被审计单位作恰当披露。

## （二）操作准备

（1）基于生产与存货业务循环控制测试的结果，进一步确定实质性程序的性质、时间和范围。

（2）获取存货核算方法、成本核算方法、总账、明细账、仓库清单、出入库单、收发存汇总表、成本计算单、2022 年年末盘点计划、盘点表等审计资料。

> 提示：数据资料见"8.3 生产与存货业务循环实质性程序业财一体化数据资料包"。

（3）查看并熟悉该循环程序相关的工作底稿。

## （三）任务要领

（1）明确该循环相关报表项目的审计目标和审计程序。

（2）在被审计单位盘点存货前，审计人员应当观察盘点现场，确定应纳入盘点范围的存货是否已经适当排列整齐，并附有盘点标识；对未纳入盘点范围的存货，应查明未纳入的原因，如是否属于售后代保管存货。

（3）监盘存货时，需要同时关注存货的数量和状况，是否存在毁损、陈旧的存货，考虑是否发生了减值。

（4）关注资产负债表日前后的出入库单，是否存在跨期记账的情况，进而判断收入成本是否存在重大错报。

（5）对重要的存货需要进行计价测试，重新计算成本的结转是否异常。

## 【任务实施】

**步骤一：根据审计目标确定计划实施的实质性程序，并编制程序表**

确定相关报表项目的审计目标。财务报表认定主要包括存在、发生、完整性、权利和义务、准确性、计价和分摊、截止、分类、列报，不同的报表项目对应不同的审计目标，根据审计目标确定计划实施的实质性程序，在程序表的"是否执行"处填写"是""否""不适用"，然后判断需要执行的程序可以实现的审计目标。

操作演示：生产成本实质性程序

### 步骤二：查看相关报表项目的审计资料

根据审计的相关报表项目查看获取的审计资料，该循环的审计资料主要包括存货核算方法、成本核算方法、总账、明细账、仓库清单、出入库单、收发存汇总表、成本计算单、2022年年末盘点计划、盘点表等审计资料。

操作演示：存货监盘实质性程序

### 步骤三：编制明细表

（1）向被审计单位获取或编制存货收发存明细表，复核是否和账面金额一致。

（2）根据收发存汇总表将不同存货分类填写到对应的存货底稿上，如原材料、库存商品及产成品。

操作演示：原材料实质性程序

### 步骤四：编制月份发生额分析表

（1）根据总账上不同存货种类的期初余额填写在月发生额分析表的期初余额处。

（2）根据序时账分类汇总该存货的各月购入金额、转入金额、生产领用、结转销售成本金额。

操作演示：库存商品实质性程序

（3）核对月发生额分析表的期末余额是否和账面一致。

（4）分析各月的生产、购买、领用、销售额等业务的合理性。

### 步骤五：编制计价测试表

（1）从收发存汇总表中选择 $n$ 种原材料或者库存商品做发出计价测试。

（2）根据收发存汇总表或序时账分类汇总各品种每月的收发数量、金额，根据底稿自动结转的期末余额和账面余额比较，若差异较大，查找原因，是否为结转成本错误，进行调账。

从联晟通信的收发存汇总表中抽取了期末余额较大的库存商品进行计价测试，发现光缆24B1品种期末应结存金额和账面金额差异197 225.60元，经核查为联晟通信7月、9月的结转成本错误，需要调整。库存商品发出计价测试表如表8-15所示。

表8-15　库存商品发出计价测试表(加权平均法)

被审计单位:湖北联晟通信科技股份有限公司
项目:库存商品发出计价测试(加权平均法)
财务报表截止日:2022-12-31

索引号:Z9E-6
编制人:李梦
复核人:梁涛
页次:
日期:2023-1-7
日期:2023-1-7

一、测试目的:检查被审计单位库存商品发出计价的方法是否正确,库存商品/产成品发出和期末结存的金额是否正确

二、测试步骤:从收发存汇总表中选取光缆外购24B1品种的库存商品进行测试,将测试金额与账面记录金额是否正确进行比较

三、测试结果:根据抽取的样本进行检查,与记账凭证金额相符、账务处理正确

四、测试结论:经测试,未发现异常

光缆外购24B1品种发出计价测试:

| 月份 | 期初量 1 | 期初余额 2 | 本月收量 3 | 本月收金额 4 | 加权平均单价 5=(2+4)/(1+3) | 本月发出量 6 | 应转金额 7=5×6 | 期末量 8=1+3-6 | 审计测试期末金额 9=2+4-7 | 企业账面余额 10 | 差异 11=9-10 | 期末结存 数量 | 期末结存 应存金额 | 期末结存 账面结存金额 | 期末结存 比较 | 索引号 |
|---|---|---|---|---|---|---|---|---|---|---|---|---|---|---|---|---|
| 1月 |  |  | 0.9 | 2 548.67 | 2 831.86 |  |  | 0.9 | 2 548.67 | 2 548.67 |  | 0.9 | 2 548.67 | 2 548.67 |  |  |
| 2月 | 0.9 | 2 548.67 |  |  | 2 831.86 |  |  | 0.9 | 2 548.67 | 2 548.67 |  | 0.9 | 2 548.67 | 2 548.67 |  |  |
| 3月 | 0.9 | 2 548.67 |  |  | 2 831.86 |  |  | 0.9 | 2 548.67 | 2 548.67 |  | 0.9 | 2 548.67 | 2 548.67 |  |  |
| 4月 | 0.9 | 2 548.67 |  |  | 2 831.86 | 0.9 | 2 548.67 |  |  |  |  |  |  |  |  |  |
| 5月 | — | — | 3.2 | 14 725.66 | 4 601.77 | 3.2 | 14 725.66 |  |  |  |  |  |  |  |  |  |
| 6月 | — | — | 141.751 | 2 294 870.45 | 16 189.45 | 1.2 | 19 427.34 | 140.551 | 2 275 443.11 | 2 275 443.11 |  | 140.55 | 2 275 443.11 | 2 275 443.11 |  |  |
| 7月 | 140.551 | 2 275 443.11 | 12.889 | 47 552.03 | 15 139.44 | 14.639 | 221 626.21 | 138.801 | 2 101 368.93 | 2 284 689.02 | -183 320.09 | 138.8 | 2 101 368.93 | 2 284 689.02 | -183 320.09 |  |
| 8月 | 138.801 | 2 101 368.93 |  |  | 15 139.44 |  |  | 138.801 | 2 101 368.93 | 2 284 689.02 | -183 320.09 | 138.8 | 2 101 368.93 | 2 284 689.02 | -183 320.09 |  |
| 9月 | 138.801 | 2 101 368.93 | 1.2 | 4 141.59 | 15 039.25 | 1.2 | 18 047.1 | 138.801 | 2 087 463.42 | 2 284 689.02 | -197 225.6 | 138.8 | 2 087 463.42 | 2 284 689.02 | -197 225.6 |  |
| 10月 | 138.801 | 2 087 463.42 |  |  | 15 039.25 |  |  | 138.801 | 2 087 463.42 | 2 284 689.02 | -197 225.6 | 138.8 | 2 087 463.42 | 2 284 689.02 | -197 225.6 |  |
| 11月 | 138.801 | 2 087 463.42 |  |  | 15 039.25 |  |  | 138.801 | 2 087 463.42 | 2 284 689.02 | -197 225.6 | 138.8 | 2 087 463.42 | 2 284 689.02 | -197 225.6 |  |
| 12月 | 138.801 | 2 087 463.42 | 1.57 | 6 778.77 | 14 919.34 |  |  | 140.371 | 2 094 242.19 | 2 291 467.79 | -197 225.6 | 140.37 | 2 094 242.19 | 2 291 467.79 | -197 225.6 |  |
| 合计 |  |  | 161.51 | 2 370 617.17 |  | 21.139 |  |  |  |  |  |  |  |  |  |  |

步骤六：编制出入库截止性测试表

（1）入库截止性测试表。从明细账的借方发生额中抽取样本与入库记录核对，以确定入库被记录在正确的会计期间；从入库记录抽取样本与明细账的借方发生额核对，以确定入库被记录在正确的会计期间。

联晟通信从明细账的借方发生额中抽取样本与入库记录核对情况如表8-16所示。

表8-16 入库截止性测试表

被审计单位：湖北联晟通信科技股份有限公司　　　　　　索引号：Z9E-7　　　页次：
项目：库存商品－入库截止性测试　　　　　　　　　　　编制人：李梦　　日期：2023-1-7
财务报表截止日：2022-12-31　　　　　　　　　　　　　复核人：梁涛　　日期：2023-1-7

| 一、测试目的 | 检查库存商品入库的截止性是否正确，是否存在跨期情况 |
| --- | --- |
| 二、测试步骤 | 1.明细账的借方发生额中抽取样本与入库记录核对，以确定入库被记录在正确的会计期间；2.从入库记录抽取样本与明细账的借方发生额核对，以确定入库被记录在正确的会计期间 |
| 三、测试结果 | 根据抽取的样本，检查其原始凭证内容完整、记账凭证期间正确、账务处理正确 |
| 四、测试结论 | 经测试，未发现异常 |

一、从明细账的借方发生额中抽取样本与入库记录核对

| 序号 | 摘要 | 明细账凭证 | | | 入库单（或购货发票） | | | 附件 | 是否跨期 |
| --- | --- | --- | --- | --- | --- | --- | --- | --- | --- |
| | | 编号 | 日期 | 金额 | 编号 | 日期 | 金额 | | |
| 1 | 结转本月自制光缆生产成本 | 572 | 2022-12-25 | 911 842.04 | RKD-202212-00724 | 2022-12-24 | 911 842.04 | 入库单 | × |
| 2 | 结转本月自制光缆生产成本 | 572 | 2022-12-25 | 365 344.15 | RKD-202212-00725 | 2022-12-24 | 365 344.15 | 入库单 | × |
| 3 | 结转本月自制光缆生产成本 | 572 | 2022-12-25 | 664 321.92 | RKD-202212-00726 | 2022-12-24 | 664 321.92 | 入库单 | × |
| 4 | 结转本月自制光缆生产成本 | 572 | 2022-12-25 | 873 559.62 | RKD-202212-00723 | 2022-12-24 | 873 559.62 | 入库单 | × |
| 5 | 结转本月自制光缆生产成本 | 572 | 2022-12-25 | 239 260.64 | RKD-202212-00727 | 2022-12-24 | 239 260.64 | 入库单 | × |
| 截止日前 | | | | | | | | | |
| 截止日期：2022 年 12 月 31 日 | | | | | | | | | |
| 截止日后 | | | | | | | | | |

| 序号 | 摘要 | 明细账凭证 | | | 入库单（或购货发票） | | | 附件 | 是否跨期 |
|---|---|---|---|---|---|---|---|---|---|
| | | 编号 | 日期 | 金额 | 编号 | 日期 | 金额 | | |
| 1 | 购JS奥通GYFTZY48B1光缆一批 | 25 | 2023-1-1 | 2 787.61 | RKD-202301-00002 | 2023-1-1 | 2 787.61 | 入库单 | × |
| 2 | 购WH电缆JNRLH/LBY14161/3530/7 | 394 | 2023-1-21 | 33 360.62 | RKD-202301-00003 | 2023-1-20 | 33 360.62 | 入库单 | × |
| 3 | 前期成品单丝退库再生产 | 487 | 2023-1-31 | −29 339.30 | | | | | |
| 4 | 结转本月自制光单元生产成本 | 495 | 2023-1-31 | 1 618.76 | RKD-202301-00004 | 2023-1-20 | 1 618.76 | 入库单 | × |
| 5 | 结转本月自制光单元生产成本 | 495 | 2023-1-31 | 56 907.40 | RKD-202301-00005 | 2023-1-20 | 56 907.40 | 入库单 | × |

二、从入库记录抽取样本与明细账的借方发生额核对

| 序号 | 摘要 | 入库单（或购货发票） | | | 明细账凭证 | | | 附件 | 是否跨期 |
|---|---|---|---|---|---|---|---|---|---|
| | | 编号 | 日期 | 金额 | 编号 | 日期 | 金额 | | |
| 1 | 结转本月自制光缆生产成本 | RKD-202212-00718 | 2022-12-24 | 239 260.64 | 572 | 2022-12-25 | 239 260.64 | 入库单 | × |
| 2 | 结转本月第二步骤完工产品成本 | RKD-202212-00719 | 2022-12-24 | 2 327 658.57 | 568 | 2022-12-25 | 2 327 658.57 | 入库单 | × |
| 3 | 结转本月第二步骤完工产品成本 | RKD-202212-00720 | 2022-12-24 | 81 623.92 | 568 | 2022-12-25 | 81 623.92 | 入库单 | × |
| 4 | 结转本月第二步骤完工产品成本 | RKD-202212-00721 | 2022-12-24 | 122 618.53 | 568 | 2022-12-25 | 122 618.53 | 入库单 | × |
| 5 | 结转本月第二步骤完工产品成本 | RKD-202212-00722 | 2022-12-24 | 103 871.34 | 568 | 2022-12-25 | 103 871.34 | 入库单 | × |

截止日前

截止日期：2022年12月31日

| | | | | 截止日后 | | | | |
|---|---|---|---|---|---|---|---|---|
| 1 | 结转本月自制光单元生产成本 | RKD-202301-00016 | 2023-1-31 | 625 490.04 | 495 | 2023-1-31 | 625 490.04 | 入库单 | × |
| 2 | 结转本月自制光单元生产成本 | RKD-202301-00017 | 2023-1-31 | 652 204.36 | 495 | 2023-1-31 | 652 204.36 | 入库单 | × |
| 3 | 结转本月自制光单元生产成本 | RKD-202301-00018 | 2023-1-31 | 292 139.76 | 495 | 2023-1-31 | 292 139.76 | 入库单 | × |
| 4 | 结转本月自制光单元生产成本 | RKD-202301-00019 | 2023-1-31 | 400 083.31 | 495 | 2023-1-31 | 400 083.31 | 入库单 | × |
| 5 | 结转第一步骤完工产品成本 | RKD-202301-00020 | 2023-1-31 | 31 588.81 | 498 | 2023-1-31 | 31 588.81 | 入库单 | × |

（2）出库截止性测试表。从明细账的贷方发生额中抽取样本与出库记录核对，以确定出库被记录在正确的会计期间；从出库记录抽取样本与明细账的贷方发生额核对，以确定出库被记录在正确的会计期间。

（3）根据抽取的样本，查看原始凭证，检查其原始凭证内容完整、记账凭证期间正确、账务处理正确。

（4）若存在跨期入账，需要根据审计重要性进行调整。

**步骤七：编制生产成本倒轧表**

（1）通过原材料采购入库金额、期初余额、期末余额来推算计入生产成本原料的领用结转金额，而不是从生产成本中的原料耗用金额直接载录；对于一些未通过正常存货科目结转入成本或存货核算不规范的产品成本支出，应该单独列示或作为差异分析的原因之一。

（2）成本倒轧表是通过检查原材料、生产成本和主营业务成本等账户之间的勾稽关系，进一步检查生产成本和主营业务成本核算和结转的正确性。生产成本倒轧表如表8-17所示。

表8-17 生产成本倒轧表

被审计单位：湖北联晟通信科技股份有限公司　　　　　　　　　索引号：Z9D-1-7　页次：
项目：生产成本倒轧表　　　　　　　　　　　　　　　　　　　编制人：李梦　　日期：2023-1-6
财务报表截止日：2022-12-31　　　　　　　　　　　　　　　　复核人：梁涛　　日期：2023-1-6

| 项目 | 数据来源 | 索引号 | 未审数 | 审计调整数 | 审定数 | 计算说明 |
|---|---|---|---|---|---|---|
| 原材料期初余额 | 原材料总账期初余额 | | 27 699 359.28 | | 27 699 359.28 | 1 |
| 加：本期购进 | 原材料借方发生额扣退货折让金额 | | 332 249 525.85 | −117 415.93 | 332 132 109.92 | 2 |
| 减：原材料期末余额 | 原材料总账期末余额 | | 46 301 310.34 | | 46 301 310.34 | 3 |
| 制造费用领用 | 根据原材料科目分析填列 | | 844 246.18 | | 844 246.18 | 4 |
| 结转其他业务支出 | 其他业务支出 | | 47 514 605.38 | | 47 514 605.38 | 5 |
| 研发领用 | | | 294 6494.76 | | 2 946 494.76 | 6 |
| 周转材料转入非生产成本的金额 | | | 6 972 192.49 | | 6 972 192.49 | 7 |
| | | | | | | 8 |
| | | | | | | 9 |
| 等于：生产成本－直接材料成本 | | | 255 370 035.98 | | 255 370 035.98 | 10＝1+2345…9 |
| 加：直接人工成本 | 生产成本明细表 | | 16 272 813.10 | | 16 272 813.10 | 11 |
| 燃料动力 | 生产成本明细表 | | | | | 12 |
| 制造费用 | 生产成本明细表 | | 25 042 240.06 | | 25 042 240.06 | 13 |
| 包装成本 | | | 4 589 288.67 | | 4 589 288.67 | 14 |
| 等于：生产成本本期发生额小计 | | | 301 274 377.81 | | 301 156 961.88 | 15=10+11+12+13+14 |
| 加：生产成本期初余额 | "生产成本"账户期初余额 | | 12 067 006.41 | | 12 067 006.41 | 16 |
| 减：生产成本期末余额 | "生产成本"账户期末余额 | | 11 193 640.53 | | 11 193 640.53 | 17 |

| 项目 | 数据来源 | 索引号 | 未审数 | 审计调整数 | 审定数 | 计算说明 |
|---|---|---|---|---|---|---|
| | | | | | | 18 |
| 加：自制半成品期初余额 | 生产成本明细表 | | | | | 19 |
| 减：自制半成品期末余额 | 生产成本明细表 | | | | | 20 |
| | | | | | | 21 |
| 等于：产成品增加额 | 或"生产成本"转入"产成品"借方金额 | | 302 147 743.69 | | 302 030 327.76 | 22=15+16−17−18+19−20−21 |
| 加：产成品期初余额 | "产成品"账户期初余额 | | 11 002 484.99 | | 11 002 484.99 | 23 |
| 减：产成品期末余额 | "产成品"账户期末余额 | | 17 747 865.37 | | 17 747 865.37 | 24 |
| | | | | | | 25 |
| 加：库存商品 | 库存商品明细表 | | 46 373 330.23 | 958 666.60 | 47 331 996.83 | 26 |
| 加：产品盘盈 | 存货（成品）盘盈会计记录 | | | | | 27 |
| 减：产品盘亏、毁损 | 存货（成品）折价，盘亏，报废会计记录 | | | | | 28 |
| 减：产成品结转到研发费用 | | | 11 606 344.71 | | 11 606 344.71 | 29 |
| | | | | | | 30 |
| 应结转产品销售成本 | | | 330 169 348.83 | | 331 010 599.50 | 31=22+23−24−25+26+−27−28−29−30 |
| 报表列示产品销售成本 | | | 330 578 727.49 | 958 666.60 | 331 537 394.09 | 28 |
| 核对 | | | −409 378.66 | | −526 794.59 | 29 |
| 差异率： | | | 0.12% | | 0.16% | |

**步骤八：编制存货监盘程序表**

（1）了解被审计单位盘点计划。审计人员查阅被审计单位的存货盘点计划、盘点表、仓库清单等信息表。

（2）了解项目经理制定的监盘计划。

① 项目经理根据被审计单位存货的特点、盘点制度和存货内部控制的有效性等情况，在评价被审计单位制定的存货盘点程序的基础上，编制存货监盘计划。

② 审计人员了解盘点计划，具体包括四个方面：存货监盘的目标、范围及时间安排；存货监盘的要点及关注事项；参加存货监盘人员的分工；检查存货的范围。存货监盘计划如表8-18所示。

表8-18　存货监盘计划

被审计单位：湖北联晟通信科技股份有限公司　　　　索引号：Z9H-2　　页次：
项目：存货监盘计划　　　　　　　　　　　　　　　编制人：李梦　　日期：2023-1-6
财务报表截止日：2022-12-31　　　　　　　　　　　复核人：梁涛　　日期：2023-1-6

| 序号 | 存货类别 | 存放地点 | 金额 | 盘点日期和时间 | 是否参与监盘 | 是否函证 |
|------|----------|----------|------|----------------|------------|----------|
| 1 | 主要材料 | 铝杆仓库／钢丝仓库 | 42 001 962.15 | 2023年1月1日上午9：00 | 是 | 否 |
| 2 | 辅助材料 | 铝杆仓库 | 334 829.26 | 2023年1月1日上午9：00 | 是 | 否 |
| 3 | 废品 | 铝杆仓库 | 1 030 473.69 | 2023年1月1日上午9：00 | 是 | 否 |
| 4 | 周转材料 | 铝杆仓库 | 2 934 045.24 | 2023年1月1日上午9：00 | 是 | 否 |
| 5 | 委托加工物资 | 受托方仓库 | 372 024.43 | | 否 | 是 |
| 6 | 外购商品 | 成品库 | 4 876 137.67 | 2023年1月1日上午9：00 | 是 | 否 |
| 7 | 自制产品 | 成品库 | 17 747 865.37 | 2023年1月1日上午9：00 | 是 | 否 |
| 8 | 在产品 | 生产线 | 11 193 640.53 | 2023年1月1日上午9：00 | 否 | 否 |
| 合计 | | | 80 490 978.34 | | | |

（3）实施监盘。

① 在被审计单位观察盘点现场。确定应纳入盘点范围的存货是否已经适当整理和排列；确定存货是否附有盘点标识；确认存货是否已经停止流动，若未停止流动，对存放在不同地点之间的流动存货进行控制并统计好出入库情况。

② 在被审计单位盘点存货时观察盘点过程。通常情况下，被审计单位盘点人员通过清点个数的方法确定存货数量，对于特殊类型的存货，则需使用不同的盘点方法。

③ 在实施存货监盘程序时，需要观察被审计单位有关存货移动的控制程序是否得到执行。

④ 执行抽盘程序。在监盘的过程中审计人员可以从存货盘点记录中适当选取项目追查至存货实物，以测试盘点记录的准确性，填写存货盘点抽查表及存货抽样监盘汇总表。

（4）明细账和盘点报告核对。盘点结束后，需要对存货盘点结果进行测试并记录在底稿上，主要做以下两方面工作：

① 从明细账中选取具有代表性的样本将明细账上的存货数量与经确认盘点报告的数量核对，以获取有关账面记录的准确性。

② 从经确认的盘点报告中抽取有代表性的样本将盘点报告的数量与存货明细账核对，以获取有关账面记录的完整性。

明细账和盘点报告核对表如表8-19所示。

（5）完成监盘报告。

监盘结束后，审计人员需要完成监盘报告，监盘报告应包含下列信息：① 填列盘点的基本信息；② 填写监盘报告前的工作；③ 描述监盘进行中的工作；④ 记录抽盘工作的过程；⑤ 对盘点进行评价；⑥ 追溯调整；⑦ 审计说明与结论。

表8-19 明细账和盘点报告核对表

被审计单位：湖北联晟通信科技股份有限公司
项目：存货明细账与盘点报告（记录）核对表
财务报表截止日：2022-12-31

索引号：Z9H-5
编制人：李梦
复核人：梁涛
页次：
日期：2023-1-6
日期：2023-1-6

一、从明细账中选取具有代表性的样本将明细账上的存货数量与经确认盘点报告的数量核对

| 序号 | 样本描述 | | | 期末存货明细记录 | | | 获取的存货清单 | 索引号 | 经确认的期末存货盘点表 | 数量差异 | 差异分析及处理 |
| | 地点 | 存货 | | 单价 | 数量 | 金额 | 数量 | | 数量 | ④=①-② 或②-③ | |
| | | 类别 | 型号 | | ① | | ② | | ③ | | |
| 1 | 铝杆仓库 | 原材料\盘条 | | 4.18 | 934 036.00 | 3 904 270.48 | 934 036.00 | | 934 036.00 | | |
| 2 | 钢丝仓库 | 原材料\钢丝 | | 5.44 | 295 011.00 | 1 604 859.84 | 295 011.00 | | 295 011.00 | | |
| 3 | 成品库 | 库存商品\外购商品\光缆 | 24B1 | 16 324.37 | 140.37 | 2 291 451.82 | 140.37 | | 140.37 | | |
| 4 | 成品库 | 库存商品\自制产品\铝包钢单丝 | LB20 | 7.19 | 701 676.00 | 5 045 050.44 | 701 676.00 | | 701 676.00 | | |
| 5 | 成品库 | 库存商品\自制产品\铝包钢单丝 | LB27 | 7.99 | 533 078.00 | 4 259 293.22 | 533 078.00 | | 533 078.00 | | |

二、从经确认的盘点报告中抽取有代表性的样本将本将盘点报告的数量与存货明细账核对

| 序号 | 样本描述 | | | 索引号 | 经确认的期末存货盘点表 数量 ① | 期末存货明细账记录 | | | 被审计单位提供的存货清单的数量 ③ | 数量差异 ④=①-② 或①-③ | 差异分析及处理 |
| | 地点 | 存货 | | | | 单价 | 数量 ② | 金额 | | | |
| | | 类别 | 型号 | | | | | | | | |
| 1 | 铝杆仓库 | 原材料\铝杆 | | | 161 599.00 | 14.84 | 161 599.00 | 2 398 129.16 | 161 599.00 | | |
| 2 | 铝杆仓库 | 原材料\光纤 | G652D | | 59 820.38 | 24.79 | 59 820.38 | 1 482 947.22 | 59 820.38 | | |
| 3 | 铝杆仓库 | 原材料\股钢盘条 | | | 250 595.00 | 116.15 | 250 595.00 | 29 106 609.25 | 250 595.00 | | |
| 4 | 成品库 | 库存商品\自制产品\铝包钢单丝 | LB30 | | 275 587.00 | 8.39 | 275 587.00 | 2 312 174.93 | 275 587.00 | | |
| 5 | 成品库 | 库存商品\自制产品\铝包钢绞线 | JLB20 | | 294 543.19 | 7.18 | 294 543.19 | 2 114 820.104 | 294 543.19 | | |

审计说明：

经检查，未见异常。

### 步骤九：编制凭证抽查表

（1）抽取本期发生额较大、重要项目的样本。

（2）检查原始凭证内容是否完整、是否有授权批准、会计处理是否正确，明细账、记账凭证、原始凭证金额是否相符等。

### 步骤十：编制其他项目表

其他项目表根据项目的具体情况选择，如有些工作表适用于IPO项目，需要额外执行。

### 步骤十一：分析重大错报、作出审计调整并得出审计结论

（1）审计过程中，若发现审计异常的事项，分析错报金额及性质，根据审计重要性判断是否需要调整，将调整分录写在明细表的审计说明处。

联晟通信库存商品计价测试差异调整分录如下：

借：营业成本（外购商品光缆24B1）　　　　　　197 225.60

　　贷：库存商品（外购商品光缆24B1）　　　　　　197 225.60

（2）将相关报表项目核算内容、增减变动的主要原因、所做的审计工作写在导引表的审计说明处。

（3）将相关报表项目的审计结论写在导引表的审计结论处，如"经审计调整后，该项目未发现重大异常""经审计，该项目未发现重大异常""因以上审计说明的原因，该项目余额不能确认"等。


# 任务四　人力资源与工薪业务循环实质性程序实施

## 【任务情境】

目前审计人员已经完成了人力资源与工薪业务循环内部控制的了解及控制测试工作，联晟通信内控制度设计合理，执行有效，未见异常。

为了进一步获取充分、适当的审计证据，审计人员需要对该循环进一步实施实质性程序，可根据需要单独或综合运用以下程序：检查、观察、询问、函证、重新计

算、分析程序等。

审计人员获取的该循环相关会计科目的 2022 年度账户的累计发生额及期末余额如表 8-20 所示。

表 8-20　2022 年度账户的累计发生额及期末余额

| 科目名称 | 科目级次 | 科目类别 | 借贷方向 | 年初余额 | | 全年累计发生额 | | 年末余额 | |
|---|---|---|---|---|---|---|---|---|---|
| | | | | 借方 | 贷方 | 借方发生额 | 贷方发生额 | 借方 | 贷方 |
| 管理费用 | 1 | 损益 | 借 | | | 14 333 133.43 | 14 333 133.43 | | |
| 工资 | 2 | 损益 | 借 | | | 5 390 120.70 | 5 390 120.70 | | |
| 社保 | 2 | 损益 | 借 | | | 306 597.38 | 306 597.38 | | |
| 公积金 | 2 | 损益 | 借 | | | 256 183.00 | 256 183.00 | | |
| 三项计提 | 2 | 损益 | 借 | | | 382 744.55 | 382 744.55 | | |
| 业务招待费 | 2 | 损益 | 借 | | | 73 576.72 | 73 576.72 | | |
| 办公费 | 2 | 损益 | 借 | | | 140 383.94 | 140 383.94 | | |
| 办公用品 | 3 | 损益 | 借 | | | 60 813.55 | 60 813.55 | | |
| 通信费 | 3 | 损益 | 借 | | | 50 434.04 | 50 434.04 | | |
| 交通费 | 3 | 损益 | 借 | | | 2 702.43 | 2 702.43 | | |
| 邮寄费 | 3 | 损益 | 借 | | | 33.00 | 33.00 | | |
| 报刊费 | 3 | 损益 | 借 | | | 17 890.13 | 17 890.13 | | |
| 其他 | 3 | 损益 | 借 | | | 8 510.79 | 8 510.79 | | |
| 差旅费 | 2 | 损益 | 借 | | | 64 021.57 | 64 021.57 | | |
| 汽车费 | 2 | 损益 | 借 | | | 86 027.31 | 86 027.31 | | |
| 油费 | 3 | 损益 | 借 | | | 14 723.60 | 14 723.60 | | |
| 路桥费 | 3 | 损益 | 借 | | | 969.00 | 969.00 | | |
| 保险费 | 3 | 损益 | 借 | | | 22 574.21 | 22 574.21 | | |
| 停车洗车费 | 3 | 损益 | 借 | | | 4 299.50 | 4 299.50 | | |
| 维修保养费 | 3 | 损益 | 借 | | | 33 061.00 | 33 061.00 | | |
| 其他 | 3 | 损益 | 借 | | | 10 400.00 | 10 400.00 | | |

| 科目名称 | 科目级次 | 科目类别 | 借贷方向 | 年初余额 | | 全年累计发生额 | | 年末余额 | |
|---|---|---|---|---|---|---|---|---|---|
| | | | | 借方 | 贷方 | 借方发生额 | 贷方发生额 | 借方 | 贷方 |
| 低值易耗品摊销 | 2 | 损益 | 借 | | | 365 109.78 | 365 109.78 | | |
| 修理费 | 2 | 损益 | 借 | | | 21 566.34 | 21 566.34 | | |
| 会议费 | 2 | 损益 | 借 | | | 1 962.26 | 1 962.26 | | |
| 水电费 | 2 | 损益 | 借 | | | 336 604.98 | 336 604.98 | | |
| 折旧费 | 2 | 损益 | 借 | | | 377 718.95 | 377 718.95 | | |
| 办公楼租金 | 2 | 损益 | 借 | | | 1 577 981.66 | 1 577 981.66 | | |
| 招聘费 | 2 | 损益 | 借 | | | 16 369.60 | 16 369.60 | | |
| 中介费 | 2 | 损益 | 借 | | | 87 735.85 | 87 735.85 | | |
| 长期摊销 | 2 | 损益 | 借 | | | 419 368.46 | 419 368.46 | | |
| 废物处置费 | 2 | 损益 | 借 | | | 327 761.74 | 327 761.74 | | |
| 专利申请费 | 2 | 损益 | 借 | | | 51 022.33 | 51 022.33 | | |
| 三标一体费用 | 2 | 损益 | 借 | | | 49 738.21 | 49 738.21 | | |
| ERP服务费 | 2 | 损益 | 借 | | | 29 249.89 | 29 249.89 | | |
| 绿化费用 | 2 | 损益 | 借 | | | 260.00 | 260.00 | | |
| 联晟通信报 | 2 | 损益 | 借 | | | 8 536.43 | 8 536.43 | | |
| 安全专项费 | 2 | 损益 | 借 | | | 114 986.64 | 114 986.64 | | |
| 党群活动经费 | 2 | 损益 | 借 | | | 5 829.12 | 5 829.12 | | |
| 停工损失 | 2 | 损益 | 借 | | | 3 421 803.00 | 3 421 803.00 | | |
| 其他 | 2 | 损益 | 借 | | | 419 873.02 | 419 873.02 | | |
| 应付职工薪酬 | 1 | 负债 | 贷 | | 172 450.11 | 37 198 116.02 | 37 184 792.87 | | 159 126.96 |
| 工资 | 2 | 负债 | 贷 | | | 27 773 306.57 | 27 773 306.57 | | |

| 科目名称 | 科目级次 | 科目类别 | 借贷方向 | 年初余额 | | 全年累计发生额 | | 年末余额 | |
|---|---|---|---|---|---|---|---|---|---|
| | | | | 借方 | 贷方 | 借方发生额 | 贷方发生额 | 借方 | 贷方 |
| 工资 | 3 | 负债 | 贷 | | | 21 103 573.11 | 21 103 573.11 | | |
| 津贴 | 3 | 负债 | 贷 | | | 6 669 733.46 | 6 669 733.46 | | |
| 社会保险费用 | 2 | 负债 | 贷 | | | 1 364 486.06 | 1 364 486.06 | | |
| 养老保险 | 3 | 负债 | 贷 | | | 196 300.34 | 196 300.34 | | |
| 医疗保险 | 3 | 负债 | 贷 | | | 1 002 380.75 | 1 002 380.75 | | |
| 失业保险 | 3 | 负债 | 贷 | | | 8 582.26 | 8 582.26 | | |
| 工伤保险 | 3 | 负债 | 贷 | | | 2 885.21 | 2 885.21 | | |
| 生育保险 | 3 | 负债 | 贷 | | | 108 771.46 | 108 771.46 | | |
| 补充医疗保险 | 3 | 负债 | 贷 | | | 45 566.04 | 45 566.04 | | |
| 住房公积金 | 2 | 负债 | 贷 | | | 974 752.00 | 974 752.00 | | |
| 商业保险费用 | 2 | 负债 | 贷 | | | 17 050.00 | 17 050.00 | | |
| 教育培训经费 | 2 | 负债 | 贷 | | | 154 274.77 | 154 274.77 | | |
| 工会经费 | 2 | 负债 | 贷 | | 172 450.11 | 642 900.37 | 629 577.22 | | 159 126.96 |
| 福利费用 | 2 | 负债 | 贷 | | | 2 565 792.13 | 2 565 792.13 | | |
| 计提福利费 | 3 | 负债 | 贷 | | | | 2 565 792.13 | | 2 565 792.13 |
| 员工伙食费 | 3 | 负债 | 贷 | | | 870 789.10 | | | -870 789.10 |
| 食堂人员工资 | 3 | 负债 | 贷 | | | 458 946.73 | | | -458 946.73 |
| 通勤车、食堂车辆费用 | 3 | 负债 | 贷 | | | 45 877.48 | | | -45 877.48 |
| 8＋1探亲费 | 3 | 负债 | 贷 | | | 8 387.50 | | | -8 387.50 |

| 科目名称 | 科目级次 | 科目类别 | 借贷方向 | 年初余额 | | 全年累计发生额 | | 年末余额 | |
|---|---|---|---|---|---|---|---|---|---|
| | | | | 借方 | 贷方 | 借方发生额 | 贷方发生额 | 借方 | 贷方 |
| 8＋1外探亲费 | 3 | 负债 | 贷 | | | 9 134.00 | | | −9 134.00 |
| 节日福利 | 3 | 负债 | 贷 | | | 340 400.00 | | | −340 400.00 |
| 职工体检费 | 3 | 负债 | 贷 | | | 377 516.70 | | | −377 516.70 |
| 其他 | 3 | 负债 | 贷 | | | 454 740.62 | | | −454 740.62 |
| 绩效兑现奖 | 2 | 负债 | 贷 | | | 3 613 015.99 | 3 613 015.99 | | |
| 离职补偿 | 2 | 负债 | 贷 | | | 21 498.13 | 21 498.13 | | |
| 其他人工 | 2 | 负债 | 贷 | | | 71 040.00 | 71 040.00 | | |

## 【任务要求】

对人力资源与工薪业务循环相关报表项目实施实质性程序，并编制如下审计工作底稿。

（1）应付职工薪酬：通过执行询问、观察、检查、分析程序、重新计算等审计程序，完成导引表、程序表、明细表、分配检查情况表、社保三项经费计提检查表、应付职工薪酬凭证抽查表的编制。

（2）管理费用：通过执行询问、观察、检查、分析程序、重新计算等审计程序，完成导引表、程序表、明细表、明细表（按月）、截止性测试表、管理费用凭证抽查表的编制。

## 【任务准备】

应付职工薪酬的审计目标和实质性程序

（一）知识准备

1. 应付职工薪酬的审计目标

应付职工薪酬的审计目标一般包括以下几方面。

（1）确定资产负债表中记录的应付职工薪酬是否存在（"存在"认定）。

（2）确定所有应当记录的应付职工薪酬是否均已记录（"完整性"认定）。

（3）确定记录的应付职工薪酬是否为被审计单位所承担的义务（"权利和义务"认定）。

（4）确定应付职工薪酬是否以恰当的金额包括在财务报表中，与之相关的计价调整已恰当记录（"准确性""计价和分摊"认定）。

（5）确定应付职工薪酬已记录于恰当的账户（"分类"认定），并已被恰当地汇总或分解且表述清楚，按照企业会计准则的规定在财务报表中作出的相关披露是相关的、可理解的（"列报"认定）。

2. 应付职工薪酬的实质性分析程序

应付职工薪酬的实质性分析程序包括以下几方面。

（1）针对已识别需要运用分析程序的有关项目，并基于对被审计单位及其环境的了解，通过进行以下比较，同时考虑有关数据间关系的影响，以建立有关数据的期望值。

① 比较被审计单位员工人数的变动情况，检查被审计单位各部门各月工资费用的发生额是否有异常波动，若有，则查明波动原因是否合理。

② 比较本期与上期工资费用总额，要求被审计单位解释其增减变动原因，或取得公司管理当局关于员工工资标准的决议。

③ 结合员工社保缴纳情况，明确被审计单位员工范围，检查是否与关联公司员工工资混淆列支。

④ 核对下列相互独立部门的相关数据：工资部门记录的工资支出与出纳记录的工资支付数；工资部门记录的工时与生产部门记录的工时。

⑤ 比较本期与上期应付职工薪酬余额，是否有异常变动。

（2）确定可接受的差异额。

（3）将实际的情况与期望值相比较，识别需要进一步调查的差异。

（4）如果其差额超过可接受的差异额，调查并获取充分的解释和恰当的佐证审计证据（如通过检查相关的凭证）。

（5）评估分析程序的测试结果。

3. 管理费用的审计目标

管理费用的审计目标一般包括以下几个方面。

（1）确定利润表中记录的管理费用是否发生，且与被审计单位有关（"发生"认定）。

（2）确定所有应当记录的管理费用是否均已记录（"完整性"认定）。

（3）确定管理费用是否以恰当的金额记录在财务报表中（"准确性"认定）。

（4）确定管理费用已经记录于正确的会计期间（"截止"认定）。

（5）确定管理费用已记录于恰当的账户（"分类"认定）。

（6）确定管理费用已按照企业会计准则的规定在财务报表中作出恰当的列报（"列报"认定）。

4. 管理费用的实质性程序

管理费用的实质性程序包括以下几个方面。

（1）获取或编制管理费用明细表。

① 复核加计是否正确，并与报表数、总账数及明细账合计数核对是否相符。

② 将管理费用中的职工薪酬、无形资产摊销、长期待摊费用摊销额等项目与各有关账户进行核对，分析其勾稽关系的合理性，并作出相应记录。

（2）对管理费用进行分析。

① 计算分析管理费用中各项目发生额及其占费用总额的比率，将本期、上期管理费用各主要明细项目作比较分析，判断其变动的合理性。

② 将管理费用实际金额与预算金额进行比较。

③ 比较本期各月份管理费用，对有重大波动和异常情况的项目应查明原因，必要时作适当处理。

（3）检查管理费用中明细项目的设置是否符合规定的核算内容与范围，结合成本费用的审计，检查是否存在费用分类错误，若有，应提请被审计单位调整。

（4）检查公司经费（包括行政管理部门职工薪酬、物料消耗、低值易耗品摊销、办公费和差旅费）是否系经营管理中发生或应由公司统一负担，检查相关费用报销内部管理办法，是否有合法原始凭证支持。

（5）检查董事会经费（包括董事会成员津贴、会议费和差旅费等），检查相关董事会及股东会决议，是否在合规范围内开支费用。

（6）检查聘请中介机构费、咨询费（含顾问费），检查是否按合同规定支付费用，有无涉及诉讼及赔偿款项支出。

（7）检查诉讼费用并结合或有事项审计，检查涉及的相关重大诉讼事项是否已在附注中进行披露，还需进一步关注诉讼状态，判断有无或有负债，或是否存在损失已发生而未入账的事项。

（8）检查业务招待费的支出是否合理，如超过规定限额，应在计算应纳税所得额时调整。

（9）结合相关资产的检查，核对筹建期间发生的开办费（包括人员工资、办公费、培训费、差旅费、印刷费、注册登记费以及不计入固定资产成本的借款费用等）是否直接计入管理费用。

（10）针对特殊行业，检查排污费等环保费用是否合理计提。

（11）选择重要或异常的管理费用，检查费用的开支标准是否符合有关规定，计算是否正确，原始凭证是否合法，会计处理是否正确。

（12）实施截止性测试，若存在异常迹象，考虑是否有必要追加审计程序，对于重大跨期项目，应做必要调整。

（13）确定管理费用是否已按照企业会计准则的规定在财务报表中作出恰当的列报。

（二）操作准备

（1）基于人力资源与工薪业务循环控制测试的结果，进一步确定实质性程序的性质、时间安排和范围。

（2）获取总账、明细账、花名册、工资表、考勤表、薪酬政策、当地社保缴纳政策等审计资料。

提示：数据资料见"8.4人力资源与工薪业务循环实质性程序业财一体化数据资料包"。

（3）查看并熟悉该循环实质性程序相关的工作底稿。

（三）任务要领

（1）明确该循环相关报表项目的审计目标和审计程序。

（2）检查职工薪酬本年的计提金额和各成本费用、在建工程分配的职工薪酬金额是否存在重大差异，是否存在职工薪酬少分配成本费用的情况。

（3）根据奖金的发放制度、发放标准评估奖金的计提金额，检查年末奖金的计提是否准确、是否存在跨期计提费用的情况。

（4）通过对管理费用和各月发生额对比分析，关注是否存在变动金额比较大的情况，是否存在少计提费用的情况。

（5）对销售费用进行截止测试分析，检查是否存在跨期入账的情况。

## 【任务实施】

操作演示：
应付职工薪
酬实质性程
序

操作演示：
管理费用实
质性程序

步骤一：根据审计目标确认计划实施的实质性程序，并编制程序表

确定报表项目的审计目标，财务报表认定主要包括存在、发生、完整性、权利和义务、准确性、计价和分摊、截止、分类、列报，不同的报表项目对应不同的目标，根据审计目标确定计划实施的实质性程序，在程序表的"是否执行"处填写"是""否""不适用"，然后判断需要执行的程序可以实现的审计目标。

步骤二：查看相关报表项目的审计资料

根据相关报表项目查看获取的审计资料，该循环的审计资料主要包括总账、明细账、花名册、工资表、考勤表、薪酬政策、当地社保缴纳政策、其他原始单据等。

步骤三：编制明细表

（1）根据总账、明细账等其他资料编制明细表的本期数和上期数并复核。

（2）通过询问、查阅等程序，详细了解被审计单位的薪酬政策、薪酬计提标准。

（3）检查计入工资总额的各项支出是否符合国家统计局发布的《关于工资总额组成的规定》。即工资总额为计时、计件工资、奖金、津贴与补贴、加班加点工资、特殊情况下支付的工资。

（4）检查工资、奖金、津贴和补贴的计提是否正确。依据是否充分，将执行的

工资标准与有关规定核对，并对工资总额进行测试；被审计单位如果实行工效挂钩，应根据有关主管部门确认的效益工资发放额认定证明，结合有关合同文件和实际完成的指标，检查其计提额是否正确，是否应作纳税调整。

（5）检查是否存在属于拖欠性质的职工薪酬，并了解拖欠的原因。

**步骤四：编制分析性复核表**

（1）比较被审计单位员工人数的变动情况，检查被审计单位各部门各月工资费用的发生额是否有异常波动，若有，则查明波动原因是否合理。

（2）比较本期与上期工资费用总额，要求被审计单位解释其增减变动原因。

（3）结合员工社会保险缴纳情况，明确被审计单位员工范围，检查是否与关联公司员工工资混淆列支。

**步骤五：编制分配检查情况表**

（1）根据科目余额表将生产成本、制造费用、在建工程、营业成本、销售费用、管理费用、研发费用等相关科目的工资项目发生额填在分配检查情况表的对应处。

（2）根据科目余额表将工资、福利费、社保、工会经费等项目的本期计提金额填制在分配检查情况表的对应处。

（3）若分配数合计（A）和账面计提数（B）存在较大的差异额，需要查找原因并进行相应的调整，并填写审计说明。分配检查情况表如表8-21所示。

**步骤六：编制社保、三项经费计提检查表**

（1）获取被审计单位所在地的社保缴费标准，根据当地的社保缴费标准检查被审计单位是否按照规定的计提基数和比例计算，是否存在擅自改变计提基数，低于国家规定的计提基数和比例，不履行社会责任的违法行为。

（2）根据缴费基数及员工数量等信息，计算被审计单位社会保险计提情况，填写社保、三项经费计提检查表，并对计提金额与账面计提金额进行核对并查找差异原因及审计说明。社会保险计提检查情况表如表8-22所示。

表8-21 分配检查情况表

被审计单位：湖北联晟通信科技股份有限公司
项目：应付职工薪酬分配检查情况表
财务报表截止日：2022-12-31

索引号：F8-2
编制人：李梦
复核人：梁涛
页次：
日期：2023-1-6
日期：2023-1-6

人工成本计提与分配对比表

| 项目名称 | 生产成本 | 制造费用 | 在建工程 | 营业成本 | 销售费用 | 管理费用 | 研发费用 | 分配数合计（A） | 账面计提数（B） | 差异（C=B-A） | 差异原因 |
|---|---|---|---|---|---|---|---|---|---|---|---|
| 1. 工资、奖金、津贴、补贴 | 11 331 013.84 | 4 787 769.08 | | | 4 850 826.34 | 7 636 071.14 | 2 851 682.16 | 31 457 362.56 | 31 457 362.56 | | |
| 2. 职工福利费 | 912 926.10 | 403 411.88 | | | 408 725.01 | 600 449.69 | 240 279.45 | 2 565 792.13 | 2 565 792.13 | | |
| 3. 社会保险费 | 525 537.37 | 213 124.90 | | | 93 637.18 | 417 864.38 | 131 372.23 | 1 381 536.06 | 1 381 536.06 | | |
| 4. 住房公积金 | 226 463.44 | 150 086.00 | | | 105 499.00 | 400 013 | 92 690.56 | 974 752.00 | 974 752.00 | | |
| 5. 工会经费 | 224 007.81 | 98 986.56 | | | 100 290.26 | 147 334.4 | 58 958.19 | 629 577.22 | 629 577.22 | | |
| 6. 职工教育经费 | 54 892.01 | 24 256.16 | | | 24 575.63 | 36 103.56 | 14 447.41 | 154 274.77 | 154 274.77 | | |
| … | | | | | | | | | | | |
| 11. 辞退福利 | | | | | | | | | | | |
| 12. 其他长期职工福利 | | | | | | 21 498.13 | | 21 498.13 | 21 498.13 | | |
| 合计 | 13 274 840.57 | 5 677 634.58 | | | 5 583 553.42 | 9 259 334.3 | 3 389 430.00 | 37 184 792.87 | 37 184 792.87 | | |
| 交叉索引号 | | | | | | | | | | | |
| 结构比 | 0.36 | 0.15 | | | 0.15 | 0.25 | 0.09 | | | | |

审计说明：
对薪酬分配情况进行检查，未发现异常。

表8-22 社会保险计提检查情况表

被审计单位：湖北联晟通信科技股份有限公司　　　　　　　索引号：F8-5
项目：应付职工薪酬社保、三项经费计提检查表　　　　　　编制人：李梦
财务报表截止日：2022-12-31

社会保险费计提检查情况表

| 项目 | 计提基数 | | | 计提比例 | 应提金额 | 实提金额 | 差异 | 差异原因 | 备注 |
|---|---|---|---|---|---|---|---|---|---|
| | 名称 | 金额 | 索引 | | | | | | |
| 基本养老保险费 | 取数工资汇总表 | 12 390 700.00 | | 19% | 2 354 233.00 | 196 300.34 | 2 157 932.66 | 受不可抗力因素影响，湖北省2022年2-12月，免征中小微企业基本养老保险、失业保险、工伤保险单位缴费部分 | |
| 失业保险费 | 取数工资汇总表 | 12 390 700.00 | | 0.7% | 86 734.90 | 8 582.26 | 78 152.64 | | |
| 医疗保险费 | 取数工资汇总表 | 12 390 700.00 | | 8% | 991 256.00 | 1 002 380.75 | −11 124.75 | 下半年计提基数和比例略有变化 | |
| 工伤保险费 | 取数工资汇总表 | 12 390 700.00 | | 0.1% | 12 390.70 | 2 885.21 | 9 505.49 | 受不可抗力因素影响，湖北省2022年2-12月，免征中小微企业基本养老保险、失业保险、工伤保险单位缴费部分 | |
| 生育保险费 | 取数工资汇总表 | 12 390 700.00 | | 0.8% | 99 125.60 | 108 771.46 | −9 645.86 | 下半年计提基数和比例略有变化。 | |
| 住房公积金 | 取数工资汇总表 | 12 390 700.00 | | 8% | 991 256.00 | 974 752.00 | 16 504.00 | | |

……

三项经费计提测算表

| 项目 | 计提基数 | 计提比例 | 计提金额及上限 | 实际计提金额 | 差异 | 审计结论 |
|------|---------|---------|---------------|-------------|------|---------|
| 职工福利费 | 31 478 860.69 | 14% | 4 407 040.50 | 2 565 792.13 | 1 841 248.37 | 未超支 |
| 工会经费 | 31 478 860.69 | 2% | 629 577.21 | 629 577.22 | −0.01 | 超支 |
| 职工教育经费 | 31 478 860.69 | 8% | 2 518 308.86 | 154 274.77 | 2 364 034.09 | 未超支 |

审计说明:

检查了联晟通信社会保险缴费基数政策,对本期社会保险计提进行了测算,测算金额与账面计提金额存在一定差异,受不可抗力的影响,湖北省 2022 年 2—12 月,免征中小微企业基本养老保险、失业保险、工伤保险单位缴费部分。下半年计提基数和比例略有变化。

**步骤七：编制凭证抽查表**

（1）根据分析性复核的结果，有针对性地检查若干月份应付工资的支付凭证，审查工资结算单中的实发工资的计算是否正确。检查实际发放工资、奖金、津贴清单，有无领导批准；取得发放工资、奖金、津贴清单，检查领款人签名。

（2）检查社会保险费（包括医疗、养老、失业、工伤、生育保险费）、住房公积金、工会经费和职工教育经费等支付（或使用）的会计处理是否正确，依据是否充分。

审计人员在做联晟通信管理费用的凭证抽查表时，查看了凭证的原始资料，通过查看租赁合同，发现联晟通信 2022 年 7 月 25 日支付了 6 个月的租金（2022 年 8 月—2023 年 1 月），其中 1 个月的租金需要转入到预付款项，涉及跨期确认费用 353 211.01 元，需要调整。相关凭证如图 8-7、图 8-8 所示。

**步骤八：编制余额及期后支付检查表**

检查应付职工薪酬的期后付款情况，并关注在资产负债表日至财务报表批准报出日之间，是否有确凿证据表明需要调整资产负债表日原确认的应付职工薪酬事项，填写余额及期后支付检查表。

**步骤九：编制其他项目表**

其他项目表根据项目的具体情况选择，如有些工作表适用于 IPO 项目，需要额外执行。

**步骤十：分析重大错报、作出审计调整并得出审计结论**

（1）审计过程中，若发现审计异常的事项，分析错报金额及性质，根据审计重要性判断是否需要调整，将调整分录写在明细表的审计说明处。

联晟通信管理费用跨期调整分录如下：

借：预付款项（HTSD 电子有限公司）　　　　　　353 211.01

　　贷：管理费用（办公楼租金）　　　　　　　　−235 474.01

　　　　销售费用（办公楼租赁费）　　　　　　　−117 737.00

（2）将相关报表项目核算内容、增减变动的主要原因、所做的审计工作写在导引表的审计说明处。

（3）将相关报表项目的审计结论写在导引表的审计结论处，如"经审计调整后，该项目未发现重大异常""经审计，该项目未发现重大异常""因以上审计说明的原因，该项目余额不能确认"等。

# 租赁合同

出租人（甲方）：HTSD 电子有限公司

承租人（乙方）：湖北联晟通信科技股份有限公司

证件编号：鄂证 X 私字第 0520 号

联系地址：湖北省襄阳市襄州区浩然路 20 号

联系电话：0710-3481355

房屋坐落：湖北省襄阳市襄州区浩然路 20 号

依据《中华人民共和国民法典》及有关法律、法规的规定，甲乙双方在平等、自愿的基础上，就房屋租赁的有关事宜达成协议如下：

第一条 租赁期限

（一）房屋租赁期自 2022 年 08 月 01 日至 2023 年 01 月 31 日，共计半年。甲方应于 2022 年 07 月 31 日前将房屋按约定条件（见其他约定）交付给乙方。房屋经甲乙双方交验签字盖章并移交房屋钥匙以后视为交付完成。

（二）租赁期满或合同解除后，甲方有权收回房屋，乙方应返还房屋及其附属物品、设备设施。甲乙双方应对房屋和附属物品、设备设施及水电等使用情况进行验收，结清各自应当承担的费用。

（三）乙方继续承租的，应提前一个月向甲方提出续租要求，协商一致后双方重新签订房屋租赁合同。

第二条 租金及押金

（一）租金标准及支付方式：季度 半付 ✓年付 2,310,000.00 元。

（二）支付方式：网银转账

第三条 房屋维护及维修

（一）甲方应保证房屋的建筑结构和设备设施符合建筑、消防、治安、卫生等方面的安全条件，不得危及人身安全；承租人保证遵守国家的法律法规规定以及房屋所在小区的物业管理规约。

（二）租赁期内，甲乙双方应共同保障房屋及其附属物品、设备设施处于适用和安全的状态：

1. 对于房屋及其附属物品、设备设施因自然属性或合理使用而导致的损耗，乙方应及时通知甲方修复。甲方应在接到乙方通知后进行维修。

2. 因乙方保管不当或不合理使用，致使房屋及其附属物品、设备设施发生损坏或故障的，乙方应负责维修或承担赔偿责任。

第四条 转租

除甲乙双方另有约定以外，乙方需事先征得甲方书面同意，方可转租给他人，并就受转租人的行为向甲方承担责任。

第五条 合同解除

（一）经甲乙双方协商一致，可以解除本合同。

（二）因不可抗力导致本合同无法继续履行的，本合同自行解除。

第六条 其他约定事项

（一）本出租房，由于本房屋所产生的债权债务及其他纠纷与承租人无关，若由纠纷使乙方不能正常居住而造成的损失由甲方负责赔偿。

（二）房屋交付使用时应确保房屋建筑结构安全可靠，门、窗完好，上、下水通畅，供电正常，太阳能设备能正常使用，电视信号正常使用。

（三）在甲方同意下，乙方可视居住情况对房屋内非承重隔墙增加或减少，对院内隔墙进行拆除。合同终止前根据甲方要求是否恢复原样。

本合同经双方签字后生效，本合同一式 2 份，其中甲方执 1 份，乙方执 1 份。

本合同生效后，双方对合同内容的变更或补充应采取书面形式，作为本合同的附件。附件与本合同具有同等的法律效力。

第七条 违约金和违约责任

（一）若出租方在承租方没有违反本合同的情况下提前解除合同或租给他人，视为出租方违约，负责赔偿违约金 100,000.00 元。

（二）若承租方在出租方没有违反本合同的情况下提前解除合同，视为承租方违约，承租方负责赔偿违约金 100,000.00 元。

出租人（甲方）签章：　　　　　　　　　　　　承租人（乙方）签章：

2022 年 07 月 20 日　　　　　　　　　　　　　2022 年 07 月 20 日

图 8-7　租赁合同

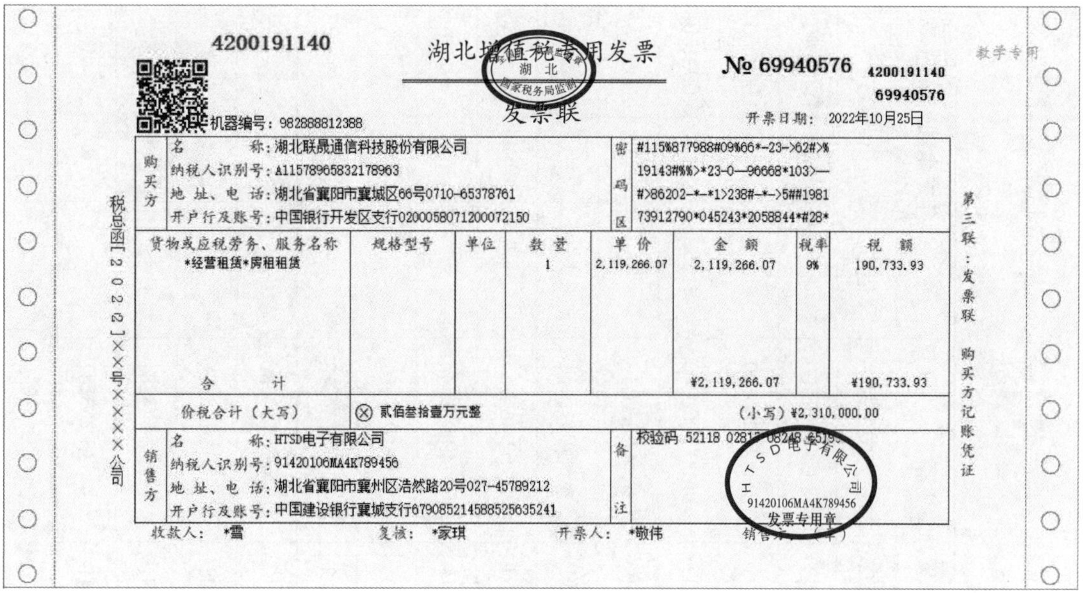
4200191140

湖北增值税专用发票

№ 69940576 4200191140 69940576

发票联

机器编号：982888812388

开票日期：2022年10月25日

| | | | |
|---|---|---|---|
| 购买方 | 名　　称：湖北联晟通信科技股份有限公司<br>纳税人识别号：A11578965832178963<br>地 址、电 话：湖北省襄阳市襄城区66号0710-65378761<br>开户行及账号：中国银行开发区支行0200058071200072150 | 密码区 | #115%877988#09%66*-23->62#>%<br>19143#%%>*23-0—96668*103>—<br>#>86202-*-*1>238#-*->5##1981<br>73912790*045243*2058844*#28* |

| 货物或应税劳务、服务名称 | 规格型号 | 单位 | 数量 | 单价 | 金额 | 税率 | 税额 |
|---|---|---|---|---|---|---|---|
| *经营租赁*房租租赁 | | | 1 | 2,119,266.07 | 2,119,266.07 | 9% | 190,733.93 |
| 合　　计 | | | | | ¥2,119,266.07 | | ¥190,733.93 |
| 价税合计（大写） | ⊗贰佰叁拾壹万元整 | | | | （小写）¥2,310,000.00 | | |

| | | | |
|---|---|---|---|
| 销售方 | 名　　称：HTSD电子有限公司<br>纳税人识别号：91420106MA4K789456<br>地 址、电 话：湖北省襄阳市襄州区浩然路20号027-45789212<br>开户行及账号：中国建设银行襄城支行679085214588525635241 | 备注 | 校验码 52118 02817 08248 6519 |

收款人：*雪　　复核：*家琪　　开票人：*敬伟　　销售方：（章）

税总函[2022]××号×××公司

第三联：发票联　购买方记账凭证

图 8-8　租赁费发票

# 任务五　筹资与投资业务循环实质性程序实施

## 【任务情境】

目前审计人员已经完成了筹资与投资业务循环内部控制的了解及控制测试工作，联晟通信内控制度设计合理，执行有效，未见异常。

为了进一步获取充分、适当的审计证据，审计人员需要对该循环进一步实施实质性程序，可根据需要单独或综合运用以下程序：检查、观察、询问、函证、重新计算、分析程序等。

审计人员获取该循环相关报表项目 2022 年度账户的累计发生额及期末余额如表 8-23 所示。

表8-23 2022年度账户的累计发生额及期末余额

| 科目名称 | 科目级次 | 科目类别 | 借贷方向 | 年初余额 | | 全年累计发生额 | | 年末余额 | |
|---|---|---|---|---|---|---|---|---|---|
| | | | | 借方 | 贷方 | 借方发生额 | 贷方发生额 | 借方 | 贷方 |
| 短期借款 | 1 | 负债 | 贷 | | 128 000 000.00 | 400 000 000.00 | 408 000 000.00 | | 136 000 000.00 |
| 湖北联合集团财务公司 | 2 | 负债 | 贷 | | 128 000 000.00 | 292 000 000.00 | 270 000 000.00 | | 106 000 000.00 |
| HTSD 电子有限公司 | 2 | 负债 | 贷 | | | 108 000 000.00 | 138 000 000.00 | | 30 000 000.00 |
| 应付股利 | 1 | 负债 | 贷 | | 29 285 160.28 | 29 285 160.28 | 12 447 306.13 | | 12 447 306.13 |
| 财务费用 | 1 | 损益 | 借 | | | 4 694 515.11 | 4 694 515.11 | | |
| 手续费 | 2 | 损益 | 借 | | | 62 466.57 | 62 466.57 | | |
| 承兑手续费 | 3 | 损益 | 借 | | | 40 043.44 | 40 043.44 | | |
| 出口手续费 | 3 | 损益 | 借 | | | 10 289.01 | 10 289.01 | | |
| 其他 | 3 | 损益 | 借 | | | 12 134.12 | 12 134.12 | | |
| 汇兑损失 | 2 | 损益 | 借 | | | 467 123.86 | 467 123.86 | | |
| 票据贴现息 | 2 | 损益 | 借 | | | 143.08 | 143.08 | | |
| 利息收入 | 2 | 损益 | 借 | | | -171 571.81 | -171 571.81 | | |
| 利息支出 | 2 | 损益 | 借 | | | 4 336 353.41 | 4 336 353.41 | | |

# 【任务要求】

对筹资与投资业务循环相关报表项目实施实质性程序，并编制如下审计工作底稿。

（1）短期借款：通过执行询问、观察、检查、分析程序、重新计算等审计程序，完成导引表、程序表、明细表、借款利息测算表、利息分配检查表、补提借款利息、短期借款凭证检查表的编制。

（2）应付股利：通过执行询问、观察、检查、分析程序、重新计算等审计程序，完成导引表、程序表、明细表、应付股利凭证抽查表的编制。

（3）财务费用：通过执行询问、观察、检查、分析程序、重新计算等审计程序，完成导引表、明细表（按月）、截止性测试表、财务费用凭证抽查表的编制。

# 【任务准备】

（一）知识准备

1. 短期借款的审计目标

短期借款的审计目标一般包括以下几个方面。

短期借款的
审计目标和
实质性程序

（1）确定资产负债表中记录的短期借款是否存在（"存在"认定）。

（2）确定所有应当记录的短期借款是否均已记录（"完整性"认定）。

（3）确定记录的短期借款是否为被审计单位承担的义务（"权利和义务"认定）。

（4）确定短期借款是否以恰当的金额包括在财务报表中，与之相关的计价调整已恰当记录（"准确性""计价和分摊"认定）。

（5）确定短期借款已记录于恰当的账户（"分类"认定）。

（6）确定短期借款已被恰当地汇总或分解且表述清楚，按照企业会计准则的规定在财务报表中作出的相关披露是相关的、可理解的（"列报"认定）。

2. 短期借款的实质性程序

短期借款的实质性程序包括以下几个方面。

（1）获取或编制短期借款明细表。

① 复核加计正确，并与报表数、总账数和明细账合计数核对是否相符；

② 检查非记账本位币短期借款的折算汇率及折算金额是否正确，折算方法是否前后期一致。

（2）检查被审计单位贷款卡，核实账面记录是否完整。

对被审计单位贷款卡上列示的信息与账面记录核对的差异进行分析，必要时请银行出具说明（也有可能出现贷款卡信息滞后的情况），并关注贷款卡中列示的被审计单位对外担保的信息。

（3）对短期借款进行函证。

（4）检查短期借款的增加。

对年度内增加的短期借款，检查借款合同，了解借款数额、借款用途、借款条件、借款日期、还款期限、借款利率，并与相关会计记录核对。

（5）检查短期借款的减少。

对年度内减少的短期借款，应检查相关记录和原始凭证，核实还款数额，并与相关会计记录核对。

（6）复核短期借款利息。

根据短期借款的利率和期限，检查被审计单位短期借款的利息计算是否正确；如有未计利息和多计利息，应做出记录，必要时提请进行调整。

（7）检查被审计单位用于短期借款的抵押资产的所有权是否属于被审计单位，其价值和实际状况是否与合同中的规定相一致。

（8）检查被审计单位与贷款人之间所发生的债务重组。检查债务重组协议，确定其真实性、合法性，并检查债务重组的会计处理是否正确。

（9）检查银行授信情况。

（10）根据评估的舞弊风险等因素增加的其他审计程序。

（11）检查短期借款是否已按照企业会计准则的规定在财务报表中作出恰当的列报。


（二）操作准备

（1）基于筹资与投资业务循环控制测试的结果，进一步确定实质性程序的性质、时间安排和范围。

（2）获取总账、明细账、借款合同、企业征信报告、公司章程、股东大会和董事会会议纪要、利润分配方案、银行回单等审计资料。

提示：数据资料见"8.5 筹资与投资业务循环实质性程序业财一体化数据资料包"。

（3）查看并熟悉该循环实质性程序相关的工作底稿。

## （三）任务要领

（1）明确该循环相关报表项目的审计目标和审计程序。

（2）征信报告需要审计人员或在被审计单位的陪同下到中国人民银行打印，并且根据征信报告来核对被审计单位的借款都已记账，担保和质押等事项审计人员都已关注。

（3）对于应收账款保理融资取得被审计单位应收账款保理融资合同、清单。首先分清是否买断，买断则无须考虑借款；如未买断，则质押形成借款，与应收账款期末质押金额进行核对，并提请附注披露。

（4）在对借款的利息费用进行测算时，关注 12 月利息的结息日到 12 月 31 日的利息费用是否已计提，是否存在少计提费用的情况。

（5）对于利息费用，检查是否存在需要费用化而资本化，从而虚增利润的情形。

## 【任务实施】

**步骤一：根据审计目标确认计划实施的实质性程序，并编制程序表**

确定相关报表项目的审计目标。财务报表认定主要包括存在、发生、完整性、权利和义务、准确性、计价和分摊、截止、分类、列报，不同的报表项目对应不同的目标，根据审计目标确定计划实施的实质性程序，在程序表的"是否执行"处填写"是""否""不适用"，然后判断需要执行的程序可以实现的审计目标。

操作演示：
短期借款实
质性程序

**步骤二：查看相关报表项目的审计资料**

根据相关报表项目查看获取的审计资料。该循环的审计资料主要包括总账、明细账、借款合同、企业征信报告、公司章程、股东大会和董事会会议纪要、利润分配方案、银行回单等审计资料。

操作演示：
财务费用实
质性程序

**步骤三：编制明细表**

（1）根据总账、明细账等其他资料编制明细表的本期数和上期数并复核。

（2）根据企业征信报告上的未结清信贷金额与账面期末余额核对。若两者不一致，查明原因。

（3）财务费用需要按月分项目列示明细表，查看各月的变动是否异常，并与上年金额比较，若变动比例较大，需要分析原因。

步骤四：编制借款利息测算表

（1）查看被审计单位的未结清贷款合同，确认本金、利率、借款期限。

（2）根据本金、利率、借款期限、本期利息计算期间，测算出本期应计利息，编制借款利息测算表。

（3）比较本期应计利息和账面利息支出，若差异较大，需要调整的编制补提借款利息表。

审计人员在对联晟通信公司短期借款项目进行审计时，获取了公司的借款合同、企业征信报告，对短期借款的利息进行测算，发现短期借款未计提 2022 年 12 月 22 日至 31 日最后 10 天的利息，根据借款合同约定的利率对短期借款利息进行补提。借款合同、授信额度合同如图 8-9、图 8-10 所示，补提借款利息如表 8-24 所示。

---

## 借款合同

经 HTSD 电子有限公司（以下简称贷款方）与湖北联晟通信科技股份有限公司（以下简称借款方）充分协商，签订本合同，共同遵守。

第一、由贷款方提供贷款人民币大写叁仟万元整（￥30 000 000.00）给借款方，贷款期限自 2022 年 06 月 25 日至 2023 年 02 月 25 日。

第二、贷款方应按期、按额向借款方提供贷款，否则，按违约数额和延期天数，付给借款方违约金。违约金数额的计算，与逾期贷款罚息相同，即为借款合同约定的贷款利率基础上浮动 50%× 违约天数。

第三、贷款年利率为 2.96%，每月 21 号结息，如遇调整，按调整的新利率和计息办法执行。

第四、借款方应按协议使用贷款，不得转移用途。否则，贷款方有权停止发放新贷款，直至收回已发放的贷款。

第五、借款方保证按借款契约所订期限归还贷款本息。如需延期，借款方最迟在贷款到期前 15 天，提出延期申请，经贷款方同意，办理延期手续。但延期最长不得超过原订期限的一半。贷款方未同意延期或未办理延期手续的逾期贷款，加收罚息。

第六、贷款到期后 1 个月，如借款方不归还贷款，贷款方有权依照法律程序处理借款方作为贷款抵押的物资和财产，抵还借款本息。

第七、本协议书一式 2 份，借贷款双方各执正本 1 份。自双方签字起即生效。

……

第十一、合同争议的解决方式

本合同在履行过程中发生的争议，由借贷双方协商解决；协商不成的依法向人民法院提起诉讼。

贷款方：HTSD 电子有限公司　　　　　　　　借款方：湖北联晟通信科技股份有限公司
法定代表人：张幂　　　　　　　　　　　　　法定代表人：孙超
签订日期：2022 年 05 月 20 日　　　　　　　签订日期：2022 年 05 月 20 日

---

图 8-9　借款合同

# 授信额度合同

　　湖北联晟通信科技股份有限公司（以下简称"乙方"），因公司流动资金周转的需要向湖北联合集团财务公司（以下简称"甲方"）申请额度授信，在自愿平等、互利诚实信用的基础上，经过协商一致，当事双方同意由甲方向乙方提供授信额度并达成以下各项条款，以资共同遵守。

　　第一条　授信额度

　　一、甲方给予乙方的授信额度为人民币（大写）贰亿伍仟万元，在额度有效期内，乙方在完成担保条件后不可循环使用该授信额度。

　　二、乙方不得利用该授信获得的资金用于法律法规禁止的用途。

　　三、该授信额度是指在额度的有效使用期限内甲方给予乙方在同一时点贷款余额的最高限额，并非指期间内历次使用金额的累计额。

　　四、甲方给予的上述授信额度并非构成甲方必须按上述授信额度足额发放的义务，乙方使用授信额度，需要逐笔申请，经甲方逐笔审批和同意后发放。

　　第二条　授信的有效期限

　　授信有效期为 12 个月，即 2022 年 1 月至 2022 年 12 月，授信宽限期为 2 个月，即授信额度下的所有贷款到期日不得超过 2023 年 2 月 28 日。

　　该"有效期"是指本合同所约定的授信的实际发生期。

授信人（甲方）：湖北联合集团财务公司
法定代表人／负责人：＊晴　　　　　　　　　　联系人：＊敏
电话：027-54786325　　　　　　　　　　　　　地址：武汉市江岸区中山大道外滩三阳金城 49 号
签订日期：2022 年 1 月 1 日

授信人（乙方）：湖北联晟通信科技股份有限公司
法定代表人／负责人：＊小超　　　　　　　　　联系人：＊丽
电话：0710-65378761　　　　　　　　　　　　　地址：湖北省襄阳市襄城区 66 号
签订日期：2022 年 1 月 1 日

图 8-10　授信额度合同

表 8-24 补提借款利息

被审计单位：湖北联合集团通信科技股份有限公司
项目：补提借款利息测算表
财务报表截止日：2022-12-31

索引号：F1-5
编制人：李梦
复核人：梁涛

页次：
日期：2023-1-8
日期：2023-1-8

| 贷款银行 | 贷款合同号 | 本金 | 借款期限 | | 本期利息计算期间 | | | | 本期应计利息 | 备注 |
| --- | --- | --- | --- | --- | --- | --- | --- | --- | --- | --- |
| | | | 实际到款日期 | 实际/约定还款日期 | 开始日 | 结束日 | 期间 | 利率 | | |
| 湖北联合集团财务公司 | JKHT001 | 56 000 000.00 | 2022-11-25 | 2022-12-31 | 2022-12-22 | 2022-12-31 | 10.00 | 2.25% | 35 000.00 | |
| 湖北联合集团财务公司 | JKHT001 | 50 000 000.00 | 2022-12-10 | 2022-12-31 | 2022-12-22 | 2022-12-31 | 10.00 | 2.25% | 31 250.00 | |
| HTSD 时代电子有限公司 | JKHT005 | 30 000 000.00 | 2022-6-25 | 2023-2-25 | 2022-12-22 | 2022-12-31 | 10.00 | 2.96% | 24 666.67 | |
| 合计 | | 136 000 000.00 | | | | | | | 90 916.67 | |

**步骤五：编制利息分配检查表**

检查借款合同，查看贷款用途，确定利息的分配，检查账面的利息分配是否准确。

**步骤六：编制函证结果汇总表**

（1）若贷款方为银行，需要在银行函证时填写在询证函（2.银行借款）处，一并与银行存款进行函证。

（2）若贷款方为关联单位，可以采取关联方对账的方式核实期末余额。

**步骤七：编制截止性测试表**

（1）选取截止日前后 N 张凭证进行截止性测试（如果被审计单位截止日前几笔和后几笔发生的业务金额很小，如：只有几百元，则选择截止日前几天或后几天发生额较大的业务，测试其是否存在跨期情况）。

（2）根据抽取的样本，查看纸质凭证，查看是否存在跨期现象。

**步骤八：编制凭证检查表**

（1）审阅公司章程、股东大会和董事会会议纪要，被审计单位计提股利是否按照利润分配方案记账。

（2）若为上市公司，检查公告的股利支付金额是否和实际支付一致。

（3）根据抽取的样本，检查其原始凭证内容是否完整、记账凭证金额是否相符、账务处理是否正确。

**步骤九：编制其他项目表**

其他项目表根据项目的具体情况选择，如有些工作表适用于 IPO 项目，需要额外执行。

**步骤十：分析重大错报、作出审计调整并得出审计结论**

（1）审计过程中，若发现审计异常的事项，分析错报金额及性质，根据审计重要性判断是否需要调整，将调整分录写在明细表的审计说明处。

审计人员针对短期借款利息补提事项在短期借款底稿明细表中编制如下调整分录：

借：财务费用（利息支出） 90 916.67

贷：短期借款 90 916.67

（2）将相关报表项目核算内容、增减变动的主要原因、所做的审计工作写在导引表的审计说明处。

（3）将相关报表项目的审计结论写在导引表的审计结论处，如"经审计调整后，该项目未发现重大异常""经审计，该项目未发现重大异常""因以上审计说明的原因，该项目余额不能确认"等。

# 任务六 货币资金业务循环实质性程序实施

## 【任务情境】

目前审计人员已经完成了货币资金业务循环内部控制了解及控制测试的工作，联晟通信内控制度设计合理，执行有效，未见异常。

为了进一步获取充分、适当的审计证据，审计人员需要对该循环进一步实施实质性程序，可根据需要单独或综合运用以下程序：检查、观察、询问、函证、重新计算、分析程序等。

审计人员获取的该循环的会计科目的 2022 年度账户的累计发生额及期末余额如表 8-25 所示。

表 8-25　2022年度账户的累计发生额及期末余额

| 科目名称 | 科目级次 | 科目类别 | 借贷方向 | 年初余额 | | 全年累计发生额 | | 年末余额 | |
| --- | --- | --- | --- | --- | --- | --- | --- | --- | --- |
| | | | | 借方 | 贷方 | 借方发生额 | 贷方发生额 | 借方 | 贷方 |
| 库存现金 | 1 | 资产 | 借 | | | 74 034.34 | 74 034.34 | | |
| 银行存款 | 1 | 资产 | 借 | 6 165 644.74 | | 1 184 841 058.30 | 1 186 697 043.50 | 4 309 659.54 | |
| 招商银行循礼门支行 810001 | 2 | 资产 | 借 | 670 022.74 | | 140 727 954.67 | 139 839 993.35 | 1 557 984.06 | |
| 中国银行开发区支行人民币 72150 | 2 | 资产 | 借 | 516 421.10 | | 515 732 847.85 | 516 244 816.47 | 4 452.48 | |
| 建设银行北京首体南路支行 8543 | 2 | 资产 | 借 | 709 720.14 | | 505 118 588.39 | 505 823 230.87 | 5 077.66 | |

| 科目名称 | 科目级次 | 科目类别 | 借贷方向 | 年初余额 | | 全年累计发生额 | | 年末余额 | |
|---|---|---|---|---|---|---|---|---|---|
| | | | | 借方 | 贷方 | 借方发生额 | 贷方发生额 | 借方 | 贷方 |
| 建设银行沌口支行 6622 | 2 | 资产 | 借 | 8 392.55 | | | | 8 392.55 | |
| 中国银行开发区支行美元币户 39152 | 2 | 资产 | 借 | 4 261 088.21 | | 23 261 667.39 | 24 789 002.81 | 2 733 752.79 | |
| 其他货币资金 | 1 | 资产 | 借 | 5 324 393.32 | | 123 991 192.02 | 128 691 566.07 | 624 019.27 | |
| 其他 | 2 | 资产 | 借 | 5 324 393.32 | | 123 991 192.02 | 128 691 566.07 | 624 019.27 | |

## 【任务要求】

对货币资金业务循环相关报表项目实施实质性程序，并编制如下审计工作底稿。

货币资金：通过执行询问、观察、检查、函证、重新计算等审计程序，完成导引表、程序表、货币资金明细表、开户信息核对表、现金监盘表、货币资金函证控制表、函证地址核查表、现金截止性测试表、银行存款截止性测试表、货币资金凭证抽查表、未达账项审查表、余额调节表、保证金勾稽检查表、外币折算表、受限资金对现金流量表影响检查表、银行存款账面收付记录与银行对账单抽样核对表的编制。

## 【任务准备】

### （一）知识准备

1. 库存现金的审计目标

库存现金的审计目标一般包括以下几方面。

（1）确定资产负债表中记录的库存现金是否存在（"存在"认定）。

（2）确定所有应当记录的库存现金是否均已记录（"完整性"认定）。

（3）确定记录的库存现金是否为被审计单位拥有或控制（"权利和义务"认定）。

（4）确定库存现金是否以恰当的金额包括在财务报表中记录（"准确性""计价和分摊"认定）。

（5）确定库存现金已记录于恰当的账户（"分类"认定），并已被恰当地汇总或分解且表述清楚，按照企业会计准则的规定在财务报表中作出的相关披露是相关的、可理解的（"列报"认定）。

2. 库存现金的监盘程序

审计人员对库存现金应实施突击监盘程序，对被审计单位库存现金存放在两处或两处以上的，可以考虑同时实施监盘；在账面库存现金为零的情况下，仍要检查保险柜，查看是否有白条、员工的工资卡及其他异常文件。具体程序如下。

动画：库存
现金监盘

（1）制定监盘计划，确定监盘时间。

（2）将盘点金额与现金日记账余额进行核对，如有差异，应要求被审计单位查明原因并作适当调整，如无法查明原因，应要求被审计单位按管理权限批准后作出调整。

（3）在非资产负债表日进行盘点时，应调整至资产负债表日的金额，并对变动情况实施程序审查。

3. 银行存款的审计目标

银行存款的审计目标一般包括以下几方面。

（1）确定资产负债表中记录的银行存款是否存在（"存在"认定）。

（2）确定所有应当记录的银行存款是否均已记录（"完整性"认定）。

（3）确定记录的银行存款是否为被审计单位拥有或控制（"权利和义务"认定）。

（4）确定银行存款是否以恰当的金额包括在财务报表中记录（"准确性""计价和分摊"认定）。

（5）确定银行存款已记录于恰当的账户（"分类"认定），并已被恰当地汇总或分解且表述清楚，按照企业会计准则的规定在财务报表中作出的相关披露是相关的、可理解的（"列报"认定）。

4. 银行存款的实质性程序

银行存款的实质性程序包括以下几个方面。

（1）获取或编制银行存款余额明细表。

① 复核加计是否正确，并与总账数和日记账合计数核对是否相符。

② 检查非记账本位币银行存款的折算汇率及折算金额是否正确。

（2）如果对银行账户的完整性存有疑虑，审计人员应实施以下审计程序。

① 了解并评价被审计单位与开立银行账户相关的内部控制的设计和执行。了解

报告期内被审计单位开立账户的数量及分布，与被审计单位实际经营的需要进行比较，判断其合理性，关注是否存在越权开立账户等异常情形。

② 询问负责货币资金业务的相关人员（如出纳），了解账户的开立、使用、注销等情况。必要时，获取被审计单位已将全部银行账户信息提供给审计人员的书面声明。如发现银行存款账户户名为个人，但记录在被审计单位账户清单或账簿中，考虑该个人与被审计单位的关系，并获取书面声明。

③ 审计人员在企业人员陪同下到中国人民银行或基本存款账户开户行查询并打印"已开立银行结算账户清单"，观察银行办事人员的查询、打印过程，并检查被审计单位账面记录的银行人民币结算账户是否完整。

④ 结合其他相关细节测试，关注交易相关单据中被审计单位的收（付）款银行账户是否均包含在审计人员已获取的开立银行账户清单内。

⑤ 如果对被审计单位外币银行账户的完整性存有疑虑，可以查阅被审计单位的公章使用登记，检查其中是否有使用公章申请开户的情况，如有，检查该账户是否已列入被审计单位提供的银行账户清单中；或者向负责保管网银密钥的人员获取被审计单位开通网银的账户清单，实地观察该人员登录被审计单位网银系统，打印相关银行开立的所有银行账户清单，并与被审计单位管理层提供的信息进行比较，以检查其完整性。如可行，审计人员可以考虑与被审计单位人员一同前往被审计单位所在地国家外汇管理局，现场查询被审计单位的外币银行账户情况。

（3）计算银行存款累计余额应收利息收入，分析比较被审计单位银行存款应收利息收入与实际利息收入的差异是否恰当，评估利息收入的合理性，检查是否存在高息资金拆借，确认银行存款余额是否存在，利息收入是否已经完整记录。

（4）执行货币资金的分析程序，结合对其他项目的分析核验，判断货币资金项目的合理性。

（5）函证银行存款余额，编制银行函证结果汇总表，检查银行回函。

① 应当对银行存款（包括零余额账户和在本期内注销的账户）、借款及与金融机构往来的其他重要信息实施函证程序，除非有充分证据表明某一银行存款、借款及与金融机构往来的其他重要信息对财务报表不重要且与之相关的重大错报风险很低。

② 确定函证信息与银行函证结果的差异，当函证信息与银行回函结果不符时，审计人员应当调查不符事项，以确定是否表明存在错报。

（6）检查银行存款账户存款人是否为被审计单位，若存款人非被审计单位，应获取该账户户主和被审计单位的书面声明，确认资产负债表日余额是否需要调整。

（7）关注是否存在质押、冻结等对变现有限制或存在境外的款项。是否已做必要的调整和披露。

（8）对不符合现金及现金等价物条件的银行存款在审计工作底稿中予以列明，以考虑对现金流量表的影响。

（9）抽查大额银行存款收支的原始凭证，检查原始凭证是否齐全、记账凭证与原始凭证是否相符、账务处理是否正确、是否记录于恰当的会计期间等内容。检查是否存在非营业目的的大额货币资金转移，并核对相关账户的进账情况；如有与被审计单位生产经营无关的收支事项，应查明原因并作相应的记录。

（10）检查银行存款收支的截止是否正确，如有跨期收支事项，考虑是否应进行调整。

（11）银行存款账面收付记录与银行对账单抽样核对。

① 在银行日记账中抽取一定样本量的大额发生额与银行对账单核对；

② 在银行对账单中抽取一定样本量的大额发生额与银行日记账核对。

（12）根据评估的舞弊风险等因素增加的其他审计程序。

### （二）操作准备

（1）基于货币资金循环控制测试的结果，进一步确定实质性程序的性质、时间安排和范围。

（2）获取总账、明细账、现金日记账、银行对账单、银行余额调节表、已开立银行结算账户清单、企业征信报告、银行存单、其他货币资金明细、开立保证金账户申请书、质押合同等审计资料。

> 📍 **提示**：数据资料见"8.6 货币资金业务循环实质性程序业财一体化数据资料包"。

（3）查看并熟悉货币资金实质性程序相关的工作底稿。

（三）任务要领

（1）明确该循环相关报表项目的审计目标和审计程序。

（2）在监盘现金时，关注是否存在白条抵库的情形，是否有充抵库存现金的借条、未提现支票、未作报销的原始凭证，审计人员判断是否需要作出审计调整。

（3）根据已开立银行结算账户清单检查账面记录的账户是否齐全；然后需要对所有的银行账户发函（包括零余额账户和本期注销的账户）。

（4）检查货币资金在资产负债表日前后的记账，是否存在跨期记账的情形。

（5）在抽查大额收支时，需要进行双向抽查，检查原始凭证是否齐全、记账凭证与原始凭证是否相符、账务处理是否正确、是否记录于恰当的会计期间等项内容。


## 【任务实施】

**步骤一：根据审计目标确认计划实施的实质性程序，并编制程序表**

确定相关报表项目的审计目标，财务报表认定主要包括存在、发生、完整性、权利和义务、准确性、计价和分摊、截止、分类、列报，不同的项目对应不同的目标，根据审计目标确定计划实施的实质性程序，在程序表的"是否执行"处填写"是""否""不适用"，然后判断需要执行的程序可以实现的审计目标。

操作演示：
货币资金实
质性程序

**步骤二：查看相关报表项目的审计资料**

根据相关报表项目查看获取的审计资料，该循环的审计资料主要包括总账、明细账、现金日记账、银行对账单、银行余额调节表、已开立银行结算账户清单、企业征信报告、银行存单、其他货币资金明细、开立保证金账户申请书、质押合同、银行回单等审计资料。

**步骤三：编制明细表**

（1）根据总账、明细账等其他资料编制明细表的本期数和上期数并复核。

（2）涉及外币的，可以查询国家外汇管理局官网统计数据中人民币汇率中间价数据，查询年末的汇率，判断账面的汇兑调整是否准确。

**步骤四：编制现金监盘表**

（1）制定监盘计划，确定监盘时间。按照盘点计划，2023 年 1 月 5 日上午 9 点，在被审计单位会计主管的陪同下，开始对库存现金进行监盘。

审计人员首先取得总账与明细账，经核对，数据无误。

（2）账证核对。

① 审计人员取得了 2023 年 1 月的库存现金日记账和现金收付凭证进行核对，如图 8-11、图 8-12 所示。

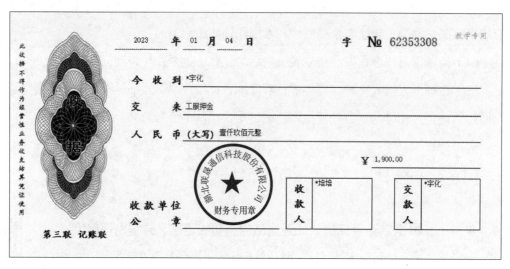

图 8-11　现金收据（62353308）

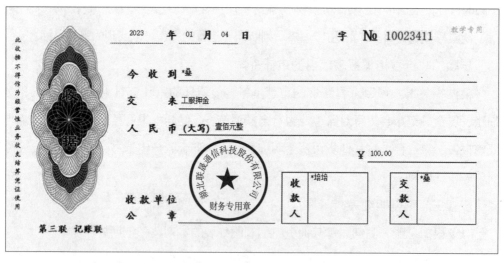

图 8-12　现金收据（10023411）

② 检查现金收付凭证，检查库存现金日记账的记录与凭证的内容和金额是否相符。

③ 检查凭证日期与库存现金日记账日期是否相符或接近。

（3）现金监盘。

① 在审计人员的监督下，被审计单位出纳员对保险柜内所有物品进行盘点，盘点范围包括其中的现金、有价证券、未入账的收入及支出单据等，检查发现，保险柜内存有现金及冲抵现金的白条一张，现金明细：100 元 13 张，50 元 8 张，20 元 12 张，10 元 15 张，5 元 4 张，1 元 25 张（枚），5 角 10 枚，1 角 21 枚。

② 审计人员根据盘点的钞票面值及对应数量，填写现金监盘表"实有库存现金盘点记录"部分，如表 8-26 所示。

表 8-26　实有库存现金盘点记录

| 面额（元） | 人民币 | | 美元 | | X 外币 | |
|---|---|---|---|---|---|---|
| | 张 | 金额 | 张 | 金额 | 张 | 金额 |
| 1 000 | | | | | | |
| 500 | | | | | | |
| 100 | 13 | 1 300 | | | | |
| 50 | 8 | 400 | | | | |
| 20 | 12 | 240 | | | | |
| 10 | 15 | 150 | | | | |
| 5 | 4 | 20 | | | | |
| 2 | | | | | | |
| 1 | 25 | 25 | | | | |
| 0.5 | 10 | 5 | | | | |
| 0.2 | | | | | | |
| 0.1 | 21 | 2.1 | | | | |
| 0.05 | | | | | | |
| 0.02 | | | | | | |
| 0.01 | | | | | | |
| 合计 | 108.00 | 2 142.10 | | | | |

（4）账实核对。

① 账面数与实盘数的核对。根据被审计单位 2023 年 1 月 5 日的现金日记账，得到 2023 年 1 月 5 日库存现金账面余额为 2 000.00 元，与实盘金额不符。

② 查找账实差异原因。

盘点日账面应有金额与实有库存现金出现较大差异时，首先应复核盘点结果合计数是否正确，并通过重新计算等方式确定盘点日未记账的收入和支出合计金额是否正确。如果以上数据均复核无误，则检查是否存在白条抵库的情况（如员工借款借条、无发票的费用支出等），并将其记录在现金监盘表中。对于其他原因的盘盈或盘亏，应要求出纳员寻找原因，并提供相关支撑资料。

本案例中，审计人员具体通过执行以下程序来查找原因。

a. 审计人员询问出纳金额差异的原因。出纳员指出，1月4日下班时，＊金成交还个人借款142.10元，并提供一张对应的收据（见图8-13），收款后尚未记账。审计人员检查收据信息未见异常，并将该金额填入"盘点日未记账传票收入金额（项次2）"。若存在盘点日尚未记账的现金支出，应将收入合计数填入"盘点日未记账传票支出金额（项次3）"；

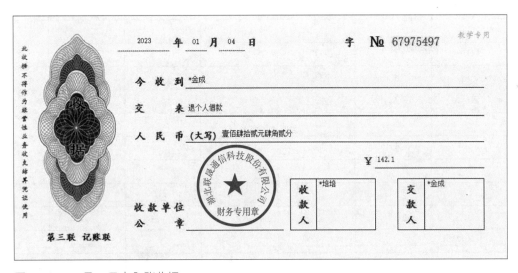

图 8-13 1月4日未入账收据

b. 通过以下公式，推导出盘点日账面应有余额。

盘点日账面应有余额（4）=盘点日账面库存余额（1）

+ 盘点日未记账传票收入金额（2）

- 盘点日未记账传票支出金额（3）

c. "实有库存现金盘点记录"会根据左侧的"库存现金盘点记录"的合计金额自动生成，并计算出"盘点日应有与实有差异（6）"

d. 盘点日应有与实有差异（6）=盘点日账面应有金额（4）-盘点实有库存现金数额（5），计算出盘点日账面应有金额与实有库存数无差异，如表8-27所示。

表 8-27　盘点日账面应有金额与实有库存数差异

| 项目 | | 人民币 | 美元 | X 外币 |
|---|---|---|---|---|
| 盘点日账面库存余额 | (1) | 2 000.00 | | |
| 加：盘点日未记账传票收入金额 | (2) | 142.10 | | |
| 减：盘点日未记账传票支出金额 | (3) | | | |
| 盘点日账面应有余额 | (4)=(1)+(2)-(3) | 2 142.10 | . | . |
| 盘点日实有库存现金数额 | (5) | 2 142.10 | . | . |
| 盘点日应有与实有差异 | (6)=(4)-(5) | | | |
| 差异原因分析 | 白条抵库（张） | | | |

（5）追溯调整

① 根据 2023 年 1 月 5 日的现金日记账，从 2023 年 1 月 1 日至 2023 年 1 月 5 日，共发生现金收入 2 142.10 元，无现金付出，将现金收入总额填入报表日至审计日库存现金收入总额（9）。

② 根据以下公式调整：报表日库存现金应有余额（10）=现金盘点日调整后余额（7）+报表日至审计日库存现金付出总额（8）-报表日至审计日库存现金收入总额（9）。

③ 报表日余额折合本位币金额和报表日账面余额核对，将报表日现金汇率填在报表日账面汇率（11），自动生成报表日余额折合本位币金额。本案例中，汇率为 1，报表日账面余额为 0.00，差异为 0.00，如表 8-28 所示。

表 8-28　追溯调整

| 项目 | | 人民币 | 美元 | X 外币 |
|---|---|---|---|---|
| 现金盘点日调整后余额 | (7) | 2 142.10 | | |
| 报表日至审计日库存现金付出总额 | (8) | | | |
| 报表日至审计日库存现金收入总额 | (9) | 2 142.10 | | |
| 报表日库存现金应有余额 | (10)=(7)+(8)-(9) | | | |
| 报表日账面汇率 | (11) | 1.000 0 | | |
| 报表日余额折合本位币金额 | (12)=(10)×(11) | | | |
| 报表日账面余额 | (13) | | | |
| 差异 | (14)=(13)-(12) | | | |

（6）完成现金监盘表。

①核对库存现金监盘表。审计人员对填制库存现金监盘表进行核对，核对无误后交给项目经理复核。

②签字并盖章。复核无误的库存现金监盘表由出纳、会计主管人员、审计人员签字，填写检查日期，盖章确认。

③盘点差异调整及得出结论。若盘点日账面应有金额与实有库存现金没有差异或差异极小，根据重要性原则，账面数可以确认。

④填写审计说明并得出审计结论。

**步骤五：编制银行函证相关工作表**

（1）核对银行存款信息。

①根据"已开立银行结算账户清单"核对被审计单位的账户信息，包括开户银行、银行账号、账户性质、开户日期、账户状态等信息，并填写开户信息核对表。

②银行存款日记账与银行对账单核对。获取银行对账单，将银行存款日记账与银行对账单进行核对，审核是否存在未达账项或记账错误。同时审查企业的未达账项调节表，填写未达账项审查表，如表8-29所示。

表8-29 未达账项审查表

被审计单位：湖北联晟通信科技股份有限公司　　　　　　索引号：Z18　　　页次：
项目：银行存款／其他货币资金未达账项审查表　　　　　编制人：李梦　　　日期：2023-1-15
财务报表截止日：2022-12-31　　　　　　　　　　　　复核人：梁涛　　　日期：2023-1-15

| 序号 | 开户银行或其他金融机构 | 开户银行账号 | 业务发生时间 | 凭证号 | 款项性质 | 银行对账单未达 | | 审查内容 | | 异常事项说明 | 是否调整 |
| --- | --- | --- | --- | --- | --- | --- | --- | --- | --- | --- | --- |
| | | | | | | 收入 | 支出 | 是否归属当期 | 截止日后是否进账 | | |
| 1 | 中国银行开发区支行 | 0200058071200072150 | 2022-12-25 | 644 | 货款 | | 20 239.00 | 否 | | | 是 |
| | 合计 | | | | | | 20 239.00 | | | | |
| ... | | | | | | | | | | | |
| | | | | | | | | | | | |
| | | | | | | | | | | | |

审计说明：
对未达账项进行检查，并且与被审计单位进行沟通，已经同意调整。

（2）确定所需函证银行账户，查验其地址信息。

① 向客户取得银行地址及联系人方式，在网上或其他渠道验证银行及银行地址的真实性。

例如，对于银行地址应合理追查或核对至外部电话簿、地址簿或银行官方网站（而不是核对至客户的内部记录或客户提供的与银行的往来函件）；确定该地址是真实的经营地址，如在百度地图上进行检索，查看真实街景等。

② 致电银行联系人表明身份并询问作为第三方事务所去函证所需的材料。如事务所盖章、事务所介绍信、函证的盖章要求等。

③ 根据查验的地址信息填写函证地址核查表。

（3）填制并寄发询证函。

① 根据银行询证函模板，填制相关信息。银行询证函须盖上被审计单位在银行的预留印鉴，并填写经办人姓名、电话等。函证最后一页为被函证银行工作人员填写内容，审计人员不需要填写。

② 寄发询证函：独立寄出函证。在寄出询证函之前，审计人员应保留询证函扫描件。询证函的寄发应全程在审计人员的控制下，不得使用客户的收发室；必须有审计人员对询证函的实物加以控制，由项目组成员在各公司寄发或者带到邮局 / 邮筒寄发或亲自送达；当天未寄出的询证函应由审计人员保管或以同样有效的方式对询证函加以控制。

（4）回函统计。

① 回函金额的核对与汇总，填写货币资金函证控制表，如表 8-30 所示。

② 确认回函的独立性，检查回函地址是否和基础地址一致，填写函证地址核查表，如表 8-31 所示。

③ 回函的整理。将所有被函证账户按照银行询证函、跟函记录（或寄出及回函快递查询信息）、工作记录照片、银行网点核实记录的顺序编制索引并按序装订。

审计人员获取了联晟通信 2022 年 12 月的银行对账单，拟对货币资金科目执行函证程序，检查银行对账单发现中国银行开发区支行人民币账户 2022 年 12 月 31 日余额为 24 691.48 元，明细账期末余额为 4 452.48 元，差额为 20 239.00 元。根据对账单金额进行函证，回函金额与对账单金额一致。审计人员检查原始资料，发现公司 2022 年 12 月 25 日 644# 凭证支付 WH 锦龙油品销售有限公司柴油款 20 239.00 元，公司已支付银行尚未入账，存在未达账项，审计人员编制了余额调节表，并对该笔未达账项进行了调整。

表8-30 货币资金函证控制表

被审计单位：湖北联晟通信科技股份有限公司　　　　　　　　　　　索引号：Z1-3
项目：货币资金函证控制表　　　　　　　　　　　　　　　　　　编制人：李梦
财务报表截止日：2022-12-31　　　　　　　　　　　　　　　　复核人：梁涛
页次：
日期：2023-1-15
日期：2023-1-15

| 序号 | 货币资金科目名称 | 开户银行 | 银行账号 | 性质 | 币种 | 发函情况 | | | | 被函证银行相关信息 | | | 发函单号 | 发函日期 | 回函日期 | 回函单号 | 询证函索引号 | 回函情况 | | | |
| --- | --- | --- | --- | --- | --- | --- | --- | --- | --- | --- | --- | --- | --- | --- | --- | --- | --- | --- | --- | --- | --- |
| | | | | | | 对账单余额 | 发函金额 | 回函金额 | 金额差异 | 联系人 | 联系电话 | 通讯地址 | | | | | | 是否回函 | 回函是否一致 | 不一致情况说明及处理方案 | 备注 |
| 1 | 银行存款 | 招商银行循礼门支行 | 105807120810001 | 一般存款账户 | 人民币 | 1 557 984.06 | 1 557 984.06 | 1 557 984.06 | | 李先生 | 137****0232 | 湖北省襄阳市循礼门78号 | SF10004222 | 2022-1-4 | 2022-1-12 | SF20003333 | Z1-3-4 | 是 | 是 | | |
| 2 | 银行存款 | 中国银行开发区支行人民币账户 | 02000580712000072150 | 基本存款账户 | 人民币 | 24 691.48 | 24 691.48 | 24 691.48 | | 王女士 | 132****1111 | 湖北省襄阳市经济开发区33号 | SF10004223 | 2022-1-4 | 2022-1-13 | SF20003334 | Z1-3-1 | 是 | 是 | | |
| 3 | 银行存款 | 中国银行首体南路支行 | 01000580712000738543 | 一般存款账户 | 人民币 | 5 077.66 | 5 077.66 | 5 077.66 | | 郝先生 | 152****11129 | 北京市海淀区首体南路11129号主语商务中心5号楼一层 | SF10004224 | 2022-1-4 | 2022-1-14 | SF20003335 | Z1-3-2 | 是 | 是 | | |
| 4 | 银行存款 | 中国建设银行汉口支行 | 01006058384006346622 | 一般存款账户 | 人民币 | 8 392.55 | 8 392.55 | 8 392.55 | | 张女士 | 138****1113 | 湖北省武汉市蔡甸区联坡路23号 | SF10004225 | 2022-1-4 | 2022-1-14 | SF20003336 | Z1-3-3 | 是 | 是 | | |
| 5 | 银行存款 | 中国银行开发区支行美元账户 | 02000580712000039152 | 一般存款账户 | 美元 | 391 309.72 | 391 309.72 | 391 309.72 | | 王女士 | 132****1111 | 湖北省襄阳市经济开发区33号 | SF10004223 | 2022-1-4 | 2022-1-13 | SF20003334 | Z1-3-1 | 是 | 是 | | |
| 合计 | | | | | | 1 987 455.47 | 1 987 455.47 | 1 987 455.47 | | | | | | | | | | | | | |

表 8-31 函证地址核查表

被审计单位：湖北联晟通信科技股份有限公司

项目：货币资金函证地址核查表　　　　　　　　　　　　　　　　　　索引号：Z1-4
财务报表截止日：2022-12-31　　　　　　　　　　　　　　　　　　　编制人：李梦　　　日期：2023-1-15
　　　　　　　　　　　　　　　　　　　　　　　　　　　　　　　　　复核人：梁涛　　　日期：2023-1-15

页次：

| 询证函编号 | 开户银行 | 回函日期 | 回函单号 | 回函地址核查 |  |  | 备注 |
|---|---|---|---|---|---|---|---|
|  |  |  |  | 发件地址 | 是否一致 | 差异原因 |  |
| Z134 | 招商银行循礼门支行 | 2022-1-12 | SF20003333 | 湖北省襄阳市循礼门 78 号 | 是 |  |  |
| Z131 | 中国银行开发区支行人民币账户 | 2022-1-13 | SF20003334 | 湖北省襄阳市经济开发区 33 号 | 是 |  |  |
| ⋮ | 中国建设银行首体南路支行 | 2022-1-14 | SF20003335 | 北京市海淀区首体南路 9 号主语商务中心 5 号楼一层 | 是 |  |  |
| Z132 | 中国建设银行沌口支行 | 2022-1-14 | SF20003336 | 湖北省武汉市蔡甸区联城路 23 号 | 是 |  |  |
| Z133 | 中国银行开发区支行美元户账户 | 2022-1-13 | SF20003334 | 湖北省襄阳市经济开发区 33 号 | 是 |  |  |
| Z131 |  |  |  |  |  |  |  |

审计说明：

经查询发函及回函地址，核对一致。

**步骤六：编制截止性测试表**

（1）抽取库存现金在截止时间的前后各 $n$ 笔凭证或者在截止时间的前后指定时间段以及金额在指定范围的凭证。

（2）抽取银行存款在截止时间的前后各 $n$ 笔凭证或者在截止时间的前后指定时间段以及金额在指定范围的凭证。

（3）查看样本的原始凭据是否存在跨期入账。

**步骤七：编制保证金勾稽检查表**

（1）查阅其他货币资金的明细，了解其他货币资金的核算内容。

（2）若其他货币资金含有存出保证金的，检查保证金的余额。

（3）根据被审计单位和银行签订的保证金的相关协议确立保证金基数和保证金比例，比较保证金应有余额和保证金账面余额的差异，查询原因并恰当地作出调整，完成保证金勾稽检查表。

（4）检查保证金性质，若属于受限资金，完成受限资金对现金流量表影响检查表。

**步骤八：编制银行收付记录和银行对账单检查表**

（1）由日记账查询至对账单：从银行日记账分别抽取 $n$ 笔收付款记录和银行对账单金额核对，看金额是否一致。

（2）由对账单查询至日记账：从银行对账单分别抽取 $n$ 笔收付款记录和银行日记账金额核对，看金额是否一致。

**步骤九：编制银行存单检查表**

（1）按银行存款明细表中所列定存账户情况，审计人员向被审计单位获取银行存单的正本，根据银行存单填写银行存单检查表上的各要素。

（2）询问被审计单位是否有被质押或限制使用的定期存款，同时与企业征信报告中的质押担保信息进行相互复核。

（3）对已质押的定期存款，检查定期存单，并与相应的质押合同核对，同时关注定期存单对应的质押借款有无入账；对未质押的定期存款，检查开户证实书原件；对该项目审计结束日前已提取的定期存款核对相应的兑付凭证、银行对账单和定期存单复印件。

（4）与其他银行存款账户一同实施函证程序。

**步骤十：编制货币资金凭证抽查表**

（1）抽取本期发生额较大、重要项目的样本。

（2）检查原始凭证内容完整、有授权批准、会计处理正确、明细账、记账凭证、原始凭证金额相符等。

**步骤十一：编制其他项目表**

其他项目表根据项目的具体情况选择，如有些工作表适用于 IPO 项目，需要额外执行。

**步骤十二：分析重大错报、作出审计调整并得出审计结论**

（1）审计过程中，若发现审计异常的事项，分析错报金额及性质，根据审计重要性判断是否需要调整，将调整分录写在明细表的审计说明处。

联晟通信公司 2022 年 12 月 25 日 644# 凭证支付 WH 锦龙油品销售有限公司柴油款 20 239.00 元，公司已支付银行尚未入账，审计人员在货币资金明细表中编制如下调整分录：

借：应付账款（正常 –WH 锦龙油品销售有限公司）　−20 239.00

　　贷：货币资金（银行存款–中国银行开发区支行人民币账户）−20 239.00

（2）将报表项目核算内容、增减变动的主要原因、所做的审计工作写在导引表的审计说明处。

（3）将报表项目的审计结论写在导引表的审计结论处，如"经审计调整后，该项目未发现重大异常""经审计，该项目未发现重大异常""因以上审计说明的原因，该项目余额不能确认"等。

## 任务思考

1. 若被审计单位存在存货跨期入库的情况，审计人员通过执行哪些程序可以发现？

2. 在销售与收款业务循环中，通常可能存在哪些舞弊造假的情况？

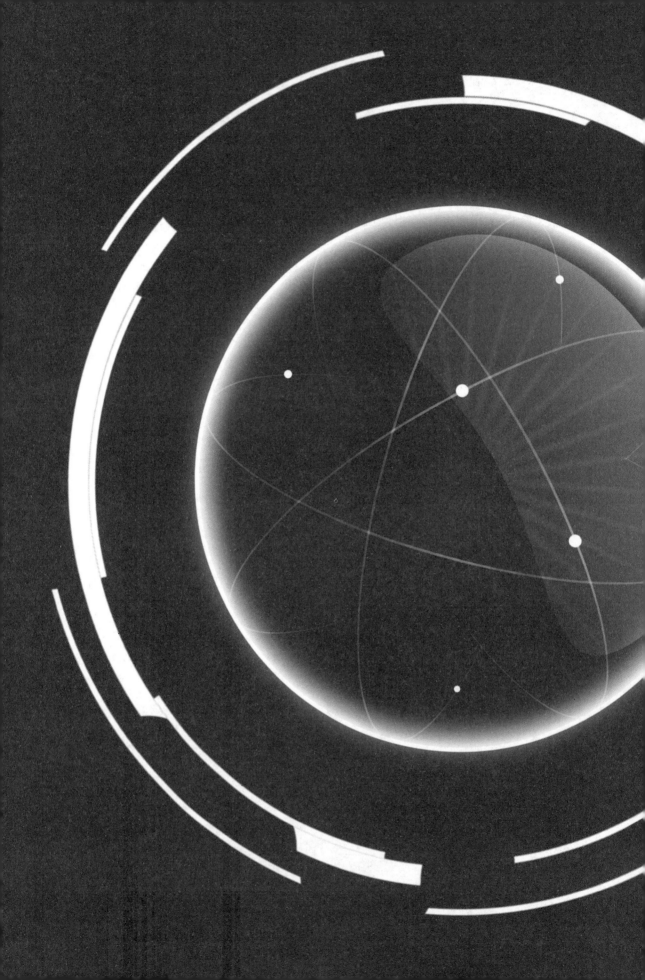

# 学习情境九

# 审计终结

## 学习目标

### 知识目标

◆ 熟悉审计调整的概念。

◆ 掌握试算平衡的含义。

◆ 掌握分析程序的概念及用途。

◆ 掌握审计报告的概念。

◆ 掌握关键审计事项的含义。

◆ 掌握非无保留意见审计报告的含义。

◆ 掌握强调事项段和其他事项段的含义。

### 能力目标

◆ 能对审计调整分录和重分类调整分录进行汇总，编制调整分录汇总表。

◆ 能依据相关审计准则与被审计单位就审计调整事项进行沟通，并要求被审计单位对认可的调整签字盖章；对被审计单位不认可的调整编制未更正错报汇总表，并要求被审计单位签字盖章。

◆ 能熟练生成试算平衡表，对报表差异形成进行分析，依据相关企业会计准则对报表差异进行调整。

◆ 能准确生成审定后的财务报表。

◆ 能在审计结束或临近结束时，熟练运用分析程序，确定经审计调整后的财务报表整体是否与对被审计单位的了解一致，是否具有合理性。

◆ 在运用分析程序进行总体复核时，如果识别出以前未识别的重大错报风险，能够重新考虑对全部或部分各类别的交易、账户余额、披露评估的风险是否恰当，并在此基础上重新评价之前计划的审计程序是否充分，是否有必要追加审计程序。

## 素养目标

◆ 通过编制调整分录汇总表，培养学生严谨、认真、求实的工作态度及前后审计流程衔接的独立思考能力。

◆ 在执行总体复核的过程中，能够运用专业判断，采用适当的审计程序获取证据，并对所获取的审计证据的可靠性保持职业怀疑。

◆ 具有较强的社会沟通能力，能与被审计单位相关人员进行良好沟通。

◆ 能与审计项目组成员协同工作，具有团队合作意识。

# 思维导图

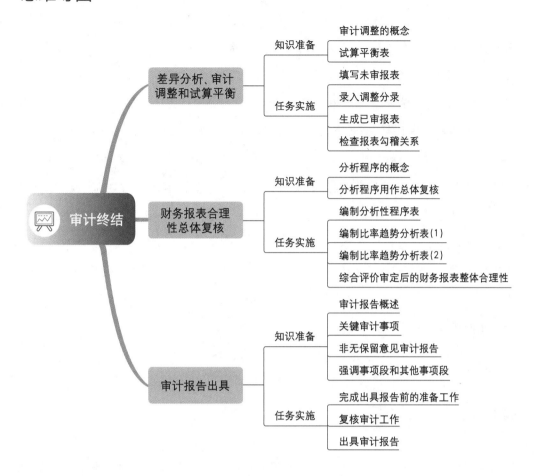

# 德技并修

## 目失镜，则无以正须眉；身失道，则无以知迷惑

战国末期思想家韩非的《韩非子·观行篇》中说："古之人目短于自见，故以镜观面；智短于自知，故以道正己。故镜无见疵之罪，道无明过之恶。目失镜，则无以正须眉；身失道，则无以知迷惑。"这句话说明"身失道"就会导致不辨是非，强调了立身行道的重要意义。习近平总书记也曾引用此典故强调要"把做人做事的底线划出来"。

在审计终结阶段，审计人员需要就一些关键事项不断地与被审计单位管理层和治理层进行沟通，最终形成审计报告。这一沟通过程体现了社会审计的特征，即社会审计旨在发现并解决问题。需要明确的是，这个沟通过程绝不是审计人员妥协的过程，明确审计目标、守住审计工作底线是进行有效沟通的前提。因此，在审计工作中时刻提醒自己的"身之道"，正是审计的职业素养之所在。

思考与践行

审计人员应认真学习《中国注册会计师审计准则第 1501 号——对财务报表形成审计意见和出具审计报告》《中国注册会计师审计准则第 1502 号——在审计报告中发表非无保留意见》《中国注册会计师审计准则第 1503 号——在审计报告中增加强调事项段和其他事项段》《中国注册会计师审计准则第 1504 号——在审计报告中沟通关键审计事项》《中国注册会计师审计准则第 1332 号——期后事项》等准则，了解并熟悉这些审计人员在审计终结阶段需要遵守的规则，并且对于收集到的审计证据有比较客观公正的评价。审计人员应始终坚持"独立、客观、公正"的原则，秉承严谨、认真、勤勉尽责的工作态度，坚守做人做事的底线，坚决践行"目以镜正须眉，身以道知迷惑"的原则。

## 情境概览

项目组在审计的过程中发现了需要调整的事项，审计人员通过和联晟通信管理层沟通确认，根据编制调整分录完成试算平衡表及已审报表，审计组进一步对已审报表进行总体复核，最终出具审计报告。

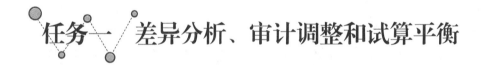

# 任务一 差异分析、审计调整和试算平衡

## 【任务情境】

目前项目组已经完成了了解被审计单位及其环境、风险评估、风险应对的相关工作，在审计过程中发现了需要调整的事项。

# 【任务要求】

根据调整事项在试算平衡表中逐条录入账项调整分录、重分类调整分录，生成已审报表，检查报表勾稽关系是否正确。

# 【任务准备】

（一）知识准备

1. 审计调整的概念

（1）审计调整的含义。

审计调整和
试算平衡表

审计调整，是审计人员在审计过程中，对通过实施审计程序发现的被审计单位财务报表中的错报进行的调整，是整个审计工作的重要组成部分之一。

审计调整的目的是使未审财务报表经过调整后符合企业会计准则和相关会计制度的规定，能够在所有重大方面公允地反映被审计单位的财务状况、经营成果和现金流量。因此，审计调整首先要依据会计准则和相关会计制度的规定进行，其次，审计人员在发现未审财务报表中存在错报时，会结合计划的重要性水平，判断是否需要进行调整。例如，对于明显微小错报，可能不进行审计调整。审计人员不需要对发现的所有错报都进行调整。

（2）审计调整的方式。

由于财务报表审计业务是审计人员对财务报表是否在所有重大方面按照企业会计准则的规定编制、公允反映被审计单位的财务状况以及经营成果和现金流量作出的合理保证，因此，审计调整的对象是财务报表项目，即对存在错报的财务报表项目进行调整。

审计调整通过编制审计调整分录的方法进行，形式上与会计核算时编制会计分录相似，不同的是审计调整使用的是"报表项目"，而会计分录使用的是"会计科目"。通常来讲，如果错报是属于"漏报或少报"，审计人员就将"漏报或少报"的金额补充上；如果错报是属于"多报"，审计人员会将"多报"的金额进行调减处理。

2. 试算平衡表

试算平衡表是审计人员在被审计单位提供未审财务报表的基础上，考虑账项调整分录、重分类调整分录等内容以确定已审数与报表披露数的表格。或者说是审计人员记录被审计单位未审财务报表经过审计调整形成审定财务报表过程的表格。

被审计单位未审财务报表项目数据、审计调整项目数据、审定财务报表项目数据，分别体现在试算平衡表中，它可以清晰地反映出未审财务报表是如何调整为审定财务报表的变化过程。

（二）操作准备

（1）分析调整事项，明确哪些报表项目需要调整。

（2）熟悉试算平衡表的结构，明确各个工作表之间的逻辑关系。

（三）任务要领

（1）明确财务报表审计差异调整的基本原则。

（2）试算平衡表编制过程中需填写未审报表、审计调整（本期）、审计调整（期初）。

（3）审计过程中涉及损益类项目的调整，假定不考虑对所得税费用以及本年度盈余公积提取数的影响。

【任务实施】

操作演示：
审计调整和
试算平衡

操作演示：
审计调整

步骤一：填写未审报表

根据联晟通信 2022 年未审报表填写试算平衡表中的工作表未审报表。

步骤二：录入调整分录

在审计过程中发现需要调整的事项，在试算平衡表审计调整（本期）、审计调整（期初）逐条录入账项调整分录、重分类调整分录，如表 9-1 所示。

表9-1 审计调整

| 序号 | 索引号 | 调整原因 | 报表项目 | 会计科目 | | 金额 | | 备注 |
|---|---|---|---|---|---|---|---|---|
| | | | | 科目编码 | 科目名称 | 借方 | 贷方 | |
| 1 | 销售与收款业务循环 | 调整跨期收入（12-629#） | 应收账款 | 11310005 | SZ特发信息股份有限公司东莞分公司 | -1 475 852.80 | | |
| | | | 营业收入 | 5101020102 | 自制产品＼铝包钢单丝LB20 | | -732 299.82 | |
| | | | 营业收入 | 5101020107 | 自制产品＼铝包钢单丝LB40 | | -573 764.66 | |
| | | | 应交税费 | 21710105 | 应交增值税＼销项税额 | | -169 788.32 | |
| | | 同时调整结转的成本 | 营业成本 | 5401020102 | 自制产品＼铝包钢单丝LB20 | -648 466.10 | | |
| | | | 营业成本 | 5401020107 | 自制产品＼铝包钢单丝LB40 | -507 426.10 | | |
| | | | 库存商品（产成品） | 1243020102 | 库存商品＼自制产品＼铝包钢单丝LB20 | | -648 466.10 | |
| | | | 库存商品（产成品） | 1243020107 | 库存商品＼自制产品＼铝包钢单丝LB40 | | -507 426.10 | |
| | | 调整销项和进项税额对应的附加税 | 税金及附加 | 5402 | 税金附加 | -17 770.29 | | |
| | | | 应交税费 | 217104 | 应交城市维护建设税 | | -10 816.70 | |
| | | | 应交税费 | 217105 | 应交教育费附加 | | -4 635.73 | |
| | | | 应交税费 | 217107 | 应交地方教育附加 | | -2 317.86 | |

| 序号 | 索引号 | 调整原因 | 报表项目 | 会计科目 科目编码 | 会计科目 科目名称 | 金额 借方 | 金额 贷方 | 备注 |
|---|---|---|---|---|---|---|---|---|
| | | 经测算本年坏账计提金额，调整少计提的金额 | 信用减值损失（损失以"-"号填列） | 5702 | 信用减值损失 | 1 472 956.62 | | |
| | | | 应收账款 | 114101 | 坏账准备 | | 1 472 956.62 | |
| | | 坏账计提入账在资产减值损失，应该为信用减值损失 | 信用减值损失（损失以"-"号填列） | 5702 | 信用减值损失 | -650 565.45 | | |
| | | | 资产减值损失（损失以"-"号填列） | 5701 | 资产减值损失 | 650 565.45 | | |
| | | 所得税负数重分类调整 | 其他流动资产 | | 其他流动资产 | 5 309.03 | | |
| | | | 其中：应交税费 | 217114 | 企业所得税 | | 5 309.03 | |
| | | 残保金和交强险重分类 | 管理费用 | 550299 | 其他 | 195 668.25 | | |
| | | | 税金及附加 | 5404 | 税金及附加 | | 195 668.25 | |
| 2 | 采购与付款业务循环 | 调整跨期存货（12-330#） | 存货 | 1211010402 | 原材料\主要材料\光纤\G652D | -117 415.93 | | |
| | | | 应交税费 | 21710101 | 应交增值税\进项税额 | -15 264.07 | | |
| | | | 应付账款 | 2121025179 | 正常\CF光纤光缆股份有限公司 | | -132 680.00 | |

| 序号 | 索引号 | 调整原因 | 报表项目 | 会计科目 | | 金额 | | 备注 |
|---|---|---|---|---|---|---|---|---|
| | | | | 科目编码 | 科目名称 | 借方 | 贷方 | |
| 3 | 生产与存货业务循环 | 通过对库存商品计价测试得知外购\光缆\24B1 7月、9月的结转成本错误，需要调整。 | 营业成本 | 5401010401 | 外购商品\光缆\24B1 | 197 225.60 | | |
| | | | 库存商品（产成品） | 1243010401 | 外购商品\光缆\24B1 | | 197 225.60 | |
| 4 | 货币资金业务循环 | 调整银行存款未达账项（企付银未付） | 应付账款 | 21210118 | 正常\WH锦龙油品销售有限公司 | −20 239.00 | | |
| | | | 货币资金 | 100202 | 银行存款\中国银行开发区支行人民币71250 | | −20 239.00 | |
| 5 | 筹资与投资业务循环 | 补提短期借款利息（被审计单位未计提12月后10天利息） | 财务费用 | 550305 | 利息支出 | 90 916.67 | | |
| | | | 短期借款 | 2101 | 短期借款 | | 90 916.67 | |
| | | 期末汇兑损失调整 | 货币资金 | 100205 | 银行存款\中国银行开发区支行美元币户 | −8 437.13 | | |
| | | | 汇兑净损失 | 550302 | 汇兑损失 | 8 437.13 | | |

| 序号 | 索引号 | 调整原因 | 报表项目 | 会计科目 科目编码 | 会计科目 科目名称 | 金额 借方 | 金额 贷方 | 备注 |
|---|---|---|---|---|---|---|---|---|
| 6 | 人力资源与工薪业务循环 | 计划外的停工损失（接情）记账项目调整 | 营业外支出 | 560199 | 其他 | 3 421 803.00 | | |
| | | | 管理费用 | 550230 | 停工损失 | -3 421 803.00 | | |
| 7 | 固定资产业务循环 | 办公楼租金调整（2022年7月支付2022年8月—2023年1月6个月的租金，1个月的租金需要转入到预付款项） | 预付款项 | 1151 | HTSD电子有限公司 | 353 211.01 | | |
| | | | 管理费用 | 550214 | 办公楼租金 | -235 474.01 | | |
| | | | 销售费用 | 55010306 | 办公楼租赁费 | -117 737.00 | | |
| 8 | 重分类调整 | 应收账款负数重分类调整 | 应收账款 | 1131 | 应收账款 | 5 718 385.17 | | |
| | | | 合同负债 | 2205 | 合同负债 | | 5 718 385.17 | |
| 9 | 重分类调整 | 应付账款负数重分类调整 | 预付款项 | 1151 | 预付账款 | 52 384 082.81 | | |
| | | | 应付账款 | 2121 | 应付账款 | | 52 384 082.81 | |
| | | 合计 | | | | 57 262 109.86 | 57 262 109.86 | |

账项期末调整系统操作如图 9-1 所示。

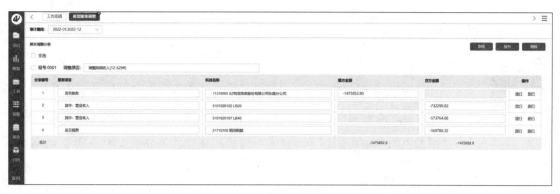

图 9-1　账项期末调整系统操作

### 步骤三：生成已审报表

检查试算平衡表的已审报表中各报表项目是否为审定后的金额。

### 步骤四：检查报表勾稽关系

生成已审报表后，检查资产与负债所有者权益的勾稽关系、利润表和未分配利润等数据的勾稽关系是否正确。

# 任务二　财务报表合理性总体复核

## 【任务情境】

审计项目组进入现场后，审计组对联晟通信公司各个部门的负责人进行了访谈，项目组已经完成了了解被审计单位及其环境、风险评估、风险应对相关工作，编制完成了已审报表，现场审计工作即将结束。

## 【任务要求】

审计人员根据已审报表完成分析程序工作底稿（用于审定报表总体复核）的编制。

# 【任务准备】

## （一）知识准备

分析程序的
用途

### 1. 分析程序的概念

分析程序，是指审计人员通过分析不同财务数据之间以及财务数据与非财务数据之间的内在关系，对财务信息作出评价。分析程序还包括在必要时对识别出的、与其他相关信息不一致或与预期值差异重大的波动或关系进行调查。

### 2. 分析程序用作总体复核

分析程序用于对财务报表进行总体复核时，主要目的是最终证实财务报表整体是否与审计人员对被审计单位的了解一致及与所取得的证据一致。

在审计结束或临近结束时，审计人员应当运用分析程序，在已收集的审计证据的基础上，对财务报表整体的合理性作最终把握，评价报表是否仍然存在重大错报风险而未被发现的可能性，考虑是否需要追加审计程序，以便为发表审计意见提供合理基础。这一阶段运用分析程序是强制要求。

在运用分析程序进行总体复核时，如果识别出以前未识别的重大错报风险，审计人员应当重新考虑对全部或部分各类交易、账户余额、列报评估的风险是否恰当，并在此基础上重新评价之前计划的审计程序是否充分，是否有必要追加审计程序。

## （二）操作准备

（1）熟悉分析程序工作底稿（用于审定报表总体复核）的编制说明。

（2）查找行业平均指标／相关企业指标。

## （三）任务要领

（1）熟悉比率趋势分析表。

（2）在运用分析程序进行总体复核时，如果识别出以前未识别的重大错报风险，审计人员应当重新考虑对全部或部分各类别的交易、账户余额、披露评估的风险是否恰当，并在此基础上重新评价之前计划的审计程序是否充分，是否有必要追加审计程序。

## 【任务实施】

### 步骤一：编制分析性程序表

根据已审报表完成分析程序工作底稿中的资产负债表、利润表、现金流量表的分析性程序表的编制工作，查看横纵向变动比例，分析差异大的原因。

操作演示：财务报表合理性总体复核

### 步骤二：编制比率趋势分析表（1）

完成分析程序工作底稿中比率趋势分析表（1）的编制工作，纵向分析差异原因。

### 步骤三：编制比率趋势分析表（2）

完成分析程序工作底稿中比率趋势分析表（2）的编制工作，横向分析差异原因。

### 步骤四：综合评价审定后的财务报表整体合理性

综合评价审定后的财务报表项目变动、指标趋势变动的合理性分析，评价报表是否仍然存在重大错报风险而未被发现的可能性，考虑是否需要追加审计程序。

# 任务三 审计报告出具

## 【任务情境】

项目组已经完成了了解被审计单位及其环境、风险评估、风险应对相关工作，编制完成了已审报表，并整体评估了项目风险，即将出具审计报告。

## 【任务要求】

审计人员根据审计调整意见的接受情况，出具审计报告。

## 【任务准备】

### （一）知识准备

审计报告概述

1. 审计报告概述

（1）审计报告的含义。

审计报告是指注册会计师根据审计准则的规定，在执行审计工作的基础上，对财务报表发表审计意见的书面文件。

（2）审计报告的特征。

审计报告是注册会计师在完成审计工作后向委托人提交的最终产品，具有以下特征：

① 注册会计师应当按照审计准则的规定执行审计工作；

② 注册会计师在实施审计工作的基础上才能出具审计报告；

③ 注册会计师通过对财务报表发表意见履行业务约定书约定的责任；

④ 注册会计师应当以书面形式出具审计报告。

2. 关键审计事项

关键审计事项是指注册会计师根据职业判断认为对当期财务报表审计最为重要的事项。这些事项是在对财务报表整体进行审计并形成意见的背景下进行处理的，不对这些事项提供单独的意见。

对上市公司的财务报表进行审计，应当在审计报告中沟通关键审计事项。

"最为重要的事项"并不意味着只有一项。在审计报告中关键审计事项的数量可能受被审计单位规模和复杂程度、业务和经营环境的性质，以及审计业务具体事实和情况的影响。

注册会计师应当在审计报告中单设一部分，以"关键审计事项"为标题，并在该部分使用恰当的子标题逐项描述关键审计事项。

3. 非无保留意见审计报告

非无保留意见是指对财务报表发表的保留意见、否定意见或无法表示意见。

当存在下列情形之一时，注册会计师应当在审计报告中发表非无保留意见：

（1）存在重大错报：根据获取的审计证据，得出财务报表整体存在重大错报的结论。

（2）审计范围受限：无法获取充分、适当的审计证据，不能得出财务报表整体不存在重大错报的结论。

审计报告类型与错报金额或审计范围受到限制相关，具体可参考表9-2。

表9-2　审计意见决策表

| 导致发表非无保留意见事项的性质 | 这些事项的错报或未发现的错报（如存在）对财务报表产生或可能产生的影响是否具有广泛性 | |
| --- | --- | --- |
| | 重大但不具有广泛性 | 重大且具有广泛性 |
| 财务报表存在重大错报（已对相关事项获取充分、适当的审计证据） | 保留意见 | 否定意见 |
| 无法获取充分、适当的审计证据（不能得出财务报表整体不存在重大错报的结论） | 保留意见 | 无法表示意见 |

4. 强调事项段和其他事项段

（1）强调事项段。

审计报告的强调事项段是指审计报告中含有的一个段落，该段落提及已在财务报表中恰当列报或披露的事项，根据注册会计师的职业判断，该事项对财务报表使用者理解财务报表至关重要。

审计报告中增加强调事项段的条件如下：

① 如果认为有必要提醒财务报表使用者关注的事项已在财务报表中列报或披露；

② 根据职业判断认为对财务报表使用者理解财务报表至关重要的事项；

③ 该事项不会导致注册会计师发表非无保留意见；

④ 该事项未被确定为在审计报告中沟通的关键审计事项。

当强调事项段与适用的财务报告编制基础相关时，包括当注册会计师确定法律法规规定的财务报告编制基础不可接受时，注册会计师可能认为有必要将强调事项段紧接在"形成审计意见的基础"部分之后，为审计意见提供合适的背景。按其与关键审计事项相比的重要程度，决定置于"关键审计事项"部分之前或之后。

（2）其他事项段。

其他事项段是指审计报告中含有的一个段落，该段落提及未在财务报表中列报或披露的事项，且根据注册会计师的职业判断，该事项与财务报表使用者理解审计工作、注册会计师责任或审计报告相关。

审计报告中增加其他事项段的条件如下：

① 如果认为有必要沟通的事项，未在财务报表中列报或披露；

② 根据职业判断认为与财务报表使用者理解审计工作、注册会计师的责任或审计报告相关的事项；

③ 未被法律法规禁止；

④ 该事项未被确定为在审计报告中沟通的关键审计事项。

### （二）操作准备

（1）熟悉审计准则。

《中国注册会计师审计准则第 1501 号——对财务报表形成审计意见和出具审计报告》《中国注册会计师审计准则第 1502 号——在审计报告中发表非无保留意见》《中国注册会计师审计准则第 1503 号——在审计报告中增加强调事项段和其他事项段》《中国注册会计师审计准则第 1504 号——在审计报告中沟通关键审计事项》。

（2）熟悉审计报告模板。

### （三）任务要领

（1）掌握审计报告的格式与内容。

（2）掌握关键审计事项段、强调事项段及其他事项段的内涵及专业术语。

## 【任务实施】

### 步骤一：完成出具报告前的准备工作

审计人员出具审计报告前需完成计划及风险识别阶段工作、总体审计策略和风险评估阶段工作、按业务循环完成各财务报表项目的审计测试和一些特殊项目的审计工作。评价审计中的重大发现和错报，对财务报表合理性进行总体复核并复核全部审计工作底稿。

### 步骤二：复核审计工作

对审计工作的复核包括项目组内部复核和作为会计师事务所业务质量管理措施

而执行的项目质量控制复核。

**步骤三：出具审计报告**

审计人员完成审计报告出具前的准备工作，项目组内部及会计师事务所业务质量管理部门对审计工作进行复核并与客户沟通后，获取管理层声明，确定应出具的审计报告的意见类型和措辞，进而编制并致送审计报告。

## 任务思考

1. 通常有哪些造成审计失败的原因和防范措施？
2. 哪些期后事项会对财务报表有影响？

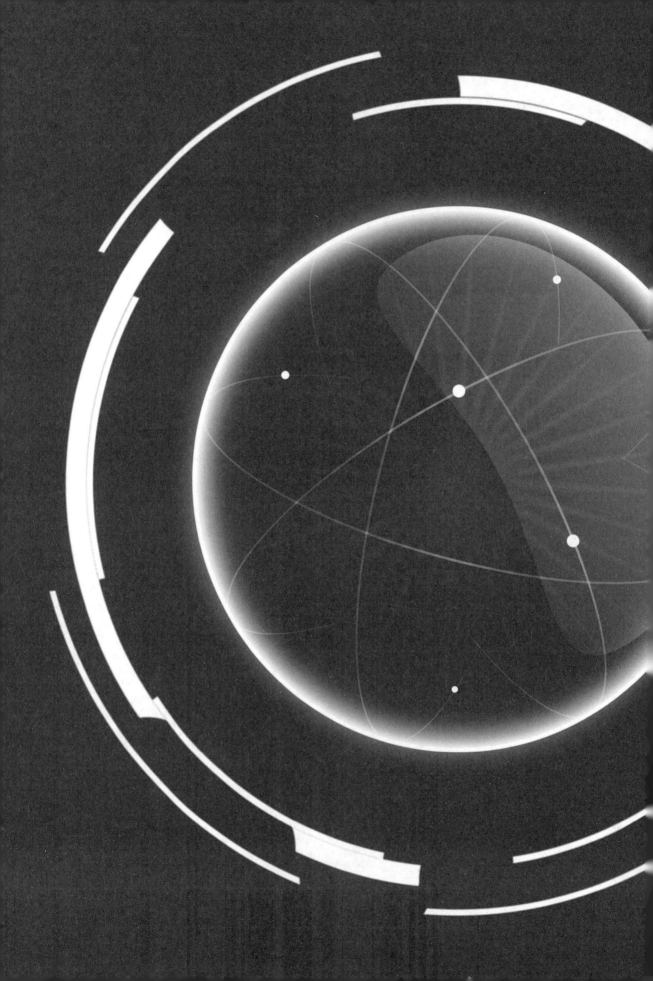

# 审计底稿编制、整理与归档

## 学习目标

### 知识目标

◆ 掌握审计工作底稿的概念。

◆ 掌握审计工作底稿的格式、要素和范围。

◆ 掌握审计工作底稿的分类及审计工作底稿索引号的用途。

◆ 掌握审计工作底稿的归档。

### 能力目标

◆ 能根据《中国注册会计师审计准则第 1131 号——审计工作底稿》中对审计工作底稿的要求，完善审计工作底稿的编制工作，形成系统的审计工作底稿。

◆ 能根据《中国注册会计师审计准则第 1131 号——审计工作底稿》对审计工作底稿的要求，实时检查编制的工作底稿是否包括完整的底稿要素。

◆ 能根据《中国注册会计师审计准则第 1131 号——审计工作底稿》中对审计工作底稿的要求，将编制的工作底稿及收集的审计证据进行对应并整理。

◆ 能对每项具体审计业务形成的审计底稿进行分类整理，生成档案清单，选择对应的保管方式，完成归档。

**素养目标**

◆ 领悟《会计师事务所质量控制准则第 5101 号——业务质量控制》
《中国注册会计师审计准则第 1121 号——对财务报表审计实施的
质量控制》等准则的内容，提高专业胜任能力。

◆ 培养独立、客观、公正的职业素养。

◆ 秉承仔细、谨慎、踏实、精益求精的工作态度。

## 思维导图

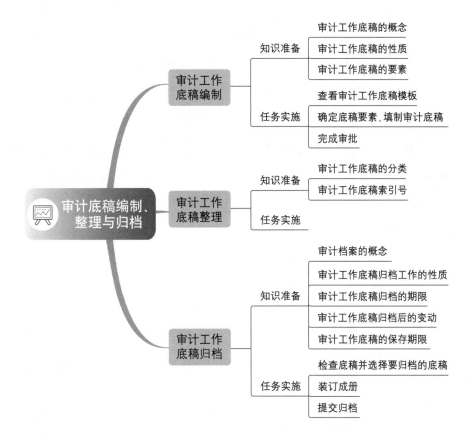

## 德技并修

### 先 胜 后 战

　　《孙子兵法·形篇》:"昔之善战者,先为不可胜,以待敌之可胜。不可胜在己,可胜在敌。"意思是说要先规划自己,让自己变得不可战胜,然后再等待战胜敌人的机会。"先胜后战",就是指要控制风险。所以,如何让自己变得不可战胜显得尤为重要。

　　在财务报表审计中,审计人员除了可以使用多种多样的审计方法收集证据来武装自己的"战斗力"以外,还有一种方式可以增强自己的"战斗力",那就是用好审计工作底稿。审计工作底稿是记录审计工作的载体。审计工作底稿的记录、复核是审计工作终结出具审计报告的必经步骤，这些步骤的成功实施其实就是审计人员提高自己"战斗力"的过程。审计人员是否按照审计准则的要求开展审计工作，审计工作是如何开展的，这些信息都能从审计工作底稿中体现出来，所以，审计工作底稿的整理和归档也是审计工作信息的存储，是对审计工作的及时总结。从另一个角度看，也是审计人员为了更好地开展下一次审计而进行自我完善的过程。

思考与践行

审计人员应认真学习《会计师事务所质量控制准则第 5101 号——业务质量控制》《中国注册会计师审计准则第 1121 号——对财务报表审计实施的质量控制》等审计准则，了解并熟悉审计工作底稿的使用规则和方法，认识到踏实的工作作风、精益求精的工匠精神对于财务报表审计工作是不可或缺的。审计人员应秉承认真严谨的工作态度，坚决恪守职业道德，认真仔细地完成审计工作底稿的编制、整理和归档，努力做到"先胜后战"。

## 情境概览

项目组已完成现场审计底稿的编制、出具报告的工作，项目经理、合伙人分别完成了审核，项目组开始了提交归档的工作。

# 任务一 审计工作底稿编制

## 【任务情境】

审计项目为了完成审计目标，在执行审计程序的基础上收集审计证据并编制审计工作底稿，审计人员将审计证据和工作底稿一一对应进行索引。审计人员在审计工作完成后对审计工作底稿分类整理，最终归档形成审计档案。

## 【任务要求】

审计人员查看应收账款审计工作底稿模板，确定审计工作底稿的要素，填制审计工作底稿。

## 【任务准备】

审计工作底稿编制

### （一）知识准备

1. 审计工作底稿的概念

审计工作底稿，是指审计人员对制定的审计计划、实施的审计程序、获取的相关审计证据，以及得出的审计结论作出的记录。审计工作底稿是审计证据的载体，是审计人员在审计过程中形成的审计工作记录和获取的资料。它形成于审计过程，也反映整个审计过程。

2. 审计工作底稿的性质

（1）存在形式。

审计工作底稿可以以纸质、电子或其他介质形式存在。

在实务中，为便于复核，审计人员可以将以电子或其他介质形式存在的审计工作底稿通过打印等方式，转换成纸质形式的审计工作底稿，并与其他纸质形式的审计工作底稿一并归档。同时，单独保存这些以电子或其他介质形式存在的审计工作底稿。

（2）审计工作底稿通常包括的内容。

审计工作底稿通常包括总体审计策略、具体审计计划、分析表、问题备忘录、重大事项概要、询证函回函和声明、核对表、有关重大事项的往来函件（包括电子邮件）。审计人员还可以将被审计单位文件记录的摘要或复印件（如重大的或特定的合同和协议）作为审计工作底稿的一部分。

此外，审计工作底稿通常还包括业务约定书、管理建议书、项目组内部或项目组与被审计单位举行的会议记录、与其他人士（如其他审计人员、律师、专家等）的沟通文件及错报汇总表等。但是，审计工作底稿并不能代替被审计单位的会计记录。

（3）审计工作底稿通常不包括的内容。

审计工作底稿通常不包括已被取代的审计工作底稿的草稿或财务报表的草稿、反映不全面或初步思考的记录、存在印刷错误或其他错误而作废的文本，以及重复的文件记录等。由于这些草稿、错误的文本或重复的文件记录不直接构成审计结论和审计意见的支持性证据，因此，审计人员通常无须保留这些记录。

3. 审计工作底稿的要素

一般来说，每张工作底稿必须同时包括以下基本内容：① 审计工作底稿的名称和审计项目的名称；② 被审计单位名称、审计项目时间或期间；③ 编制者姓名及编制日期、复核者姓名及复核日期；④ 索引号及页次；⑤ 审计过程记录；⑥ 审计标识及其说明；⑦ 资产负债表及利润表审计结论；⑧ 其他应说明事项。

（二）操作准备

（1）审计人员获取该报表项目与业财一体化资料。

（2）审计人员确定该报表项目需要执行的实质性程序。

（三）任务要领

（1）在编制审计工作底稿时，需要实时检查编制的工作底稿是否包括完整的底稿要素。

（2）审计工作底稿中可使用各种审计标识，但应说明其含义，并保持前后一致。

（3）为了明确责任，在各自完成与特定工作底稿相关的任务之后，编制者和复核者都应在工作底稿上签名并注明编制日期和复核日期。

## 【任务实施】

**步骤一：查看审计工作底稿模板**

审计人员查看审计底稿模板，了解各审计流程的底稿构成，需要编制底稿的目录，各工作表的编制目的及内容。

**步骤二：确定底稿要素，填制审计底稿**

审计人员查看被审计单位的审计工作底稿，确定审计工作底稿基本要素。审计底稿要素如表 10-1 所示。

表 10-1　审计底稿要素

被审计单位：湖北联晟通信科技股份有限公司　　　　索引号：Z5-2-3　　页次

项目：应收账款未回函替代测试表　　　　　　　　　编制人：李梦　　　　日期：2023-1-18

财务报表截止日：2022-12-31　　　　　　　　　　　复核人：梁涛　　　　日期：2023-1-18

顾客名称：CF 光纤光缆股份有限公司

| 年初余额 | 借方发生额 | 贷方发生额 | 年末余额 |
| --- | --- | --- | --- |
| 647 381.30 | 18 018 693.83 | 16 277 686.22 | 2 388 388.91 |

1. 期末余额的支持证据检查

| 入账金额 | | | | | 检查内容 | | |
| --- | --- | --- | --- | --- | --- | --- | --- |
| 序号 | 日期 | 凭证号 | 摘要 | 金额 | 1 | 2 | 3 |
| 1 | 2022-1-19 | 306 | 销售 CF 光纤 OPGW 光缆一批 68899 | 98 570.95 | ✓ | ✓ | ✓ |
| 2 | 2022-4-20 | 90 | 销售 CF 光纤 OPGW 光缆一批 69031-69032 | 1 216 164.05 | ✓ | ✓ | ✓ |
| 3 | 2022-4-20 | 97 | 销售 CF 光纤 OPGW 光缆一批 69017-69020 | 1 828 372.78 | ✓ | ✓ | ✓ |
| 4 | 2022-5-15 | 34 | 销售 CF 光纤 OPPC 光缆一批 42666 | 66 003.84 | ✓ | ✓ | ✓ |

审计说明：

经检查，未发现异常。

① 确定审计工作底稿的名称、审计项目名称。

② 确定被审计单位名称、审计项目时间或期间。

③ 确定底稿中的项目编制人及编制日期、复核人及复核日期信息填写完整。

④ 索引号及页次。审计人员根据审计工作底稿的顺序编写连续的索引号，若用一个项目名称的审计工作底稿为多张时，只需填写同一个索引号，标明页码即可。

⑤ 记录审计过程。审计过程记录通过编制表格进行分项目说明，记录检查、测算、分析等过程；其次还应对审计的过程进行文字的记录，主要为审计说明的编写。

⑥ 审计结论。关于资产负债表项目，审计结论一般为"余额可以确认"；关于利润表项目，审计结论一般为"发生额可以确认"，也可以都为"未发现重大异常"，如表 10-2 所示。

表10-2　审计结论

被审计单位：湖北联晟通信科技股份有限公司　　　　　　　　　　　　　索引号：Z5　　　　　　　　　页次：
项目：应收账款导引表　　　　　　　　　　　　　　　　　　　　　　编制人：李梦　　　　日期：2023-1-18
财务报表截止日：2022-12-31　　　　　　　　　　　　　　　　　　复核人：梁涛　　　　日期：2023-1-18

| 项目 | 期初余额 | | | 期末余额 | | | 变动比例 | 期末账龄检查 索引号 |
|---|---|---|---|---|---|---|---|---|
| | 调整前 | 审计调整 | 调整后 | 调整前 | 审计调整 | 调整后 | | |
| 三、账面价值 | | | | | | | | |
| 1年以内 | 151 579 672.89 | | 151 579 672.89 | 91 673 750.84 | −1 846 335.75 | 89 827 415.09 | −40.7% | |
| 1~2年 | 3 691 410.42 | | 3 691 410.42 | 48 105 809.69 | −162 550.45 | 47 943 259.24 | 1 198.78% | |
| 2~3年 | 12 208 523.78 | | 12 208 523.78 | 688 288.26 | −61 622.69 | 626 665.57 | −94.87% | |
| 3~4年 | 0.01 | | 0.01 | 2 025 809.69 | −607 742.91 | 1 418 066.78 | 14 180 667 700.00% | |
| 4~5年 | 69 455.61 | | 69 455.61 | | | | −100.00% | |
| 5年以上 | | | | 270 557.62 | −270 557.62 | | 0.00% | |
| 账面价值合计 | 167 549 062.71 | | 167 549 062.71 | 142 764 216.10 | −2 948 809.42 | 139 815 406.68 | −16.55% | |
| 报表数 | 167 549 062.71 | | 167 549 062.71 | 142 764 216.10 | | 139 815 406.68 | | |
| 差异数 | | | . | | | | | |

审计说明：
1. 总账、明细账及报表核对一致。
2. 应收账款主要是核算的应收客户的货款，取得应收账款的客商辅助明细余额，对期末大额款项进行函证，详见函证结果明细表。对于回函有差异的客户以及未回函的客户我们进行替代测试，详见未回函替代测试以及函证结果分析表。
3. 对应收账款的期初期末账龄进行分析复核，并根据坏账政策对账面计提的坏账进行测算，本年少计提坏账金额 1 472 956.62。
4. 对应收账款的凭证进行抽查，详见凭证检查表。
审计结论：
经审计调整后，该项目未发现重大异常。

312　智能审计实务

步骤三：完成审批

编制人完成审计底稿后，交于项目经理、经理或合伙人复核，根据复核意见完善审计程序。

# 任务二 审计工作底稿整理

## 【任务情境】

审计人员查看审计工作底稿，将编制的工作底稿及收集的审计证据进行对应并编制索引，并对每项具体审计业务形成的审计底稿进行分类整理。

## 【任务要求】

审计人员查看应收账款函证程序相关的审计工作底稿及审计证据，找出询证函回函与应收账款函证程序相关的审计工作底稿对应并编制索引号，然后对其进行分类整理。

## 【任务准备】

（一）知识准备

1. 审计工作底稿的分类

审计工作底稿一般分为：初步业务活动工作底稿、风险评估工作底稿、控制测试工作底稿、实质性程序工作底稿、其他项目工作底稿及业务完成阶段工作底稿。

（1）初步业务活动工作底稿。

初步业务活动工作底稿主要是指审计人员在审计业务开始前进行准备形成的底稿文件。主要包括以下几项。

审计工作底稿的分类及索引

① 若首次承接业务，需要与前任注册会计师的沟通函、业务承接评价表，若连续审计业务则需要业务保持评价表。

② 业务约定书。

③ 取得被审计单位未审报表，并对未审报表进行趋势分析及财务指标分析的结果。

（2）风险评估工作底稿。

风险评估工作底稿主要包括以下几项。

① 了解被审计单位及其环境形成的底稿。

② 了解被审计单位内部控制形成的底稿。主要包括从整体层面了解和评价被审计单位内部控制及按照业务循环了解和评价内部控制的相关文件，即采购与付款业务循环、工薪与人事业务循环、生产与存货业务循环、销售与收款业务循环、筹资与投资业务循环、固定资产和其他长期资本业务循环、货币资金业务循环等各环节形成的底稿。

③ 项目组针对风险评估进行讨论并汇总审计项目组认为的风险点及重点关注事项的底稿。

④ 针对被审计单位的特点制定总体审计策略及制定重要性水平的底稿。

（3）控制测试工作底稿。

控制测试工作底稿是针对业务循环，进行具体的控制测试形成的底稿。

（4）实质性程序工作底稿。

实质性程序工作底稿是指针对被审计单位财务报表审计项目，审计人员为取得直接证据而运用检查、监盘、观察、访谈及函证、重新计算、分析程序等方法，对被审计单位财务报表项目的真实性、准确性等进行审计，以得出审计结论，这一过程形成的工作底稿。

（5）其他项目工作底稿。

除了上述类别审计工作底稿外，还包括收入确认舞弊风险评估和应对、对法律法规的考虑、接受委托后与前任注册会计师的沟通、关联方及关联方交易、持续经营、首次接受委托时对期初余额的审计、比较信息、会计估计、会计分录测试等形成的工作底稿。

（6）审计完成阶段工作底稿。

审计完成阶段工作底稿主要包括：试算平衡表、已审报表及其趋势分析和财务指标分析、与被审计单位管理层沟通函、与被审计单位治理层沟通函、业务复核核对表、被审计单位管理层声明书、审计报告等。

2. 审计工作底稿索引号

通常，审计工作底稿需要注明索引号及顺序编号，相关审计工作底稿之间需要保持清晰的勾稽关系。为了汇总及便于交叉索引和复核，每个事务所都会制定特定的审计工作底稿归档流程。每张表或记录都有一个索引号，例如，B2、C5等，以说明其在审计工作底稿中的放置位置。

工作底稿中包含的信息通常需要与其他相关工作底稿中的相关信息进行交叉索引。例如，库存现金监盘表与列示所有现金余额的导引表进行交叉索引。审计工作底稿信息相互引用时，需要在审计工作底稿中交叉注明索引号。

（二）操作准备

（1）审计人员编制应收账款函证相关的审计工作底稿。

（2）审计人员查看询证函回函等审计证据原件影像。

> 📍 **提示**：数据资料见"10.2 审计工作底稿整理业财一体化数据资料包"。

（三）任务要领

（1）在审计工作中，审计人员会根据审计需要取得审计证据（原始资料、监盘资料、函证资料、测算资料、询问记录等），这些审计证据不单独装订，而是附在相关审计工作底稿后。

（2）审计工作底稿当中的信息相互引用时，需要在审计工作底稿中交叉注明索引号。

## 【任务实施】

审计人员打开需要编制索引号的底稿，将所有收集整理后的审计证据编制索引，同时填写到对应的底稿上，确保根据索引号可以找到对应的审计证据。以应收账款回函为例，如表10-3、表10-4所示。

表 10-3   应收账款回函

## 企业询证函

询证函编号：YSZK-2

SZ 古河电力光缆有限公司：

　　本公司聘请的诚信会计师事务所（特殊普通合伙）正在对本公司 2022 年度财务报表进行审计，按照《中国注册会计师审计准则》的要求，应当询证本公司与贵公司的往来账项等事项。下列信息出自本公司账簿记录，如与贵公司记录相符，请在本函下端"信息证明无误"处签章证明；如有不符，请在"信息不符"处列明不符项目。如存在与本公司有关的未列入本函的其他项目，也请在"信息不符"处列出这些项目的金额及详细资料。回函请直接寄至诚信会计师事务所（特殊普通合伙）。

回函地址：北京市西城区复兴门大街 12 号世贸大厦 4 层审计八部　　　　　邮编：100068

电话：139×××××××　　　　　　　　　　　　　　　　　　　　　联系人：李梦

1. 本公司 2022 年 12 月 31 日与贵公司的往来账项列示如下：

单位：人民币元

| 往来账项 | 金额 | 备注 |
|---|---|---|
| 应收账款 | 4 920 826.73 | |
| 贵公司欠款合计 | 4 920 826.73 | |

2. 其他事项

| | | |
|---|---|---|
| | | |
| | | |

本函仅为复核账目之用，并非催款结算。若款项在上述日期之后已经付清，仍请及时函复为盼。

被审计单位：签章

2023-1-9

结论：

| 1. 信息证明无误 | 2. 信息不符，请列明不符的详细情况 |
|---|---|
| （签章）<br>经办人：甘＊＊<br>日期：2023 年 1 月 12 日 | （签章）<br>经办人：<br>日期：　　年　　月　　日 |

表10-4　回函编制索引

被审计单位：湖北联晟通信科技股份有限公司
项目：应收账款函证结果明细表
财务报表截止日：2022-12-31

| 单位名称 | 贵公司欠（应收账款）/销售给贵公司（含税） | 被函证单位相关信息 | | | 样本特征 | 发函日期 | 发函单号 | 回函日期 | 回函单号 | 询证函编号 | 是否收到回函（填"是"或"否"） |
| --- | --- | --- | --- | --- | --- | --- | --- | --- | --- | --- | --- |
| | | 联系人 | 联系电话 | 单位地址 | | | | | | | |
| JS通光光缆有限公司 | 4 194 946.93 | 肖** | 137****1001 | 湖北省××× | 余额较大 | 2023-1-8 | SF10000101 | 2023-1-12 | SF20000201 | YSZK-1 | 是 |
| SZ古河电力光缆有限公司 | 4 920 826.73 | 甘** | 137****1003 | 沈阳市××× | 余额较大 | 2023-1-8 | SF10000102 | 2023-1-12 | SF20000202 | YSZK-2 | 是 |
| SC汇源光通信有限公司 | 5 002 260.51 | 宋** | 137****1002 | 广东省××× | 余额较大 | 2023-1-8 | SF10000103 | 2023-1-16 | SF20000203 | YSZK-3 | 是 |
| SC通光光缆有限公司 | 3 231 725.56 | 王** | 137****1004 | 四川省××× | 余额较大 | 2023-1-8 | SF10000104 | 2023-1-15 | SF20000204 | YSZK-4 | 是 |
| SZTF信息股份有限公司东莞分 | 3 427 333.51 | 颜** | 137****1005 | 深圳市××× | 余额较大 | 2023-1-8 | SF10000105 | 2023-1-17 | SF20000205 | YSZK-5 | 是 |
| JSZT科技股份有限公司 | 6 660 766.42 | 施** | 137****1006 | 北京市××× | 余额较大 | 2023-1-8 | SF10000106 | 2023-1-15 | SF20000206 | YSZK-6 | 是 |
| JS金火炬金属制品有限公司 | 49 815 789.16 | 袁*** | 137****1007 | 北京市××× | 余额较大 | 2023-1-8 | SF10000107 | 2023-1-15 | SF20000207 | YSZK-7 | 是 |
| CF光纤光缆股份有限公司 | 2 388 388.91 | 刘* | 132****1008 | 天津市××× | 余额较大 | 2023-1-8 | SF10000108 | | SF20000208 | | 否 |
| HB诺之凯润滑材料有限公司 | 2 002 489.27 | 徐** | 137****1009 | 北京市××× | 余额较大 | 2023-1-8 | SF10000109 | 2023-1-18 | SF20000209 | YSZK-9 | 是 |
| NT海门珀贸易有限公司 | 4 721 039.62 | 王** | 137****1010 | 天津市××× | 余额较大 | 2023-1-8 | SF10000110 | 2023-1-15 | SF20000210 | YSZK-10 | 是 |

# 任务三 审计工作底稿归档

## 【任务情境】

审计人员已完成底稿编制、整理、审核等工作，然后进行归档形成审计档案。

## 【任务要求】

审计人员能够查看审计工作底稿，对整个项目形成的审计工作底稿进行分类、归集和整理以后，形成档案清单，选择对应的保管方式，完成归档。

## 【任务准备】

（一）知识准备

审计工作底稿归档

1. 审计档案的概念

审计档案是审计人员在规划审计工作、实施审计程序、发表审计意见和签署审计报告过程中形成的记录，并综合整理分类后形成的档案资料。审计档案是会计师事务所的重要历史资料和宝贵财富，应妥善管理。

2. 审计工作底稿归档工作的性质

在出具审计报告前，审计人员应完成所有必要的审计程序，取得充分、适当的审计证据并得出适当的审计结论。由此，在审计报告日后将审计工作底稿归整为最终审计档案是一项事务性的工作，不涉及实施新的审计程序或得出新的结论。

3. 审计工作底稿归档的期限

会计师事务所应当制定有关及时完成最终业务档案归整工作的政策和程序。审计工作底稿的归档期限为审计报告日后 60 天内。如果审计人员未能完成审计业务，审计工作底稿的归档期限为审计业务中止后的 60 天内。

4. 审计工作底稿归档后的变动

在完成最终审计档案的归整工作后，审计人员不应在规定的保存期限届满前删除或废弃任何性质的审计工作底稿。

（1）需要变动审计工作底稿的情形。

审计人员发现有必要修改现有审计工作底稿或增加新的审计工作底稿的情形主要有以下两种。

① 审计人员已实施了必要的审计程序，取得了充分、适当的审计证据并得出了恰当的审计结论，但审计工作底稿的记录不够充分。

② 审计报告日后，发现例外情况要求审计人员实施新的或追加审计程序，或导致审计人员得出新的结论。

例外情况主要是指审计报告日后发现与已审计财务信息相关，且在审计报告日已经存在的事实，该事实如果被审计人员在审计报告日前获知，可能影响审计报告。

例外情况可能在审计报告日后发现，也可能在财务报表报出日后发现，审计人员应当按照《中国注册会计师审计准则第1332号——期后事项》有关"注册会计师在财务报表报出后知悉的事实"的相关规定，对例外事项实施新的或追加的审计程序。

（2）变动审计工作底稿时的记录要求。

在完成最终审计档案的归整工作后，如果发现有必要修改现有审计工作底稿或增加新的审计工作底稿，无论修改或增加的性质如何，审计人员均应当记录下列事项：① 修改或增加审计工作底稿的理由；② 修改或增加审计工作底稿的时间和人员，以及复核的时间和人员。

5. 审计工作底稿的保存期限

审计工作底稿按照一定的标准归入审计档案后，应交由会计师事务所档案管理部门进行管理。会计师事务所应建立审计档案保管制度，以确保审计档案的安全、完整。

会计师事务所应当自审计报告日起，对审计工作底稿至少保存10年。如果审计人员未能完成审计业务，会计师事务所应当自审计业务中止日起，对审计工作底稿至少保存10年。

在完成最终审计档案的归整工作后，审计人员不应在规定的保存期届满前删除或废弃任何性质的审计工作底稿。

### （二）操作准备

（1）审计人员查看审计工作底稿。

（2）审计人员分类整理审计工作底稿。

### （三）任务要领

（1）审计人员在审计业务结束后，按照审计工作底稿清单的顺序将工作底稿整理装订成册。

（2）若存在某一资料已装订在其中一个工作底稿中，之后资料底稿清单有涉及，可不再重复整理，在清单中标明其所在底稿对应的索引号即可。

（3）所有审计业务形成的底稿文件，都需要按要求填写到审计工作底稿清单模板中。审计人员整理工作底稿时，根据实际工作底稿在清单中"是否存在"或"具备"处打"√"，证明审计项目涉及该工作底稿。

（4）在审计档案归档过程中要注意：在交接过程中，要以审计项目案卷为单位进行交接；根据审计项目案卷的使用价值确定保管期限；审计档案在划定保管期限的基础上，采用"年度委托单位"的方法排列和编目；审计案卷排列方法一经确定，不可任意变动；按卷内文件的最高密级及其保密期限确定审计档案的密级及其保密期限，并由档案室管理人员按有关规定作出标识；将新归档的审计档案编入业务档案案卷索引目录（总目录）以及业务档案的分类目录或专题目录（如客户目录等）。

## 【任务实施】

**步骤一：检查底稿并选择要归档的底稿**

审计人员查看已经分类整理完成的审计工作底稿，检查审计工作底稿基本要素是否齐全或审计工作底稿的分类是否有误，例如无索引号、索引号错误、误将控制测试工作底稿归为实质性程序工作底稿等。

审计人员根据底稿列表选择将要归档的底稿，查看底稿编制人／提交人、审核人、提交时间、审核时间是否都齐全。

**步骤二：装订成册**

（1）编制审计档案封面，审计档案封面中至少应包括客户名称、报告编号、会计期间、项目组成员等资料。

（2）装订审计档案，按照审计档案总目录把审计项目中涉及的相关资料分类整理后，按索引号顺序进行排序。

**步骤三：提交归档**

审计人员向本事务所的档案管理员提交该项目的审计档案，完成归档。

**任务思考**

1. 若会计师事务所承接的是 IPO 项目，需要增加哪些底稿的编制？

2. 在审计底稿完成归档后，审计人员发现需要修改现有审计工作底稿，如何进行修改？

# 参考文献

［1］ 中国注册会计师协会．职业道德守则［EB/OL］，［2021-05-07］．

［2］ 中国注册会计师协会．审计准则［EB/OL］，［2022-05-22］．

［3］ 中国注册会计师协会．中国注册会计师执业准则应用指南［M］．北京：中国财政经济出版社，2017．

［4］ 财政部．企业会计准则应用指南［M］．上海：立信会计出版社，2022．

［5］ 中国注册会计师协会．审计［M］．北京：中国财政经济出版社，2022．

［6］ 陈伟．智能审计［M］．北京：机械工业出版社，2021．

［7］ 颜永延．审计基础与实务［M］．大连：东北财经大学出版社，2021．

# 主编简介

李增欣，国家双高计划高水平审计专业群、河北省高水平审计专业群建设项目负责人、河北省大数据与审计专业职业教育教师教学创新团队负责人，兼任河北省财经职教集团副秘书长、中国职教学会智慧财经专委会专家，被多家培训评价组织聘为职业技能等级证书标准开发、项目建设和认证专家。

马西牛，陕西财经职业技术学院教授，陕西省教学名师，全国大数据与审计专业教学标准研制组组长。历任会计系主任、教务处长、图书馆长、工会副主席，现任校级教学督导。中国注册会计师、审计师、会计师，长期兼任独立董事、财务总监和财务顾问。

### 读者意见反馈

为收集对教材的意见建议，进一步完善教材编写并做好服务工作，读者可将对本教材的意见建议通过如下渠道反馈至我社。

咨询电话 400-810-0598

反馈邮箱 gjdzfwb@pub.hep.cn

通信地址 北京市朝阳区惠新东街 4 号富盛大厦 1 座

　　　　 高等教育出版社总编辑办公室

邮政编码 100029

### 防伪查询说明

用户购书后刮开封底防伪涂层，使用手机微信等软件扫描二维码，会跳转至防伪查询网页，获得所购图书详细信息。

防伪客服电话 （010）58582300

### 资源服务提示

授课教师如需获取本书配套教辅资源，请登录"高等教育出版社产品信息检索系统"（http://xuanshu.hep.com.cn/），搜索本书并下载资源。首次使用本系统的用户，请先注册并进行教师资格认证。

高教社高职会计教师交流及资源服务 QQ 群（在其中之一即可，请勿重复加入）：

QQ3 群：675544928　QQ2 群：708994051（已满）　QQ1 群：229393181（已满）

数智化财经

专业基础课

中国会计文化　中国金融文化　会计基础　管理会计基础
金融基础　金融科技概论　财政与金融　财经基本技能
Python 财务基础　财务大数据基础

## 岗课赛训

| | |
|---|---|
| 基础会计实训 | 财务会计实训 |
| 成本会计实训 | 出纳岗位实训 |
| 审计综合实训 | 税务会计实训 |
| 管理会计实训 | 会计综合实训 |
| 数字金融业务实训 | 会计信息化实验 |

高等职业教育财经类专业群

## 岗课赛证

| | |
|---|---|
| 智能财税 | 金税财务应用 |
| 财务共享服务 | 业财一体信息化应用 |
| 财务数字化应用 | 数字化管理会计 |
| 智能估值 | 智能审计 |
| 财务机器人应用 | |